Wolfgang Thierse

Mit eigener Stimme sprechen

Piper
München Zürich

ISBN 3-492-03604-X

Gesetzt aus der Times-Antiqua
Umschlaggestaltung: Federico Luci
Gesamtherstellung: Clausen & Bosse, Leck
Printed in Germany

INHALT

II. Das vereinigte Deutschland

Einleitung

Muß ich mich schämen? Darf ich stolz sein? Im Rückblick auf die drei Jahre seit jenem revolutionären Zusammenbruch im Herbst 1989 – denn das war es doch wohl: weder heroische Revolution, noch einfach schäbiger Zusammenbruch! – frage ich mich, was mit mir passiert ist. Noch immer ist mir schwindlig von den Veränderungen, die mit uns, mit mir geschehen sind. War ich Subjekt oder Objekt, wirklich Handelnder oder bloßer Mitmacher einer historischen Wende, die zugleich eine wahrhaftig einschneidende biographische Wendung für mich war: vom problematisierenden Beobachter zum problematischen Akteur?

Mein früheres Leben will mir zunehmend fremd erscheinen. Dabei weiß ich doch, wie sehr mich meine Vergangenheit bestimmt und bestimmen wird. 40 Jahre DDR – das kann nicht spurlos bleiben! Aber welche Spuren sind es? Muß ich mich entschuldigen für den biographischen Zufall zunächst, in dem Teil Deutschlands nach dem Kriege angekommen zu sein, der dann die DDR wurde? Muß ich mich entschuldigen für die Tatsache, daß ich dageblieben bin bis zum bitterglücklichen Ende – aus Trotz und Bequemlichkeit, aus Angst und aus Solidarität, aus Resignation und Überzeugung, aus Widerwillen und aus Liebe? Was immer es war, ich glaube nicht, mich entschuldigen zu müssen. Zu dürfen. Aus dem Dableiben, aus meinem »DDR-Leben« aber folgere ich für mich den Versuch, in Treue zu den eigenen Erfahrungen zu leben und zu handeln, also den Versuchungen zur Anpassung, zur Unterwerfung, zur politischen Mimikry zu widerstehen.

Nach soviel erzwungenem Schweigen, nach quälender Sklavensprache und schizophrener Kommunikation, die zum schlimmsten Teil der DDR-Wirklichkeit gehörten, ist für mich nach wie vor ein staunenswertes Glück: Mit eigener Stimme reden, mit allem Freimut sprechen und schreiben zu können, die Sehnsucht nach öffentlicher Rede verwirklicht zu sehen! Zugleich empfand und empfinde ich diese Chance auch als Verpflichtung, so zu reden, daß sich – in dem was ich sage und wie ich es sage – die noch immer sprachlosen anderen, meine Nachbarn, meine Landsleute darin wiederfinden, wiedererkennen. Deshalb ist die Wiedervorlage, die neuerliche Lektüre von Reden und Texten, gehalten und geschrieben in hektischer Zeit, eine Art öffentliche Selbstprüfung. Denn eines ist diese Sammlung vor allem: eine Dokumentation unserer – ach, dieses illusionäre, dieses trotzige DDR-*Wir*, deshalb also – *meiner* Illusionen, Hoffnungen, Irrtümer, Absichten, Motive, Enttäuschungen...

»Glücklichsein heißt, ohne Schrecken seiner selbst inne werden können«, hat Walter Benjamin formuliert. Sind wir Deutsche in diesem Sinne ein glückliches Volk; bin ich ein glücklicher Mensch? Wir können es werden – trotz aller Ängste und Unsicherheiten, trotz der schier unüberwindlich scheinenden, bedrohlichen Probleme des deutschen Eingigungsprozesses. Deutsche Geschichte könnte endlich einmal gut ausgehen!

Wolfgang Thierse
Berlin/Bonn, im Juni 1992

I.

Von Berlin nach Bonn

Am Tag nach der Öffnung der Mauer. Das allererste Interview nicht von *mir, sondern* mit *mir. Öffnung also wortwörtlich: vom Privaten ins Öffentliche. »Coming out« könnte man das auf westdeutsch nennen. So wie mir ging's vielen (seit) damals – übrigens auch darin: Welch unsichere Hoffnungen, welche Träume, welche Hellsichtigkeit auch im November 1989. Alles Illusionen, alles von gestern? Nicht ganz, denke ich. Noch habe ich mich nicht bis zur Unkenntlichkeit meiner selbst verändert, hoffentlich.*

Die DDR ist ein Teil Deutschlands

Gespräch am 10. November 1989 in Ost-Berlin

Die Entstehung der Volksbewegung für eine andere DDR hat eine Vorgeschichte. Wie sieht diese aus deiner Sicht aus?

Sie hat sogar eine längere Vorgeschichte. Der erste Faktor ist Helsinki und seine Folgen. Die DDR hat alles unterschrieben, aber nichts eingehalten. Erst heute nacht hat sie etwas von dem, was sie in Helsinki unterschrieben hat, eingelöst: Jeder Bürger hat das Recht, sein Land zu verlassen und in es zurückzukehren. Der zweite Faktor ist Gorbatschow und die Folgen. Es war wichtig, daß die DDR-Bürger vor unseren verfälschten Nationalwahlen am 7. Mai via Westfernsehen sehen konnten, wie Gorbatschow zur Wahl geht. Er geht natürlich in die Kabine. Ein ganz wichtiger optischer Vorgang. Es war auf einmal klar, man muß nicht nur nach Westen schauen, sondern im Osten ist auf einmal ein Hoffnungsschimmer. Man konnte also plötzlich kritisieren, ohne sich gleich dem Verdacht auszusetzen, ein Antisozialist zu sein. Plötzlich erschien es wieder lohnend, zur Wahl zu gehen. Drittens denke ich auch, daß das Papier SED/SPD nicht unwichtig war. Der CDU-Generalsekretär Rühe hat nicht recht, wenn er die Deutschlandpolitik der SPD angreift. Das war höchst demagogisch. Das Papier hat innerhalb der SED eine große Rolle gespielt. Das zeigt sich auch daran, daß Reinhold und Hager ja bereits einige Monate später meinten, gegensteuern zu müssen. Die verlogene Absicht der SED-Führung war es natürlich, nach außen hin gut Wetter zu machen, und nach innen bleibt alles beim alten. Wir haben in unserem Bereich Versammlungen gemacht und haben uns auf den Standpunkt gestellt, daß der Leninismus mit diesem Papier ade ist. Das wollte keiner wahrhaben, aber es steht so drin.

Welche Entwicklungen in der DDR waren für die Vorgeschichte wichtig?

Eine entscheidende Rolle hat in diesem Lande die evangelische Kirche gespielt. Über viele Jahre war sie die einzige Institution, unter deren Dach sich Gruppen zusammenfinden konnten. Sie hat einen Schutzraum gegeben und ist dabei bis an den Rand ihrer Möglichkeiten gegangen. Das war ein unerhörter Konflikt, der vor allem in den Gemeinden ausgetragen wurde. Was haben denn viele ältere und brave Gemeindemitglieder, die mit ihrem Leben in diesem Staate halbwegs zurechtkommen wollen, mit diesen linken Gruppen zu tun, die da laufend »Rabatz« machen und mit der Kirche nichts am Hut haben. Dieser Prozeß zog sich über Jahre hin. Die evangelische Kirche ging einen Seiltänzerakt ein: zu schützen und zugleich nicht in die offene Konfrontation mit diesem Staat zu kommen. Das war unerhört schwierig. Da habe ich manchmal gedacht: Ich möchte keine leitende Position in der evangelischen Kirche innehaben. Zum einen wurde ihnen der Vorwurf gemacht, daß sie zuviel taktieren, zum anderen wurden sie natürlich auch vom Staat attackiert. Der Staat hat sich über Jahre geweigert, über inhaltliche Dinge mit der Kirche zu reden, die jetzt selbstverständlich sind. Jetzt fordert die ganze Bevölkerung das, was die evangelische Kirche über Jahre gefordert hat.

Dann sind im Rahmen der Vorgeschichte auch noch die intellektuellen Zirkel zu erwähnen, die ja in der DDR eine gewisse Rolle spielen. Und zwar sowohl innerhalb als auch außerhalb der Partei, mit zuweilen ganz eigentümlichen Mischformen. Bei uns war ja politische Kultur immer gleich identisch mit Subkultur. Politik ist aber etwas Öffentliches, das sich artikulieren, organisieren und formieren können muß. Das war genau der Punkt. Die Parteiführung und der Staatssicherheitsdienst haben es immer fertiggebracht, genau das zu verhindern. Der Vorgang im Winter 87/88 brachte zum ersten Mal die Chance, daß die verschiedenen Gruppen oder besser Zirkel, die subkulturellen Kreise des politischen Räsonnements, zusammenfinden konnten und damit eine politische Qualität erlangten. 1987 war das Jahr, wo Honecker in der Bundesrepublik Deutschland zu Besuch war. Im Vorfeld dieses Besuches war es natürlich nicht möglich, überall reinzuschlagen; es war auf einmal viel mehr möglich: Es gab den Kirchentag, den Olaf-Palme-Friedensmarsch usw. In diesem Kontext wurden Formen von halber bis dreiviertel Öffentlichkeit erreicht. Ein Mann wie Stefan Krawczyk war eine Gallionsfigur dafür, daß auf einmal ganz verschiedene Menschen zusammenfanden. Zu seinen Konzerten kamen unwahrscheinlich viele Jugendliche. Um die Entstehung einer wirklichen politischen Öffentlichkeit zu verhindern, wurde damals so brutal reingeschlagen, und dann war auch tatsächlich wieder eine Weile Ruhe.

Wie hast du den Umschwung in der DDR erlebt?

Die entscheidende Zäsur liegt zwischen den Monaten September und Oktober. Dadurch, daß ich vom 8. bis 22. Oktober in der BRD war, ist mir der damit verbundene atmosphärische Umschwung besonders deutlich geworden. Als ich aus der BRD zurückkam, hatte ich den Eindruck, in einem anderen Land zu sein. 30 Jahre wartet man darauf, daß in der DDR etwas passiert, und dann sitzt man plötzlich in Bayern.

Wie erklärst du dir die Dynamik, die in den Monaten September/ Oktober 1989 in der DDR eingetreten ist?

Daß es jetzt zum politischen Durchbruch kommt, hängt mit der zum Zerreißen angespannten Stimmung zusammen, mit der Schere, die immer größer wurde: zwischen Offiziellem und Privatem, zwischen dem, was öffentlich erlaubt war, und dem, was alle gedacht und empfunden haben. Für die DDR war immer ein bestimmtes Maß an Schizophrenie charakteristisch. Im September spitzte sich dies so fundamental zu, das hat jeder hier im Land erlebt. Auf der einen Seite sah man die emotionalen Attakken im Westfernsehen: Tausende von DDR-Bürgern reisten aus. Und man sitzt hier und versteht jeden, der geht. Man kennt ja alle Gründe, es sind ja eigentlich auch die eigenen. Zugleich mußte man sich gegen die emotionale Gewalt dieser Bilder zur Wehr setzen. Man muß sich sogar verteidigen, daß man immer noch hier ist. Ich hab dann irgendwann einmal einem Freund aus dem Westen am Telefon gesagt: »Hör mal zu, es sind nicht nur die Faulen, Furchtsamen und Feigen, die hierbleiben.« Ohne die Ausreisewelle wäre es nicht zum Platzen gekommen. Diese hatte aber nichts mit der DDR, sondern mit Ungarn zu tun. Wenn alle noch hätten drinnen bleiben müssen, dann hätte man alle noch unter Kuratel gehabt. Aber durch die Ausreisewelle wurde etwas öffentlich, was bisher unterdrückt war. Das war die Initialzündung.

Von seiten der SED wurde den Hierbleibenden auch schwer zugesetzt. Es sei alles von drüben inszeniert. »Wir weinen keinem, der geht, eine Träne nach.« Wie hast du dies wahrgenommen?

Man wußte nicht, ist es Ahnungslosigkeit, eine absolute Realitätsblindheit, oder ist es Zynismus. Es waren nicht primär die materiellen Probleme, die die Leute zum Weggehen veranlaßt haben. Es ist vor allem ein Problem der politischen Kultur. Wenn die Leute nämlich sagen: »Ich will leben«, dann meinen sie nicht nur, wie es die Linken drüben interpretieren, das bessere Autos, sondern Verfügungsmacht und Gestaltungsmöglichkeiten für das eigene Leben.

Das hat aber doch auch eine stark materielle Seite.

Natürlich, es heißt aber vor allem, daß ich entscheiden kann, daß ich Wahlfreiheit habe. Die Reisefreiheit ist die Spitze des Eisberges, das Spektakulärste, da ist es am faßlichsten, da kann man es am unmittelbarsten artikulieren. Die materielle Seite drückt sich auch darin aus, daß man wußte, mit der Ausreise kann es so nicht weitergehen, andernfalls bricht die Volkswirtschaft zusammen.

Gab es Diskussionen zwischen denen, die weg wollten, und denen, die auf jeden Fall in der DDR bleiben wollten?

Nein, das lief immer unterschwellig. Es wird ja nie jemand sagen: Ich will weggehen.

Die Leute waren dann auf einmal weg.

Urplötzlich weg. Man redete doch nicht vorher. Das ist doch strafbar. Paragraph 213: Republikflucht. Die fluchtartige Ausreise spitzte sich im September/Oktober zu, weil man Angst hatte, die Grenzen würden alle wieder dichtgemacht. Kein anderes Parlament außer der DDR hat die blutige Niederschlagung des Pekinger Studentenaufstandes begrüßt. Das haben wir als eine Botschaft an uns verstanden. Wir sind gemeint. Wenn ihr, dann... Es gingen dann auch die Gerüchte um: die Stasieinheiten stehen bereit zum Zuschlagen, sie sind aufgeputscht. Man wußte zuverlässig, die Kampfgruppe ist damit beschäftigt, sich auf einen Bürgerkrieg einzustellen.

War der heftige Einsatz der Polizei gegen die Demonstranten, die den 7. Oktober nicht als Geburtstag mit der Staatsführung begehen wollten, zu erwarten?

Auch wenn die Entladung am 7./8. Oktober nicht überraschend war, so war die Heftigkeit, mit der der Staatsapparat zugeschlagen hat, nicht zu erwarten gewesen. Das war ein Tiefpunkt in der DDR-Geschichte. Die Brutalitäten der DDR-Polizei bei diesen Demonstrationen sind, glaube ich, andere als bei westdeutschen Demonstrationen. In den Fällen, wo die Brutalitäten durch Erlebnisberichte abgedeckt sind, handelt es sich nicht um Brutalitäten, die aus der unmittelbaren Konfrontation entstanden sind, wo man immer sagen kann: Angst macht aggressiv, und Polizisten haben auch ein Recht, Angst zu haben. Das eigentlich Erschütternde an den Berichten ist, daß die Brutalität weitab vom eigentlichen Demonstrationsort stattgefunden hat. Gleichzeitig kann man auch aus den Berichten entnehmen, daß die Polizei generalstabsmäßig vorbereitet war auf Massenverhaftungen. Die Leute wurden weit raus gefahren und dort dann 10 bis 15 Stunden, stehend, Verhören und Beschimpfungen ausgesetzt. Dies ist alltäglicher Faschismus. In Anlehnung an Martin Walser, der im Zusammenhang mit der faszinierenden Berichterstattung über die Auschwitzprozesse (1965–1975) in Frankfurt sagte: Wir müssen uns Auschwitz ohne Menschen vorstellen. Erst dann begreifen wir, was der Faschismus als System ist. Wir müssen uns diesen Polizeistaat DDR ohne die kleinen Bereitschaftssoldaten vorstellen, sondern als ein System, das genau vorbereitet war. Eine Polizei, die den Bürger nur noch als Feind begreift. Der 7./8. Oktober war eine erschütternde Erfahrung. Wir fordern hier radikale Aufklärung: Wer trägt die politische Verantwortung für dieses Vorgehen? Wer hat die Polizei so aufgeputscht? Egon Krenz war zu dieser Zeit der zuständige ZK-Sekretär für innere Sicherheit. Wenn es jetzt nicht zur Aufklärung dieser Vorgänge kommt und entsprechende Konsequenzen gezogen werden, dann müssen wir auch in Zukunft weiterhin Angst haben.

Kommen wir nun einmal auf den Umschlagpunkt zu sprechen, der nach den gewaltsamen Übergriffen der Polizei am 7./8. Oktober liegt.

Die Atmosphäre im September schwankte zwischen extremer Niedergeschlagenheit, innerer Anspannung bis hin zur Lähmung. Man wußte nur: Es kann nicht so weitergehen. Der eigentlich wichtige Vorgang war der Demonstrationszug der 80000 in Leipzig am 9. Oktober 1989. Während es am 7./8. Oktober noch Polizeieinsätze gegeben hat, war die Polizei bei einer solchen Menge dazu nicht mehr in der Lage. Schon vorher bei den Demonstrationen in Leipzig zeigte sich das Neue. Die Leute gingen auf die Straße und schrien: »Wir bleiben hier!« Das wirkte wie eine Drohung für die Herrschenden. Da merkte man die Interdependenz zwischen dem Weggehen und dem Hierbleiben. »Wir bleiben hier« wurde erst dann zu einer Losung, als andere weggingen. Weil wir hierbleiben, wollen wir auch etwas. Erst wenn das Weggehen vor dem Hintergrund einer Wahl stattfindet, dann kann ich damit eine Forderung verbinden. Ich sage das ausdrücklich deshalb, weil unter den Linken drüben die Position vorherrschend ist, man müßte doch die DDR-Staatsbürgerschaft anerkennen. Es war ja immer der Wunsch der DDR-Staatsführung, als es nach 28 Jahren mit der Mauer nicht mehr klappte, müßte eine juristische Mauer von drüben aufgebaut werden.

Muß nicht die BRD zunächst ihrerseits die DDR voll anerkennen?

Die DDR ist respektiert und anerkannt. Die DDR-Staatsbürgerschaft wird von der BRD ebenfalls akzeptiert, nur der DDR-Bürger, der kein DDR-Bürger sein will, hat das Recht, die bundesdeutsche Staatsbürgerschaft anzunehmen. Es wird doch kein DDR-Bürger gezwungen, es ist also in diesem Sinne kein aggressiver Vorgang seitens der BRD.

Was ist für dich das Beeindruckendste an der neuen Situation, an der Volksbewegung?

Die Atmosphäre hat sich unerhört verändert. Das zeigen nicht nur die Aktionen und Gruppen, sondern auch die veränderte Medienlandschaft. Plötzlich rennt man nach Hause, um die »Aktuelle Kamera« zu sehen, oder ich höre plötzlich tagsüber DDR-Sender, was ich früher unerträglich fand. Man liest auf einmal auch wieder DDR-Zeitungen, man stellt wieder Unterschiede zwischen den verschiedenen Zeitungen fest. Der eigentliche Schritt der qualitativen Veränderung ist für einen größeren Teil der Zeitschriften aber noch nicht getan.

Ich war in den letzten Wochen immer nur unterwegs. Jeden Abend Kundgebungen, Termine in der Kirche, Diskussionen. Dinge, die vorher nicht denkbar waren. Die Atmosphäre hat sich grundlegend gewandelt. Die Art, wie die Leute miteinander reden, wie sie zusammenkommen, wie sie sich öffentlich artikulieren, das ist wie eine Explosion. Da ist etwas 30 Jahre unterdrückt, und jetzt bricht es auf. Einige Beispiele: Es war für mich eine wichtige Selbsterfahrung, an Demonstrationen teilzunehmen. Es macht Spaß zu sehen, wie Losungen entstehen. Auf Krenz reimt es sich besser als auf Honecker: »Egon Krenz – wir sind die Konkurrenz«, »Egon, deine Wahl nicht zählt, weil du nicht vom Volk gewählt«. Was wir da zeigen, ist eigentlich unsere Ohnmacht. Nur wer Ohnmacht empfindet, geht auf die Straße, wer Macht hat, der sitzt in der Stube. Ohnmacht alleine ist kaum zu ertragen.

War diese Ohnmacht auch noch das bestimmende Gefühl, als du am 4. November an der großen Demonstration in Ost-Berlin teilgenommen hast?

Das war eine genehmigte Demo. Dies bewog auch viele, an ihr teilzunehmen, die bisher noch nie an einer solchen Kundgebung teilgenommen haben. Ein massenhaftes politisches »Coming out«, wenn man das so nennen darf. Besonders berührt hat mich an dieser Demo folgendes Erlebnis: Als wir so durch die Stadt zogen, kamen wir an einem Mann vorbei, der am Straßenrand stand. Seinem Aussehen und seiner Stimme nach war er Arbeiter. Er schrie, schwitzend vor Anstrengung und heiser, weil er das offensichtlich schon seit längerer Zeit schrie: »Ich bin ein Sozialdemokrat!« Er hatte auch ein Schild. Da wußte man, 43 Jahre durfte er dies nicht sagen, jetzt schreit er schon seit einer Stunde. Ein anderer hatte ein Schild: »Mit 18 wird man volljährig, mit 65 frei. Ich bin 46 und möchte die Welt sehen.« Beeindruckend war für mich auch der Beitrag von Heiner Müller, dem berühmtesten Autor der DDR. Er sagte: Die Solidarität zwischen Intellektuellen und Arbeitern war in der DDR immer ein Problem. Das müßte aber etwas Selbstverständliches werden. Dann las er aus dem Flugblatt einer Betriebsgruppe, die sich für die Gründung unabhängiger Gewerkschaften einsetzte, vor.

Muß man zum jetzigen Zeitpunkt noch Zweifel an der Reform in der DDR haben?

Die Ereignisse am 9. Oktober und danach stellen eine Zäsur in der Geschichte der DDR dar. Ob diese Ereignisse Geschichte machen, weiß ich aber noch nicht genau. Wir sind erst halbwegs angekommen, wenn sich Strukturen verändert haben. Daß die SED von Wende redet, Dialog praktiziert, Selbstkritik übt, erhebliche personelle Veränderungen vollzogen worden sind, das ist ja alles unerhört wichtig. Doch die wirkliche politische Reform hat erst stattgefunden, wenn der Artikel 1 der Verfassung und damit die führende Rolle der SED aufgegeben wird. Anders sind alle freien Wahlen eine Illusion. Zweitens eine durchgreifende Veränderung des Strafgesetzbuches, wo alle politischen Straftatbestände gestrichen werden. Drittens die volle rechtliche Zulassung der neu gebildeten oppositionellen Gruppen bzw. Parteien. Viertens müßte ein Mediengesetz her, dieses könnte sich an der Konzeption der öffentlich-rechtlichen Rundfunkanstalten in der BRD orientieren.

Es fällt auf, daß diese Forderungen, wenn sie von den oppositionellen Gruppen vorgetragen werden, in der Regel mit einem Bekenntnis zum Sozialismus verbunden sind. In welchem Verhältnis stehen dabei die Anerkennung der herrschenden Rahmenbedingungen und das freie Bekenntnis zum Sozialismus, wie steht es um die Zukunft des Sozialismus als ideologischer Orientierung in der DDR?

Was eigentlich unter Sozialismus zu verstehen ist, hängt eng mit der bisherigen Dominanz der SED zusammen. Wenn die Opposition von Sozialismus spricht, ist es zunächst einmal die Anerkennung der herrschenden Rahmenbedingungen sowohl in einem äußerlichen als auch in einem innerlichen Sinne. Äußerlich brauch' ich das nicht zu erklären. Innerlich meint, die Leute sind von den Grundideen des Sozialismus geprägt, es ist die vertraute Praxis, der vertraute ideologische Rahmen, in dem man sich bewegt. Und auch die soziale Welt, die damit verbunden ist. Das gilt für eine Mehrheit, zugleich gilt für eine Mehrheit aber auch das genaue Gegenteil. Na, und ein Sozialismus, der nicht funktioniert, wo die Wohlfahrt viel geringer ist als in dem anderen System. Da der Sozialismus so in die Krise gekommen ist, muß er neu definiert werden. Deshalb hat das Neue Forum zunächst auf den Terminus Sozialismus verzichtet: Wir wollen eine leistungsorientierte Gesellschaft, aber keine Ellenbogengesellschaft. Wir wollen eine solidarische Gesellschaft. Ich denke, wir müssen den Sozialismus wieder als einen offenen Prozeß definieren, dessen Ziele jeweils neu definiert werden müssen. Insofern bin ich ein Sozialdemokrat. Der Sozialismus muß mit dem Volk und nicht dagegen gemacht werden.

Ist das nicht angesichts der gemachten Erfahrungen mit dem realen Sozialismus und der Gefahr einer durchgreifenden Kapitalisierung bis hin zur Südafrikanisierung eine zu schwache Bestimmung?

Es gibt einige regulative Ideen, an denen festgehalten werden muß. Das erste und wichtigste ist: soziale Gerechtigkeit und Chancengleichheit. Damit ist noch nicht festgeschrieben, unter welchen konkreten Eigentumsformen, Planungsmechanismen dies geschieht und welches politische System damit verbunden ist. Klar ist auf jeden Fall, daß die gemeinschaftlichen Dinge auch unter öffentlicher Kontrolle ausgehandelt werden müssen. Damit ist klar, daß es weder die Diktatur einer Partei noch eine Wirtschaftsdiktatur geben darf. Wenn eines übriggeblieben ist in der 40jährigen Geschichte der DDR, dann ist es ein unheimliches Empfinden der Leute für soziale Gerechtigkeit.

Es wurde sowohl in der DDR als auch in der BRD bereits mehrfach auf die Gefahr der Kolonialisierung der DDR hingewiesen. Wie stehst du zu dieser Befürchtung?

Wenn sie von den SED-Genossen artikuliert wird, dann antworte ich: Erstens: »Ihr seid schuld, ihr habt uns in diese Situation gebracht.« Zweitens: »Wer jemanden in eine so elementare Not bringt, der muß sich nicht wundern, daß der nach jedem Rettungsanker greift.« Ich denke, daß die DDR in einer etwas günstigeren Lage ist als Polen, Ungarn, die Sowjetunion und die Tschechoslowakei. Das liegt insbesondere daran, daß die DDR ein Teil Deutschlands ist. Und zwar in doppelter Weise: Erstens, hier gab es immer eine disziplinierte Arbeiterschaft, welche in der DDR durch den realen Sozialismus noch zusätzlich diszipliniert wurde. Das wissen auch die westdeutschen Konzerne. Zweitens: Westberlin ist eine ständige Geldquelle für die DDR (Zwangsumtausch); die DDR ist heimliches Mitglied der EG, es gibt für sie nicht die Zollschranken wie für andere Nicht-EG-Staaten. Das hat die Bundesrepublik auch immer verteidigt. Das ist ja diese Schizophrenie. Offiziell wurde immer eine scharfe Abgrenzungspolitik gegenüber der BRD praktiziert, heimlich hieß die Devise: »Nur ja an dem Sonderstatus festhalten, daß wir Teil Deutschlands sind.« Das hat Sonderbedingungen in der DDR geschaffen, warum es der DDR nicht so schlecht geht wie den anderen osteuropäischen Ländern. Deshalb wird der Kolonialisierungsprozeß auch beispielsweise nicht so radikal wie in Polen. Ob die Perspektive der Kolonialisierung sich durchsetzt, hängt auch von unserem Selbstbewußtsein ab.

Was meinst du mit Selbstbewußtsein?

Ich hoffe, daß dieses starke Empfinden für soziale Gerechtigkeit sich behauptet, wenn wir – was zu erwarten ist – ökonomisch in stärkere Abhängigkeit von der Bundesrepublik gelangen. Das Empfinden für soziale Gerechtigkeit ist etwas, was es zu verteidigen gilt, wo vielleicht sogar ein spezielles Selbstbewußtsein entsteht gegenüber den Großkonzernen, wenn die uns kaufen wollen. Es läuft auf eine Mischform zwischen realem Kapitalismus und realem Sozialismus hinaus.

Wodurch zeichnet sich das private Bewußtsein in der DDR aus, welche Bedeutung hat dies für die DDR-Identität?

Zunächst ist dies nur der Negativbegriff von dem, was durch das »Neue Deutschland« öffentlich bestimmt wird. Das private Bewußtsein ist natürlich immer die unmittelbare Erfahrung. Die Erfahrung von Mißwirtschaft, Knappheit, kurz, einer mühsamen Alltagsorganisation. Ein prägendes Element für das private Bewußtsein war die Meinungsbildung in den privaten Zirkeln, mit den Kollegen und im Freundeskreis, der bei uns einen unerhörten Stellenwert hat. Das hat Günter Gaus sehr gut beobachtet und in dem Stichwort von der »Nischengesellschaft« zusammengefaßt. Das Bewußtsein ist natürlich ein Gemisch. Einmal aus offiziellem Jargon, gegen den man sich wehrt, der aber natürlich auch eindringt. Der steckt in Abwehr und Aneignung in einem drin. Man soll sich ja nicht täuschen: 40 Jahre – das geht doch an keinem spurlos vorüber, im Guten wie im Bösen. Dann die andersgearteten Informationen, die wir via Westfernsehen haben. Daraus entsteht dieses Gemenge, das man privates Bewußtsein nennt. In diesem sind aber auch solche Positionen wie ein elementares Gefühl für soziale Gerechtigkeit und Aufrichtigkeit. Wir sind 40 Jahre unentwegt belogen worden. In der Abwehr gegen Unwahrheit und Ungerechtigkeit, so hoffe ich vielleicht ein wenig idealistisch, liegen positive Elemente der Identität. Wenn es so etwas wie eine DDR-Identität gibt, dann hat sie sich in den Gegensätzen zu dem, was von ihr verlangt wurde, gebildet. Das könnte eine Chance sein. Daß es sich um eine politisch reife Bevölkerung handelt, hat sich ja in den letzten Monaten gezeigt. Sie hat einen ausgeprägten Realitätssinn. Dies ist auch ein Ergebnis der erzwungenen Beschäftigung mit Politik. Man wird unablässig politisch berieselt, dagegen muß man sich permanent wehren. Die Leute wenden sich von der Politik ab, doch selbst darin liegt noch etwas Politisches. Das Öffentliche ist immer als eine Sehnsucht dagewesen.

Welche Beziehung siehst du zwischen der DDR-Identität und der politischen Öffentlichkeit in der Bundesrepublik?

Selbst wenn man immer nur beschränkte und relative Aussagen machen kann, vermute ich doch, daß die DDR-Bevölkerung insgesamt politischer ist als die westdeutsche. Sie ist gezwungenermaßen informierter, weil sie ja jeden Abend aus dem eigenen Land ausgewandert ist. Das gehört mit zu dem Stichwort: Die DDR ist Teil Deutschlands. Die Einheit Deutschlands ist auch eine informationelle Realität. Daß die DDR-Bevölkerung jeden Abend aus der eigenen Misere ausgewandert ist, war ein Stabilitätsmoment. Das war eine typische Entlastungsfunktion, die ja auch der Freizeit zukommt.

Wie schätzt du die Lernfähigkeit der SED ein?

Die SED lernt schnell, aber wirkliche Reformer sind auch in der SED in der Minderheit. In der Mehrheit sind es Unzufriedene. Es gibt aber auch in der SED Gruppen, die eine wirklich strukturelle, konzeptionelle Änderung der SED und der Gesamtgesellschaft wollen.

Wer ist das?

Es gibt zum Beispiel eine Gruppe von Philosophen und Polit-Ökonomen an der Humboldt-Universität und an der Akademie der Wissenschaften. Vor einem halben Jahr haben sie eine Broschüre in hektographierter Form herausgebracht, also nichtöffentlich: »Philosophische Grundlagen der Erarbeitung einer Konzeption des modernen Sozialismus«. Wir haben diese Sachen kopiert, schnell gelesen und dann weitergereicht. Die Broschüre stand im Zusammenhang mit einem Diskussionskolloquium. Das Schlüsselwort lautete: Modernisierung des Sozialismus. Dabei sind tiefgreifende politische und ökonomische Reformen intendiert. Das ist jetzt auch öffentlich geworden. Nicht zuletzt deshalb, weil es fast die einzigen sind, die ein Konzept haben. Ein wesentlicher Punkt, den sie in die Diskussion gebracht haben, bezieht sich darauf, daß es auch in sozialistischen Gesellschaften eine Art Krisenzyklus gibt. Dabei haben sie beobachtet, daß diese Krisen immer kürzer und immer heftiger werden, nicht zuletzt auch deshalb, weil auf sie immer nur kosmetisch reagiert wurde. Sie fordern, daß man sich vom Sozialismus als einem Monosubjekt löst und eine pluralistische Sozialismuskonzeption anstrebt. Ich denke, die Devise für die nächste Zukunft muß heißen, lernen vom Kapitalismus als der bisher einzig wirklich modernen Gesellschaft.

In welchem Verhältnis steht denn die Reform des politischen Systems zur Reform des ökonomischen Systems?

Die Autoren von der eben genannten Broschüre vertreten die in meinen Augen sehr plausible These, daß die Reform des politischen Systems das Dringendste ist. Dies auch deshalb, weil die Reform des ökonomischen Systems viel schwieriger und langwieriger ist und auch vorsichtiger angegangen werden muß. Im weiteren hat diese Gruppe auch konkrete Sofortprogramme herausgebracht wie z. B. dieses Papier hier vom 19. Oktober: »Dringende Schritte zur Erneuerung der SED«. Die Kernthese lautet: Demokratisierung von unten. Das kommt ja langsam erst ans Tageslicht, wie die Politik hier gemacht worden ist. Selbst das Zentralkomitee war ein reines Akklamationsorgan, die Entscheidungen fielen alle im Politbüro. In der DDR bestand bisher ein feudal-absolutistisches System. Es müssen jetzt demokratische Strukturen geschaffen werden, die diesen Prozeß unumkehrbar werden lassen, denn Reformbeteuerungen hat es in der Geschichte der DDR schon hinreichend gegeben.

Worin besteht aktuell und perspektivisch gesehen das Hauptproblem der Opposition im Hinblick auf die Markierung einer realitäts- und politikfähigen Alternative zur SED-Politik?

Eine Partei, die einen Staat so abgewirtschaftet hat, müßte eigentlich gehen. In diesem Lande ist dies aber nicht möglich. Sie ist ja nicht nur die größte Partei, sie ist auch der einzige wirklich große Machtfaktor. Diese Partei hat in der Vergangenheit alle politische und ökonomische Kompetenz bei sich monopolisiert. Das heißt, außerhalb von ihr existiert nur singuläres, individuelles Fachwissen, aber keine formierte und formulierte Kompetenz. Das sichert dieser Partei, so kaputt sie ist, so sehr sie in der Krise ist, einen Machtvorsprung, der von den anderen zunächst nicht eingeholt werden kann. In diesem Lande gibt es nur sehr wenige profilierte Persönlichkeiten, weil man sich hier bisher kaum profilieren konnte. Weil dies ja nur möglich ist durch Differenz, Distanz und Einschreiten. Aber wir hatten hier ein System, das solche Sachen niederwalzte. Das politische Bewußtsein der DDR-Bürger war eigentlich immer vor dem Politischen, wenn man das Politische als das Öffentliche begreift, als das öffentliche Austragen von Konflikten. Zu Hause sitzen, jammern, klönen und räsonnieren, das gab es immer schon. Das hat Bahro auch schon ganz zutreffend gesagt: »Es denkt in der DDR.« Es hat aber immer nur in den vier Wänden gedacht. Es durfte sich nie politisch formieren und ausprobieren. Die Hauptaufgabe besteht also darin, daß die Leute kompetent werden, und das geht nur, indem die Leute Politik machen.

Hast du schon einmal daran gedacht, eine politische Aufgabe in der Opposition zu übernehmen?

Ich zögere sehr. Ich habe das neulich wieder in einer Versammlung erlebt. Nach langem Zuhören bin ich einmal ans Mikrofon gegangen und habe versucht, ein paar klare Fragen zu stellen, das scheinen die meisten nicht zu können. Dann kamen hinterher die Leute zu mir und haben mich gefragt, ob ich nicht das nächste Mal die Versammlung leiten könnte. Es gibt viele intelligente Leute in diesem Lande. Man muß das einmal abwarten. Ich habe Furcht vor einer Knochentour. Zweitens habe ich ein Grundempfinden, das Macht ablehnt. Ich bin damit aufgewachsen, daß es wichtig ist, etwas gegen die Macht zu tun. Ich müßte mein Leben sehr umstellen. Wenn ich gebraucht werde, wenn zufällig eine solche Situation kommen sollte, mache ich es vielleicht.

In der Bundesrepublik ist das Neue Forum die bekannteste Oppositionsgruppe. Welche Perspektiven hat diese Gruppierung?

Das Neue Forum erschien mir vor einiger Zeit als das beste Konzept. Es ist ganz breit angelegt. Dies deshalb, weil wir zunächst miteinander lernen müssen, politisch zu reden, öffentlich zu artikulieren und Konzepte zusammen auszuarbeiten, und nicht von oben entgegenzunehmen und dann ja und nein zu sagen. Ich fürchte aber, daß die Entwicklung bereits über das Neue Forum hinweggegangen ist. Den Eindruck habe ich auf den Versammlungen gewonnen. Dort sieht man das Ausmaß an gutem Willen. Dabei sind wir auch sehr deutsch. Revolution machen wir nach Feierabend. Die Leute gehen nachts nach West-Berlin, damit sie morgens früh wieder bei der Arbeit sind. Das Streikrecht ist bei uns auch mehrheitlich noch nicht beliebt: »Da schneiden wir uns nur ins eigene Fleisch. Wir müssen arbeiten.« So ist die vorherrschende Meinung. Ein solches Arbeitsethos wie hier... Also auf der einen Seite soviel guter Wille und auf der anderen Seite soviel Hilflosigkeit. Man sieht, es ist kaum jemand in der Lage, eine Versammlung zu leiten, es ist kaum jemand da, der eine pointierte politische Rede halten kann. Keiner hat Demokratie gelernt. Dann gibt es viel Mißtrauen. Wenn einer etwas bestimmter auftritt, dann rühren sich gleich Gegenstimmen: »Du willst mich wohl wieder bestimmen, dann kann ich ja gleich zu den Altparteien gehen.« Mißtrauen bis hin zum Unsinnigen. Als sei ein Vorschlag etwas Autoritäres. Manches erinnert ja an die Anfänge der Grünen. Diese Diskrepanz ist ganz verrückt: soviel guter Wille, soviel organisatorische, rhetorische und politisch-konzeptionelle Hilflosigkeit. Mir scheint, daß diese Diskrepanz beim Neuen Forum am stärksten ist. Die anderen: SPD, Demokratie Jetzt usw., das sind kleinere Gruppen, die sich erheblich länger kennen, die lange miteinander diskutiert haben. Dort gibt es eine profiliertere Führungsschicht. Das Neue Forum, das gerade dabei ist, sich mühsam zu strukturieren, hat sich noch nicht entschieden, was es selber sein will. Will es eine Gesprächsplattform sein? Das war der ursprüngliche Anlaß, oder eine Bürgerinitiative oder gar eine politische Partei oder eine allgemeine politische Bewegung, die Kontrolle ausübt. Man wird sich entscheiden müssen. Entweder man wird zur Partei, oder man muß sich zurücknehmen und muß in die anderen neuen Parteien gehen. Aber da bin ich selbst gespannt.

Welche Bedeutung mißt du den Führern des Neuen Forums zu?

Die bekanntesten Vertreter der Opposition sind Bärbel Bohley und Prof. Jens Reich. Nach meinen Beobachtungen sind beide sehr überzeugende Persönlichkeiten. Sie sind das, was man authentische Persönlichkeiten nennt. Diese ihre Stärke ist aber zugleich auch ihre Schwäche. Sie sind authentische Persönlichkeiten, weil sie keine Politiker sind. Ihnen fehlt die strategisch-taktische Kompetenz, die für eine Bewegung wichtig ist.

Welche Rolle werden die Blockparteien in Zukunft spielen, sind sie Hoffnungsträger für eine durchgreifende Reform?

Die Liberale Partei hat sich mit ihrem Vorsitzenden Gerlach als erste aus dem Fenster gehängt. Vergessen werden darf natürlich nicht, daß er bereits seit 40 Jahren politisch in der DDR aktiv ist. Nun gut, er hat einen gewissen Glaubwürdigkeitsvorschuß, weil er vor einem halben Jahr damit begonnen hat, auf den Reformprozeß zu setzen. Die Ost-CDU hat etwas später angefangen. Aber sie hat möglicherweise einen Vorteil, weil man den Eindruck hat, daß bei ihr die Erneuerung von der Basis kommt. Die Basis wird teilweise von Christen und Kirchenleuten gestellt. Das ist so eine Art Milieu, viele aktive CDU-Mitglieder waren immer zugleich auch Gemeindemitglieder und Christen. Die CDU haben sie auf der unteren Ebene als kommunalpolitisches Aktionsfeld betrachtet. Ich kenne das von meinem Vater, der als Zentrumsmann nach dem Krieg in die CDU ging. Auf kommunaler Ebene haben sie teilweise ganz vernünftige Dinge gemacht, alles was drübergeht, ist aber bisher einfach unerträglich gewesen. Heute abend wird ein neuer Parteivorsitzender gewählt. Zur Wahl steht der honorige Rechtsanwalt de Maizière. (Er wurde tatsächlich gewählt, W. S.) Er hat noch nie eine Funktion in dieser Partei gehabt, war lange Vizepräsident der evangelischen Synode in Brandenburg, und als Anwalt hat er viele Leute gegen den Staat verteidigt. Er ist also kein Wendehals. Wenn er gewählt würde, das wäre ein wirklicher Coup. Wenn er sich durchsetzt, kann er auch den Parteiapparat verändern. Gewiß werden diese sogenannten Blockparteien eine größere Rolle spielen als bisher. Aber der Rahmen wird dann immer noch zu klein sein. Die SPD und der Demokratische Aufbruch würden sicherlich eine bestehende Nachfrage abdecken.

Wodurch ist der Demokratische Aufbruch geprägt?

Diese Gruppe ist gegründet und geprägt von evangelischen Theologen. Schorlemer und Eppelmann sind wohl die bekanntesten. Sie verfolgen diese für die DDR eigentümliche Verbindung von Christentum und Sozialismus. Das wäre eigentlich fast der ideale Konkurrent für die CDU. Weil hier ein Potential ist, das an der Idee des Sozialismus festhält, aber dieses auch kritisch gegen die reale Praxis wendet.

Von der Vereinigten Linken wurde in der westdeutschen Presse mehrmals berichtet. Ich konnte aber hier noch niemanden treffen, der in der Lage war, mir über diese Gruppe Auskunft zu geben.

Das ist auch etwas unklar. Zum einen, weil sie sich aus Vorsicht zunächst anonym gehalten haben. Sie beschäftigen sich vor allem mit der Gründung einer unabhängigen Gewerkschaft. Ihr Konzept tendiert in Richtung basis- bzw. rätedemokratischer Vorstellungen. Interessante Anstöße für eine Demokratisierung von unten liegen darin. Aber ich finde, daß dies als Gesamtkonzept für eine hocharbeitsteilige Gesellschaft illusionär ist. Gespannt bin ich, wie sich diese Gruppierung entwickelt.

Wie verläuft die Zusammenarbeit dieser verschiedenen Gruppen?

Hier und da finden sie sich zusammen, um gemeinsame Erklärungen abzugeben. Bis zu den Wahlen muß sich klären, ob sie einzeln oder vielleicht auch im Verbund auftreten. Im Verbund wollen sie aber nicht. Sie sagen: »Wir wollen zur Einheitspartei nicht noch eine Einheitsopposition.« Das ist zunächst noch eine Stärke, muß es aber nicht immer bleiben. In dem Moment, wo es der CDU oder der LDPD gelingt, sich unabhängiger zu zeigen, wird es problematisch. Aber zunächst haben die Oppositionsgruppen den Vorteil, daß die SED und die Blockparteien mit großem Mißtrauen betrachtet werden.

Für die Mehrheit der Linken in der BRD ist die Wiedervereinigung kein Thema. Dies ist das Thema der Rechten, es wird häufig vor allem in Zusammenhang gebracht mit neuem Nationalismus und militär- und ökonomisch-strategischem Großmachtdenken. Hinzu kommt auch die Haltung, daß die Spaltung Deutschlands als ein Moment der Stabilität Europas betrachtet wird.

Das traf immer nur dann zu, wenn relative Ruhe in der Spaltung herrschte. Das Stabilitätsargument habe ich immer für ein Scheinargument gehalten. Ich finde es auch unerträglich, wenn Linke Anhänger des Status quo werden. In dem Moment, wo es wirtschaftliche Kooperationen gibt, haben die Nachbarn etwas davon. So kann vielleicht eine fundierte Stabilitätsgrundlage geschaffen werden. Das ist ja auch das Blendende an der Gorbatschowschen Losung: das »Haus Europa«, die ja letztlich eine Metapher dafür ist, daß die Russen endlich wieder Politik machen.

Der Verlust der staatlichen Einheit steht in einem Zusammenhang mit dem Zweiten Weltkrieg. Aber die Spaltung Deutschlands ist kein direktes Ergebnis des Zweiten Weltkrieges und des Stalinismus. Stalin ist der Vater der DDR. Das vergißt man immer. Das ist unsere eigentümliche Schwierigkeit: Wie werden wir mit diesem Stalinismus fertig? Mit der These: Die Deutschen als Nation haben den Krieg verursacht, habe ich das Problem, daß die Linke wider ihre sonstigen Denkgewohnheiten, daß es primär sozial-ökonomische Gründe sind, auf nationale Mentalitäten abhebt. Ich finde, daß es sich hier um einen eigentümlichen theoretischen Widerspruch handelt. In der marxistischen Faschismusdefinition lag immer eine erhebliche Verkürzung; aber daß sozialstrukturelle und sozial-ökonomische Gründe eine Rolle spielen, ist wichtig, da nationale Mentalitäten selber wieder historisch erklärt werden müssen. Sonst baue ich wieder einen Mythos auf. Die Nation ist quasi der negative Mythos, es wird so getan, als wäre in ihr der Faschismus angelegt und würde mit ihr gleichsam wiederkehren. Das Argument, daß eine Wiedervereinigung einem aggressiv dynamischen Kapitalismus und Militarismus Vorschub leistet, halte ich auch nicht für überzeugend. Die Bundesrepublik ist jetzt schon das größte Wirtschaftszentrum in Europa, und keiner braucht vor ihr Angst zu haben, weil es doch anders geworden ist. Der Kapitalismus ist nicht national.

Ein Pole hat eine herrliche Definition für eine mögliche Perspektive zwischen der DDR und der BRD gegeben: eine bisystemare Konföderation. Deutschland probiert sie aus, aber Europa ist gemeint. Mir schwebt ein neutralisiertes Gesamtdeutschland vor. Das läßt sich nun alles wieder denken, nachdem es ja ein jahrzehntelanges Phantasieverbot gegeben hat. Inzwischen weiß man zum Beispiel, daß man auch defensiv rüsten kann: strukturelle Nichtangriffsfähigkeit heißt hier das Stichwort. Das ist doch alles machbar. Dieses Deutschland darf nicht wieder ein aggressiver Staat werden.

Was bedeutet für dich der Gedanke der Nation, und wie willst du verhindern, daß er nicht wieder ein Medium für Expansion und Aggression wird?

Die Linken haben immer gesagt: Nation – das ist ja etwas aus dem 19. Jahrhundert, das ist historisch obsolet. Die Virulenz des Nationalen in Osteuropa ist unerhört. Wenn es diese Realitäten gibt, dann muß man es auch fertigbringen, diese Realitäten als etwas Selbstverständliches gelten zu lassen, und ihnen eine Gestalt geben, und zwar eine politische. Es muß nicht ein staatlich vereinigtes Deutschland sein, aber es muß eine enge Form der Kooperation angestrebt werden. Das Nationelle, um hier einmal den Heineschen Begriff zu verwenden, ist nichts Mythisches, das wäre ja ein rechtskonservativer Begriff. Nation meint ein paar selbstverständliche Realitäten. Die kann ich zusammenfassen mit dem Begriff Nähe. Die Linken haben da immer so universalistische Gesichtspunkte, wenn sie es aber konkret anwenden sollen, dann kommt es nicht vor. Es ist nun einmal so, daß mir die in der Bundesrepublik etwas näher sind als die US-Amerikaner oder die Südamerikaner. Ich kann mich nicht mit der ganzen Welt verbrüdern, das kann ich nur intellektuell. Daraus folgt aber meistens nichts. Wir müssen einen Raum für die Nähe schaffen. Die Einheit der Nation gibt es zur Zeit als eine geschichtliche Realität, als eine sprachlich-kulturelle Realität, als eine ökonomische und als eine menschliche. Das haben ja gerade die letzten Wochen auf dramatische Weise gezeigt. Geteilt, aber nicht getrennt. Die Voraussetzung für diese Perspektive besteht darin, daß die Deutschen in der DDR ihren Staat annehmen. Ich bin im Unterschied zur Mehrheit der Intellektuellen in der DDR der Meinung, daß, wenn die Leute in der DDR gefragt werden, eine Mehrheit für die Wiedervereinigung vorhanden wäre. Da gibt es viele Gründe. Materielle spielen auch eine Rolle, warum auch nicht. Wenn die Linken anfangen, das zu denunzieren: »Die wollen ja nur ein größeres Auto, die wollen ja nur konsumieren«, das mag ja alles richtig sein. Dann muß man auch sagen, das sind genuine DDR-Produkte.

Welche Impulse, Motivationen und Errungenschaften bringt die DDR in den Prozeß der forcierten Kooperation ein?

Mein Traum war es immer, daß die DDR etwas von einer anderen Tradition in Deutschland einbringt. Einer Tradition, die in der Bundesrepublik kaputtgegangen ist durch den Erfolg. Diese Tradition nenne ich sozialistisch oder beschreibe sie mit dem Begriff Gerechtigkeit. Das wäre ein politisches Äquivalent für die schweren ökonomischen Zeiten, die uns bevorstehen: Demokratie, Streit, Kultur, Mischformen verschiedenster Art.

In den Buchhandlungen der DDR habe ich im Bereich der Gesellschaftswissenschaft kaum anknüpfungsfähige Arbeiten gefunden, die intellektuell interessant und orientierend wären. Von wem wird die Reform der DDR-Gesellschaftswissenschaften vorangetrieben?

Die Studenten sind hier sehr wichtig. Sie sind radikaler als der übrige Teil der Bevölkerung. In dieser Woche fand an der Humboldt-Universität eine Urabstimmung zur Gründung eines unabhängigen Studentenverbandes statt. Viele Studenten haben sich trotz aller Anbiederung seitens der FDJ gegen sie entschieden. Da nutzt es der FDJ auch nichts, daß sie besonders heftig die Wende vollzieht. Der FDJ-Chef Aurich hat in der heutigen ZK-Sitzung gesagt, daß die Jugend betrogen worden sei und als Kampfreserve der Partei benutzt wurde. Dabei hat er das selber unablässig ausgeschrien, und jetzt denunziert er das ganz ruhig. Das sind die Wendehälse.

Der Begriff Wendehals hat eine hohe symbolische Bedeutung im Kampf gegen die alten Herrscher, die auch die neuen Herrscher sein wollen. Woher kommt der Begriff?

Ich habe diesen Begriff auf einer Veranstaltung von Künstlern gegen die staatliche Gewalt erstmals gehört. Da stand ein Kabarettist auf und las aus Brehms Tierleben vor. Der Wendehals ist ein Tier, das seinen Hals bis zu neunmal um 180 oder 360 Grad drehen kann. Ein anatomisches Wunder. Ich weiß nicht, ob er diese Idee erfunden oder nur aufgenommen hat. Jedenfalls – seitdem ist dieser Begriff überall da. Christa Wolf hat ihn auch in ihrer

Rede auf der Berliner Kundgebung erwähnt. Seitdem ist dieser Begriff für die Leute gebräuchlich, die gestern so geredet haben und an der Macht waren und heute ganz anders reden, um an der Macht zu bleiben.

Welche Bedeutung wird der Marxismus für die zukünftige Orientierung der Intelligenz in der DDR haben?

Der Marxismus-Leninismus war ein Herzstück dieses eigentümlichen ideologischen und wissenschaftlichen Systems. Jeder Studierende mußte sich damit auseinandersetzen. Der Marxismus ist im Marxismus-Leninismus verkommen und heruntergewirtschaftet zu einer Legitimationsideologie, die den Marxismus als eine kritische Gesellschaftswissenschaft sowie die Gesellschaftswissenschaften insgesamt in diesem Lande ruiniert hat. Auf dem Kongreß der Philosophen, der in der letzten Woche stattfand, gab es zu diesem Problem eine kritische Diskussion. Die Philosophie darf nicht die Magd der Politik sein, sonst kann sie selber gar nicht mehr politisch sein. Nur als selbständige Wissenschaft kann sie der Politik Hilfestellung leisten. Was ganz selbstverständlich ist, wurde auf diesem Kongreß offen ausgesprochen. Dieser verheerende Zustand trifft in einem besonderen Maße auf die Wissenschaften zu, die sich mit der Geschichte der Arbeiterbewegung und der Partei beschäftigen. Dieses Anliegen wurde immer in einem rigiden Sinne von der Partei selber verwaltet: vom Institut für Marxismus/Leninismus. Das ist das offizielle Institut zur Erforschung der Parteigeschichte. In diesem beschädigten Wissenschaftsbetrieb gab es immer auch Leute, die etwas gesagt haben, was neu war. Zur Wahrnehmung dessen benötigt man aber die Augen von DDR-Intellektuellen. Ein schönes Beispiel ist die Brecht-Biographie von Werner Mittenzwei. Er hat jahrelang daran gearbeitet, und dann hat sie jahrelang bei Kurt Hager, dem obersten Zensurminister, gelegen. Als die Arbeit dann herauskam, wurde sie von uns sehr begrüßt. Unter anderem war dies zu diesem Zeitpunkt auch die offenherzigste Darstellung des 17. Juni 1953. Seine Positionen wichen erheblich von den offiziellen Positionen zur Geschichte der DDR und der SED ab. Aber auch er weicht noch erheblich von dem ab, was in der BRD dazu veröffentlicht wurde oder was Stefan Heym in seinem Roman – »5 Tage im Juni« – geschrieben hat. Heyms Roman soll nun nach 30 Jahren auch in der DDR erscheinen. Ich schildere das, weil die Gesellschaftswissenschaften immer nur in solchen Differenzen wahrnehmbar waren, also eine Art von Sklavensprache. Für westliche Beobachter erscheint die Beschäftigung damit überflüssig, für uns war dies wichtig. Eine der wesentlichen Forderungen für den wissenschaftlichen Bereich lautet heute: größere Unabhängigkeit der Wissenschaften von Partei und Staat.

Wie sieht es mit dem Anschluß der DDR-Diskussion an die westliche Diskussion aus?

In den letzten Jahren hat sich dies erheblich verbessert. Weiterhin bestehende Hindernisse sind: Die Bibliotheken sind furchtbar schlecht, die Zeitschriften sind teuer. Wir sind natürlich bei weitem nicht so in die internationale Diskussion involviert wie die Wissenschaftler anderer Länder. Das hat aber auch eine sympathische Seite. Auf den Gebieten, wo ich mich auskenne, macht man die erstaunliche Beobachtung, wieviel die einzelnen Leute im Westen produzieren und veröffentlichen. Da denke ich immer, das kann doch nicht mit rechten Dingen zugehen. Da wird einem natürlich bewußt, wie stark die Wissenschaft drüben von Marktmechanismen abhängig ist. Bei uns ist die Wissenschaft etwas konservativer und behäbiger. Bei den westdeutschen Kollegen erweckt dies dann auch, wenn sie wohlwollend sind, den Eindruck des Gediegenen.

Aus: *Deutsche Einheit, deutsche Linke*, hrsg. von Martin Gorholt, Norbert W. Kunz, Köln 1991, S. 318–339. © Bund-Verlag, Köln 1991. (Das Gespräch führte Wolfgang Schroeder.)

Meine erste Parlamentsrede – eine schwierige Aufgabe nicht nur deshalb. Als entschiedener Gegner einer Koalition mit CDU und vor allem DSU war ich von meinen eher skeptischen Fraktionskollegen in die Verhandlungsdelegation der SPD gewählt worden, hatte jeweils Bericht zu erstatten, was ich mit Fairneß und Präzision zu tun versucht habe, bin wohl deshalb auch – nach Ibrahim Böhmes Rücktritt und Richard Schröders Wahl zum Fraktionsvorsitzenden – zum stellvertretenden Fraktionsvorsitzenden gewählt worden und bekam nun den Auftrag, den umstrittenen Eintritt in die Koalition zu erklären und zu verteidigen. Meine Zweifel waren erheblich, die Entscheidung für die Koalition ist mir fast unerträglich schwergefallen. Die nüchternen Gründe für das schließliche Ja – sie wollen mir noch heute, trotz allem, richtig erscheinen – waren vorzutragen. Es ging um den Versuch, »den wuchernden, sich beschleunigenden Umbruchprozessen ein größtmögliches Maß vernünftiger Kontrolle aufzuprägen«. Das ist, leider, nicht so ganz gelungen. Wir waren zu schwach.

Wir möchten diesem Herbst verpflichtet bleiben

Volkskammerrede zur Regierungsbildung am 18. April 1990

Herr Präsident, meine Damen und Herren! Die SPD ist in die Koalition eingetreten, sie trägt das Regierungsprogramm mit, sie stellt sieben Minister in dieser Regierung.

Diese Entscheidung, mit der wir es uns fürwahr nicht leichtgemacht haben, ist sowohl innerhalb als auch außerhalb der SPD angefochten worden. Es gibt in diesem Zusammenhang haltlose Verdächtigungen, an denen sich leider auch Politiker dieses Hauses beteiligt haben, die wir lieber zu den seriösen gezählt hätten.

Deshalb sage ich ausdrücklich: Die Entscheidung für die Koalition ist in unserer Partei umstritten. Wir schämen uns dessen nicht. Im Gegenteil. Gäbe es bei uns keinen Streit, keine Diskussion über eine so wichtige Frage, wäre unsere Partei ihres Namens nicht würdig, ebensowenig der Tradition, in die sie sich stellt, der Tradition der Freiheit und der Toleranz, der moralischen Ernsthaftigkeit und der Solidarität.

Wir werden deshalb – wiewohl wir zuverlässige, seriöse Koalitionspartner sein wollen – den Streit nicht unterbinden, Diskussionen in unseren Reihen nicht niederwalzen. Dies wird, hoffe ich, auch künftig unser Profil, das Profil der SPD ausmachen, daß wir eine diskutierende Partei sind, daß wir abweichende Meinungen zulassen, daß wir – eigentlich etwas höchst Selbstverständliches – auch nach innen eine demokratische Partei sein wollen. (Beifall besonders bei der Fraktion der SPD)

Das Institut der Parteidisziplin haben wir nicht, wer uns also Herummeierei, Zögern, Schwanken vorwirft, verrät seine abgründige Bindung an die Vorstellungskraft von Einheitspartei und Meinungsdiktatur. (Beifall besonders bei der Fraktion der SPD)

Auch in einer großen Koalition wird die SPD also kenntlich bleiben, dafür wird die Fraktion, für die ich hier spreche, schon sorgen! Kenntlich bleiben als eine linke Volkspartei in der frischen Tradition des Herbstes 1989. Denn, liebe Freunde vom Bündnis 90, gegen einen latenten Monopolanspruch auf diesen Herbst sei es gesagt: Auch wir, die SPD, auch wir waren dabei – vielleicht weniger prominent, weniger sichtbar, weniger laut, aber doch mit gleichem heißen Herzen, gleicher politischer Leidenschaft und dem gleichen elementaren Erlebnis von Befreiung. (Zuruf von der Fraktion Bündnis 90/Grüne: Das wurde nie bestritten) Wir möchten, wenn ihr es erlaubt, diesem Herbst verpflichtet bleiben.

Das schließt natürlicherweise Meinungsverschiedenheiten zwischen uns nicht aus, sondern durchaus ein.

Die SPD hat sich gegründet und zur Wahl gestellt nicht um ihrer selbst willen, sondern um einiger uns allerdings elementar wichtiger Ziele willen. Wir wollten den Weg zur deutschen Einheit auf eine vernünftige und verantwortliche Weise gehen. Wir wollten die Befreiung von der realsozialistischen Parteidiktatur gestalten und festmachen in einem demokratischen und rechtsstaatlichen Gemeinwesen. Und wir wollten in den konfliktreichen, aber notwendigen Umbruchprozessen von einer zentralistischen Kommandowirtschaft zu einer sozialen Marktwirtschaft die Werte der sozialen Gerechtigkeit und Solidarität nicht untergehen lassen, sondern verteidigen.

Vor dem Hintergrund dieser Ziele müssen wir Sozialdemokraten angesichts der Koalitionsvereinbarung und der Regierungserklärung nicht rot werden vor Scham. Wir brechen gewiß auch nicht in lauten Jubel aus – dazu sind die Aufgaben und Probleme zu groß. Aber es ist allen, die hinsehen wollen, sichtbar: Koalitionsvereinbarung und Regierungserklärung tragen auch und nicht in geringem Maße sozialdemokratische Handschrift. Sie sind gewiß zugleich auch ein Kompromiß, aber kein unanständiger oder jedenfalls nur für die, die Kompromisse immer für faul halten. Ich aber denke, daß die Fähigkeit zum Kompromiß eine demokratische Urtugend ist. (Beifall)

Die SPD hat sich in der Koalitionsvereinbarung weiterhin zum Artikel 23 des Grundgesetzes als dem realistischen Weg zur deutschen Einheit bekannt. (Beifall besonders bei der CDU/DA)

Wir begrüßen die entsprechende Aussage in der Regierungserklärung. Das mag manchem befremdlich erscheinen. (Zuruf von der PDS-Fraktion: Ja!)

Um neuerlichen Legendenbildungen entgegenzuwirken, erläutere ich die Gründe:

1. Nur wenn die Volkskammer sich den Artikel 23 vorbehält, kann sie verhindern, daß Teile der DDR ausscheren und für sich den Artikel 23 beanspruchen. Wir haben, wenn wir die Option für Artikel 23 haben, anderen diese Option versperrt. Auch des-

halb treten wir – im übrigen – dafür ein, daß die Verfassung der DDR formell weiter gilt. Gälte sie nicht mehr, könnte jeder Kreis, jede Stadt, jedes Land einfach seinen Beitritt zur BRD erklären. (Abg. Prof. Dr. Heuer, PDS: Nein, das ist strafbar! Ist Hochverrat!) Wenn die Verfassung gilt... (Abg. Prof. Dr. Heuer, PDS: Das Strafgesetzbuch gilt auch! Danach geht das auch nicht!)

Wir aber wollen einen geordneten Weg zur Einheit Deutschlands.

2. Der Artikel 23 kann durchaus verschieden angewendet werden. Entweder als Kapitulation: Da habt ihr uns, macht mit uns, was ihr wollt, oder in einem viel mühsameren Verfahren: Vor dem Beitritt werden die Beitrittsbedingungen ausgehandelt.

Deshalb sind für uns die Konditionen, die der angekündigte Staatsvertrag für die DDR enthält, von existentiellem Interesse, um die Belange der DDR-Bevölkerung zu bewahren.

3. Wenn wir für den Weg zur deutschen Einigung den Artikel 23 als Eintrittstür benutzen wollen, dann nicht mit der Illusion, daß mit dem Grundgesetz der Bundesrepublik das Ende aller verfassungsrechtlichen und verfassungspolitischen Geschichte erreicht sei. Wir denken, daß Artikel 23 und Artikel 146 einander nicht ausschließen, daß auch das Grundgesetz revidierbar ist und daß die sozialen Sicherungsrechte, das Recht auf Arbeit, auf Wohnung, auf Bildung usw., Bestandteile einer gesamtdeutschen Verfassung werden sollten. Dafür werden wir kämpfen. (Beifall bei der SPD, vereinzelt bei der CDU/DA)

Die DDR hat ihre Vergangenheit, wir alle haben unsere Vergangenheit. Ihr aktuelles Stichwort, nicht das einzige, wahrhaftig, aber das bedrängendste Stichwort heißt »Staatssicherheit«. Wir können und dürfen diese Vergangenheit, die nicht vergehen will, weder verdrängen wollen noch unkontrollierbare Macht über uns gewinnen lassen. Beides wäre ein später Sieg der SED oder wie immer sie heißen mag. (Beifall bei der SPD, CDU/DA, DSU und bei den Liberalen) Hier hilft nur der gemeinsame Versuch aller demokratischen Kräfte, rechtsstaatliche Verfahren zu finden und anzuwenden, um ein Terrorsystem endgültig zu zerschlagen, die Strukturen der Verquickung von Unrechtsapparat und allmächtiger Partei aufzudecken, persönliche Verstrickung und Verschulden fair und gerecht zu behandeln. Vergebung und Versöhnung setzen Schulderkenntnis und Schuldanerkenntnis voraus. (Beifall)

Hier darf nichts vorschnell vergessen, unterbunden, verdeckt und vernichtet werden! Wir sehen deshalb mit einigem Entsetzen, wie sich die PDS als Partei der fröhlichen Unschuld und der entschlossenen Gedächtnislosigkeit gebärdet. (Gelächter bei der SPD, der CDU/DA und den Liberalen) Und wir hören mit wachsender Besorgnis Äußerungen des Innenministers Diestel über das Ende der Bürgerkomitees, über die notwendige Vernichtung von Akten. (Sehr richtig! beim Bündnis 90/Grüne, Beifall bei der SPD)

Die Fraktion der SPD wird mit Argusaugen beobachten, welche Taten diesen Worten folgen werden. (Beifall bei der SPD, vereinzelt beim Bündnis 90/Grüne)

Die SPD tritt nachdrücklich für den zeitlichen und inhaltlichen Zusammenhang von Währungs-, Wirtschafts- und Sozialunion ein. Sie begrüßt deshalb die entsprechende Aussage der Regierungserklärung und die darin angekündigten sozialen Sicherungsmaßnahmen. Sie gehören für uns Sozialdemokraten zu den wichtigsten Ergebnissen der Koalitionsverhandlungen. Diese enthalten gewiß keine hehren Visionen, aber sie sind Elemente einer Politik, die sich auf den Alltag einläßt und das Machbare aufzufinden versucht, um es dann auch wirklich zu machen.

Der Traum von einer sozial gerechten Welt wird gewiß den Bankrott des realen Sozialismus überleben, weil die Gründe für diesen Traum immer noch bestehen. (Beifall bei der SPD)

Aber jetzt, in dieser geschichtlichen Stunde, geht es nicht darum, die Menschen erneut zum Material einer Utopie zu machen, sondern darum, den wuchernden, sich beschleunigenden Umbruchprozessen ein größtmögliches Maß vernünftiger Kontrolle aufzuprägen.

Eine vergleichsweise unpathetische Aufgabe, aber wenn ihre Lösung mißlingt, sind die Folgen von erheblicher Tragik. Hier, genau hier liegt der Kernpunkt des Konsens, der in den Koalitionsgesprächen erreicht worden ist, eine gemeinsame Verantwortung, der wir uns nicht meinten entziehen zu können. Es ist doch eine Absurdität angesichts des hohen, für uns auch überraschenden Maßes von sachpolitischer Übereinstimmung, von der SPD verlangen zu wollen, sie solle in die Koalition nicht eintreten wegen zweier DSU-Minister. So wichtig – im Positiven wie im Negativen – ist die DSU wahrhaftig nicht. (Beifall bei der SPD-Fraktion)

Wichtig ist eine Regierung, die mit Selbstbewußtsein und Zähigkeit die Interessen der Menschen in diesem Lande vertritt. Deshalb ist die SPD in die Regierung gegangen. (Beifall bei der SPD-Fraktion) Wichtig ist, daß diese Politik hier in Berlin gemacht und nicht von Bonn oder München einfach diktiert, sondern in Kooperation gestaltet wird. Deshalb beteiligt sich die SPD an dieser Koalition. (Sehr richtig! Beifall!)

Wir tragen diese Regierung mit. Wir begrüßen die Regierungserklärung des Ministerpräsidenten nachdrücklich. Wir wünschen der Regierung Glück – um ihretwillen und um unser aller willen. Danke. (Beifall, vor allem bei der SPD und CDU/DA)

So etwas kann man nicht planen, das hat nichts mit eigener Leistung zu tun: nach fünf Monaten Mitgliedschaft in der Partei ihr Vorsitzender werden – so sind halt revolutionäre Zeiten. Um es ironisch zu sagen, war mein wichtigster Vorzug, kein 34jähriger Pastor zu sein wie meine beiden Gegenkandidaten. Ernsthafter: Ich empfand mich selbst so, wie die junge Partei in ihrem Innersten war, und versuchte dies ganz unmittelbar auszudrücken. Es kann sein, daß das einfach gestimmt hat.

Natürlich müssen wir Realisten sein

Vorstellungs- und Schlußrede bei der Wahl zum Vorsitzenden der DDR-SPD am 9. Juni 1990

Liebe sozialdemokratische Genossinnen und Genossen!

Es fällt mir schwer, nach der so leidenschaftlichen und nachdenklichen Rede von Käthe Woltemath, hier das Wort zu ergreifen. Erlaubt mir doch, daß ich mit ein paar Bemerkungen zu meiner Person beginne, weil ich vermutlich wenig bekannt bin und mit Sicherheit weniger bekannt gemacht worden bin als Dankwart und Gottfried. Ich bin 46 Jahre alt, während des Krieges in Breslau geboren, in Südthüringen aufgewachsen und habe nach dem Abitur den Beruf des Schriftsetzers in Weimar erlernt. Seit Mitte der sechziger Jahre bin ich in Berlin, habe Kulturwissenschaft und Germanistik studiert, einige Jahre an der Universität gearbeitet und Mitte der siebziger Jahre einmal den Versuch gemacht, politisch tätig zu sein, und bin ins Kulturministerium gegangen. Das war nach mehr als einem Jahr – im Zusammenhang mit der Biermann-Affäre – zu Ende.

In der kleinen grimmig-idyllischen DDR habe ich dann doch einen Arbeitsplatz an der Akademie der Wissenschaften gefunden, wo ich bis jetzt tätig war. Nachdem ich mehrere Monate im Herbst des letzten Jahres im NEUEN FORUM versucht habe, aktiv zu sein, bin ich Anfang Januar in die SPD eingetreten, habe ein bißchen am Grundsatzprogramm und am Wahlprogramm der SPD mitgearbeitet und bin jetzt in der Volkskammer stellvertretender Fraktionsvorsitzender der SPD und Vorsitzender des Berliner Bezirksparteirates.

In diesem Zusammenhang eine persönliche Bemerkung zusätzlich zu meiner Kandidatur. Einige wissen es, die Berliner wissen es mit Sicherheit: Am Ende eines etwas chaotischen Bezirksparteitages in Berlin vor zwei Wochen habe ich meine Kandidatur zurückgezogen. Es war der Versuch, gegen einen politischen Stil zu protestieren, den ich für unsere junge Partei für schädlich und persönlich für unerträglich halte, nämlich die Ausschaltung eines anderen anwesenden Kandidaten und eine Rede voller Versprechungen und voller Anbiederungen. Es mag eine Überreaktion gewesen sein. Aber in der Sache würde ich mich immer wieder, wo sie in Zweifel stehen, für Fairneß, Redlichkeit, Unabhängigkeit entscheiden und für einen politischen Stil, der zur Durchsetzung der eigenen Interessen Wahrhaftigkeit und Sachlichkeit nicht zu opfern bereit ist.

Unsere Partei steht nach schwierigen Monaten vor einer weiteren extrem schwierigen Aufgabe. Wir wollen die deutsche Einheit gestalten mit aller Leidenschaft, aber auch mit aller Vernunft. Die deutsche Einigung ist ein Prozeß in unterschiedlichen Dimensionen, er verläuft in Spannungen und spezifischen Ungleichzeitigkeiten. Die erste Dimension – der ökonomische Umbruch – verläuft mit unerhörter Beschleunigung, und es ist zu befürchten, daß er mit einem Zusammenbruch beginnt. Wir erhoffen, wir erwarten einen Aufschwung. Aber dieser Aufschwung hat eine Kehrseite, nämlich soziale Spannungen und Arbeitslosigkeit in bisher nicht gekannten Ausmaßen. Die Sozialdemokraten werden davon betroffen sein und werden in die Pflicht genommen, denn wir sind ja nicht, und wollen es auf keinen Fall sein, eine Partei des Geldes. Deshalb ist eine der Hauptaufgaben der nächsten Monate, Initiativen für Gewerkschaftsarbeit zu entwickeln, auf die Arbeitslosen zuzugehen und die Arbeitslosen in unsere Partei zu holen, damit wir nicht, von außen, sondern mit ihnen zusammen ihre Interessen vertreten können.

Eine zweite Dimension dieses Prozesses ist der Wandel der politischen Kultur. Er geht etwas langsamer voran. Wir haben den Herbst erlebt, wir waren auf der Straße, und wir haben in den vergangenen Jahrzehnten Überzeugungen, Gesinnungen, Empfindlichkeiten angehäuft. Es gilt sie jetzt umzusetzen in konkrete politische Handlungsziele, sie kompromißfähig, politikfähig zu machen.

Ich selbst bin in gewisser Hinsicht ein Beispiel für diesen mühseligen Lernvorgang. Ich bin in die Koalitiongespräche gekommen als entschiedener Gegner einer Koalition mit der Allianz. Ich habe an diesen Gesprächen teilgenommen und gesehen, wieviel gegenüber der CDU an unseren Vorstellungen durchsetzbar war, welches Ausmaß an politischer Übereinstimmung gefunden werden konnte. Es schien mir dann nicht mehr vertretbar zu sagen, nein, wir dürfen das nicht tun, sondern ich sage: Wir haben die Chance, etwas zu tun, und dann müssen wir sie auch ergreifen. Ich denke, dieser Vorgang, daß wir Überzeugung umsetzen müssen in konkrete politische Ziele und Schritte zur Verwirklichung dieser Ziele, dieser Lernvorgang geht in unserer Partei jetzt massenhaft vor sich, in allen Dörfern, in den Städten und Gemeinden, in den Kreisen und bald auch in den Ländern. Diesen politischen Lernvorgang müssen wir miteinander fertigbringen. Dadurch wird unsere Partei zu einer wirklichen Partei zusammenwachsen.

Eine dritte Dimension will ich noch kurz ansprechen. Es ist der viel langsamere Wandel der geistigen Kultur, der viel langsamere Wandel unserer psychischen Verfassung. Wir haben noch gegenwärtig die Erinnerung an den leisen Terror des Regimes, an unsere Feigheiten und Ohnmachten, an den Mut der anderen und unsere eigenen Verzweiflungen, an die alltäglichen kleinen, aber so wichtigen Solidaritäten. Wir haben aber auch die Erinnerung an das allmähliche Scheitern einer Utopie, an der wir doch auch teilhatten und zu der wir uns als Sozialdemokraten in der Tradition der Arbeiterbewegung und der europäischen Freiheitsbewegung bekennen. Ich sage es wieder: Der Traum von einer sozial gerechten Welt wird den Bankrott des realen Sozialismus überleben, weil die Gründe für diesen Traum immer noch bestehen oder immer wieder entstehen, auch bei uns hier in Deutschland. Wir haben in den nächsten Monaten ganz schnell ganz viel zu lernen – Marktwirtschaft müssen wir lernen. Ich kann es auch böser sagen, wir müssen den realen Kapitalismus lernen. Ich hoffe aber und wünsche mir sehr, daß wir uns mit bestimmten Dingen nicht abfinden. Wir sollten uns nicht gewöhnen an Arbeitslosigkeit, an Armut, an erhebliche soziale Unterschiede, darin sollten wir nicht lernfähig sein. Ich möchte jedenfalls für eine SPD arbeiten, die keine Partei der Wendehälse, keine Partei der Verdrängung, der Angepaßten, keine Partei der Flucht aus unserer Vergangenheit, vor allem aber auch keine Partei der Flucht aus der Verantwortung ist.

Was können wir einbringen in eine gesamtdeutsche SPD? Es ist nicht so furchtbar viel zunächst: den Elan des Anfangs, den Charme von Anfängern, von Nicht-Professionellen. Die Erfahrung auch von Scheitern und die Erfahrung der Kraft aus der Differenz, aus der Abweichung, aus der Minderheit. Eine wichtige Erfahrung, die wir in einem großen Deutschland nicht vergessen sollten. Wir können vielleicht daraus ein gelassenes Selbstbewußtsein gewinnen für die Einigung dieser Parteien.

Für mich ist die Einigung dieser Parteien nicht zunächst eine Frage des Tempos. Vor allem ist sie nicht nur eine technisch-organisatorische Frage. Wäre sie das, müßten wir die Einigung sofort vollziehen angesichts des problematischen organisatorischen Zustands unserer Partei. Ich denke, die Einigung dieser beiden Parteien ist vor allem eine politisch-inhaltliche Frage. Wir müssen nämlich eine gemeinsame Diskussion fertigbekommen, einen gemeinsamen Meinungs- und Willensbildungsprozeß erreichen, in dem es vor allem darum geht, unsere jeweils eigenen Interessen zu definieren.

Um eine Nebenbemerkung zum aktuellen Thema zu machen: Die von den Medien nach oben getragene Differenz zwischen Oskar Lafontaine und der Ost-SPD hat ja nicht nur eine wahltaktische Seite. Sie ist für mich vor allem die Widerspiegelung eines wirklichen Interessenunterschiedes. Wir Sozialdemokraten in der DDR müssen das Interesse haben, die Einigung so sozial abgesichert wie möglich zu gestalten. Dazu brauchen wir auch die finanzielle Hilfe der Bundesrepublik.

Die westdeutsche SPD hat durchaus ein davon unterscheidbares Interesse: Sie muß darauf achten, daß diese Kosten, die Helmut Kohl immer verschwiegen hat, nicht nur zu Lasten der einfachen Leute, der Arbeiter und Angestellten gehen. Die Einigung der beiden Parteien wird auch davon abhängen, ob wir solche unterschiedlichen Interessen aushalten und trotzdem Interessenübereinstimmungen finden und für diese Interessenübereinstimmungen auch ein gemeinsames politisches Programm aufstellen. Sonst ist die Einigung nur ein formeller Akt.

Natürlich müssen wir Realisten sein. Das Tempo, das hat das vergangene halbe Jahr gezeigt, können nicht nur wir selbst bestimmen. Wir sollten der Einigung der beiden Parteien wirklich nähertreten. Und wenn wir sie machen, dann sollte der Parteitag natürlich in Berlin stattfinden, wo denn sonst, wenn nicht dort, wo Deutschland gespalten wurde und wo auch die Partei – die SPD – kaputtgemacht worden ist durch einen anderen Vereinigungsparteitag. Deshalb darf unser Parteitag niemals so heißen. Dieser gemeinsame Parteitag sollte, wann immer er stattfindet, möglicherweise noch in diesem Jahr, vernünftigerweise ein halbes Jahr vor gesamtdeutschen Wahlen, dann in Berlin stattfinden.

Liebe sozialdemokratische Genossinnen und Genossen,

Die Partei hat in den nächsten Monaten vier gewichtige Aufgaben: Zunächst die endgültige Verabschiedung des Staatsvertrages mit einer Flut von Gesetzen. Das betrifft vor allem die Volkskammerfraktion. Ich wünsche unserer Volkskammerfraktion gute Nerven, viel Intelligenz, viel Einsatzkraft, und daß sie die nächsten Wochen überhaupt heil übersteht.

In den Städten, Dörfern, Gemeinden und Kreisen sind Sozialdemokraten in unterschiedlichen Maßen, aber doch erheblich beteiligt an der Bildung von kommunalen Regierungen. Das ist ein ganz wichtiger Vorgang. Wir werden nämlich lernen, und ich denke, daß wird unsere Partei verändern, daß Politik nicht nur etwas ist, was in Berlin gemacht wird und was in der Volkskammer gemacht wird, sondern daß sozialdemokratische Politik massenhaft in Dörfern, Städten und Kreisen gemacht wird. Dort wird das künftige Profil unserer Partei maßgeblich bestimmt.

Ich hoffe auch, daß dann manche Querelen, manches Mißtrauen gegenüber der Volkskammerfraktion, übrigens auch teilweise durchaus berechtigtes Mißtrauen, dann nicht mehr eine solche Rolle spielen. Wir lernen miteinander, wie mühselig konkrete Politik ist, und ich hoffe, wir verlernen nicht, daß unsere politische Arbeit etwas mit den Überzeugungen und Grundsätzen zu tun hat, die wir uns in den letzten Jahren oder Jahrzehnten mühselig, meistens zunächst nach innen gerichtet, erworben haben. Jetzt haben wir die Chance, diese Überzeugung, die bisher in uns war, zu artikulieren und durch Politik Gestalt werden zu lassen. Manchmal ist das der Umtausch von großem Geld in Kleingeld, aber wir müssen es trotzdem machen.

Vor uns steht als ganz wichtige Aufgabe die Vorbereitung der Länderbildung. Ihr wißt, die Sozialdemokratische Partei in Deutschland hat nur eine gesamtdeutsche Gestaltungschance, wenn sie auch in den fünf DDR-Ländern stark ist. Das bedeutet, daß wir in den nächsten Wochen überzeugende Wahlprogramme für die Länder formulieren müssen, die nicht 08/15 gestrickt sind. Es ist sinnvoll, daß ein sozialdemokratisches Wahlprogramm in

Sachsen anders ist als in Mecklenburg/Vorpommern. Ich hoffe, ihr erwartet nicht, daß der Landesvorstand in Berlin, nach dem Vorbild des früheren Zentralkomitees, die Vorgaben gibt. Das ist eure Verantwortung. Das ist eine der wichtigsten Aufgaben für die nächsten Monate.

Der vierte Punkt ist der Prozeß der Vereinigung, des Zusammenwachsens der beiden deutschen Sozialdemokratischen Parteien. Ich weiß, es gibt in unserer Partei Meinungsunterschiede. Ich weiß, daß es über das Tempo der deutschen Vereinigung auch in der Bevölkerung Meinungsunterschiede gibt. Wir sollten uns nicht einbilden, daß es nur den Teil der Bevölkerung gibt, der ein schnelles Tempo haben will. Ich denke, daß diejenigen, die uns gewählt haben und auch weiter wählen wollen oder sollen, eher dafür sind, daß dieser deutsche Einigungsprozeß vernünftig, Schritt für Schritt mit erhobenem Kopf passiert. Die Wirtschafts-, Währungs- und Sozialunion mußten wir schnell auf den Weg bringen. Der Druck der Weggehenden, der Druck der Flüchtlinge und der Druck des herannahenden wirtschaftlichen Zusammenbruchs der Befehlswirtschaft hat dazu geführt, daß wir in einem unerhörten Tempo Entscheidungen treffen mußten. Ich hoffe, wir haben nach dem 2. Juli Zeit, andere Schritte etwas langsamer zu gehen.

In diesem Prozeß der vernünftigen Entwicklung der deutschen Einigung ist der Prozeß der Einigung der beiden Parteien eingebettet. Ich glaube aber, wir sollten miteinander diskutieren, und zwar auch mit der Bevölkerung: Sollen wir der Beschleuniger eines sich schon von allein beschleunigenden Prozesses sein? Oder sollen wir versuchen, diesem sich von selbst beschleunigenden Prozeß oder von anderer politischer Seite nach vorn getriebenen Prozeß ein vernünftiges Maß von Kontrolle aufzuprägen? Darüber müssen wir diskutieren, damit wir wissen, was die Mehrheitsmeinung der Bevölkerung ist, damit wir versuchen können, Einfluß zu gewinnen auf die Meinungsbildung.

Politik heißt ja nicht, einfach nur zu vollziehen, was eine eingebildete oder tatsächliche Mehrheitsmeinung meint. Politik heißt, selber Einfluß zu gewinnen, selber gestalten wollen, heißt also auch Vernunft in irrationale Prozesse zu bringen. Es gibt den Vorschlag, und ich halte ihn für sehr sinnvoll, daß zwischen beiden sozialdemokratischen Parteien ein gemeinsamer Rat zur Vereinigung der SPD Ost und West gebildet wird. Ihm sollten angehören: der Ehrenvorsitzende unserer beiden Parteien, die beiden Vorsitzenden, die beiden Stellvertreter, die beiden Geschäftsführer und die beiden Schatzmeister.

Darin sollte präzise überlegt werden, welche organisatorischen, welche programmatischen Schritte in unserem Vereinigungsprozeß zu gehen sind und dort sollte auch über Termine geredet werden. Die Vereinigung beider Parteien muß sinnvollerweise lange vor gesamtdeutschen Wahlen liegen. Das ist uns allen klar.

Noch eine Bitte: Diskussion ja, in der Diskussion Toleranz, mit dem Ziel, gemeinsame Meinungen zu finden, daraus einen gemeinsamen Willen artikulieren und den dann auch geschlossen miteinander durchsetzen. Wenn wir dies können, sind wir eine Partei, die Basisdemokratie und Handlungsfähigkeit miteinander verbindet. Ich glaube, daß wir dann auf allen politischen Ebenen des Gestaltens und Handelns auch einen überzeugenderen, geschlosseneren politischen Eindruck machen als bisher. Dies ist mein Wunsch. Ich bitte euch alle um Zusammenarbeit.

Die extemporierte Diskussionsleitung in (damals noch) West-Berlin für eine Debatte mit Linken in der SPD: Eine Probe für mich (und die anderen), wie das geht, ganz aus den bitteren realsozialistischen Erfahrungen zu sprechen und »linke«, sozialdemokratische Identität versuchsweise zu formulieren. Ach, die abgestandenen »Fronten« von links und rechts, ach, die Verständigungsschwierigkeiten...!

Zögernde Bemerkungen zum »demokratischen Sozialismus«

Referat auf einer Veranstaltung des »Projekts Moderner Sozialismus« in Berlin am 7. Juli 1990

Über die Perspektiven der Sozialdemokratie und eines modernen Sozialismus zu reden fällt mir gegenwärtig offengestanden recht schwer. Denn wir sind in einem derartigen Ausmaß mit Tagespolitik und konkreten Überlebensfragen beschäftigt, daß für theoretisches Nachdenken kaum noch Zeit bleibt. Allerdings gibt es noch eine weitere Schwierigkeit: Ich weiß nämlich nicht mehr so recht, was »links« eigentlich bedeutet und wovon ich rede, wenn ich das Wort »Sozialismus« oder »demokratischer Sozialismus« in den Mund nehme. Und ich denke, daß sich dieses Problem nicht nur für mich, sondern für viele andere auch stellt. Ich rede also vor allem so zu euch, daß unsere Befindlichkeit als DDR-Sozialdemokratie verständlich wird. Auf dieser Basis wird man dann auch über Perspektiven reden können.

Was ist eigentlich in den letzten Jahren und Monaten in Osteuropa, was ist in der DDR passiert? Die objektive Seite besteht im Zusammenbruch des »realen Sozialismus« – zunächst einmal als ökonomisches System, als zentrale Planwirtschaft, als bestimmte Organisationsform der Produktivkräfte, als spezifische Verfassung der Eigentumsverhältnisse. Man kann dieses Scheitern durchaus orthodox-marxistisch mit Hilfe der Dialektik von Produktivkräften und Produktionsverhältnissen erklären und es insofern als notwendigen Vorgang auffassen. Wir erleben zweitens das Scheitern des »realen Sozialismus« als politisches System, im Sinne der »Diktatur des Proletariats« und des »demokratischen Zentralismus«, als Parteidiktatur und Stasi-Staat. Und wir erleben den Zusammenbruch drittens als politische Doktrin, als »Marxismus-Leninismus«, d. h. einer vorgeblich »wissenschaftlichen Weltanschauung«.

Diesen Zusammenbruch – und das will ich den westlichen Linken ausdrücklich sagen – haben wir als Befreiung erlebt, als Befreiung von Mißwirtschaft, auch von Not und von Unterdrükkung – auch in geistiger und wissenschaftlicher Hinsicht. Vielleicht wird der Marxismus als kritische Theorie diese Befreiung überleben.

Ich betone die »Befreiung«, weil ich damit zur subjektiven Seite komme, die sich als Krise der Linken in Ost und West fassen läßt, zugleich als größte Krise der Linken in diesem Jahrhundert, schlimmer noch als die in den 30er Jahren. Denn alle linken Ideen, alle emanzipatorischen Projekte – der proletarischen Emanzipation wie auch der Aufklärung – waren in diesem Jahrhundert auf problematische und spannungsreiche Weise mit der Entwicklungsgeschichte des »realen Sozialismus« in Osteuropa verbunden. Dieser Zusammenhang, der noch im heftigsten Konflikt und Widerstreit so elementar war, wie es gerade die tiefe Krise der Linken in den 30er Jahren zeigte, dieser Zusammenhang existiert nicht mehr.

Ich will nun einige Phänomene dieser Krise der Linken zu buchstabieren versuchen, wobei ich diese Krise insbesondere als eine Krise der Intellektuellen begreife (ich wage hier nicht von den Arbeitern – zumal von den Arbeitern in der DDR – zu reden): Es geht dabei zuallererst um das Innewerden und gleichzeitige Entsetzen bei den Intellektuellen darüber, daß ihr Leben möglicherweise falsch gelebt war – ein Leben als Kette von Kompromissen, die sich nur dadurch rechtfertigen ließ, als sie in Zusammenhang mit einer Utopie stand, die jetzt als gescheitert gelten muß. Eine entsetzliche Entdeckung! Die Utopie ist fort, und so bleibt nur der Kompromiß übrig. Und schlimmer noch: Die Abfolge von Kompromissen erscheint als eine Abfolge von Korruptionen. Jedenfalls ist dies die peinigende Frage, die sich vielen Intellektuellen stellt.

Ein zweites Phänomen beobachte ich: nämlich das trotzige Festhalten an der Utopie einerseits und das jähe Umschlagen in Utopieverzicht und Utopieverbot andererseits. Ich will dies erläutern am Beispiel des Aufrufes »Für unser Land« aus dem vergangenen November, den Christa Wolf, Stefan Heym und andere unterschrieben hatten. Es war der Versuch, so etwas zu entwerfen wie eine neue sozialistische Chance für die DDR, einen eigenen dritten Weg zu einem wirklichen, demokratischen und humanen Sozialismus. Dies hatte keinen Erfolg – was spätestens mit der Unterschrift von Egon Krenz klar war. Aber dies war nicht die eigentliche Ursache (auch wenn der Inhalt des Aufrufes diese Unterschrift ermöglichte, was m. E. kritisch festgehalten werden muß). Man muß die Ablehnung des Aufrufs in der Bevölkerung so interpretieren, daß sich die Mehrheit verweigert hat, erneut zum Material für eine Utopie von Intellektuellen zu werden. Es folgte die Erkenntnis, daß der 4. November nur ein kurzer wunderbarer Moment des Einsseins von linker Intelligenz und Bevölkerung war. Eine Erkenntnis, der heute die Weinerlichkeit bei vielen Intellektuellen ebenso folgt wie das Schweigen angesichts gelebter Illusionen bis hin zu den Agonisierungen, denen wir selbst auch unterliegen.

Ich beobachte des weiteren Selbsttäuschungen von Intellektuellen – intellektuelle Tricks, um sich den politischen, moralischen und theoretischen Konsequenzen des Scheiterns des »realen Sozialismus« zu entziehen. Der wichtigste Trick ist die Redeweise, daß das, was seit 70 Jahren existiert hat und nun zusammengebrochen ist, gar kein »wirklicher« Sozialismus gewesen sei, sondern eine stalinistische Verfälschung oder ein Staatskapitalismus oder wie auch immer. Eine andere Variante lautet, dieser Sozialismus sei eine durch historische Sonderbedingungen verfälschte Verwirklichung einer großartigen Theorie. Ich könnte noch weitere Varianten aufzählen. Worum es sich dabei im Grundsatz handelt, ist die Abtrennung von schlechter Praxis und guter Theorie, um den Sozialismus als Theorie und Utopie zu retten. Mir geht dabei die alte Frage von Bloch nicht aus dem Sinn: Hat der Stalinismus den Sozialismus bis zur Unkenntlichkeit verzerrt oder bis zur Kenntlichkeit gebracht? Dies ist die eigentliche Frage, der wir uns stellen müssen. Und man könnte auch Horkheimer variieren: Wer vom Stalinismus nicht reden will, soll vom Sozialismus schweigen.

Der niederschmetternde, aber unabweisbare Befund lautet also: Die Verwirklichungsgeschichte der sozialistischen Theorie kann diese selbst nicht in einem jungfräulichen Zustand belassen. Es gab und gibt bis zum gegenwärtigen Moment keinen anderen Sozialismus als politisch-ökonomisches System als den durch den Stasi-Staat bestimmten und nur mit Terror funktionierenden Sozialismus.

»Archipel Gulag« und »Stasi« sind beherrschende Termini für die Verwirklichungsgeschichte der sozialistischen Utopie in ihrer Marxschen und Leninschen Ausformung. Wir stehen also am Ende – und damit am Anfang. Was unabweisbar not tut, ist eine schonungslose Selbstkritik der sozialistischen Linken – eine Selbstkritik hinsichtlich der geschichtlichen Praxis und der sozialistischen Theorie, die von der kommunistischen und der sozialdemokratischen Linken zu leisten ist. Dies ist eine gemeinsame Aufgabe. Erst im Anschluß daran und als deren Ergebnis wird es wieder möglich sein, eine sozialistische Theorie und Programmatik zu formulieren. Inzwischen geht es um etwas viel Bescheideneres – gewissermaßen um das »Sozialdemokratische« –: es geht darum, den wuchernden ökonomischen, sozialen und politischen Prozessen ein vernünftiges Maß an Kontrolle aufzuzwingen.

Ich weiß nicht, ob dies hinreichend ist, um »Linkssein« zu definieren. Aber in diesem Sinne verstehe ich »Sozialismus« und erst recht »demokratischen Sozialismus« – nicht als einen Zustand, der herbeigeführt werden soll, als ein System, das den Menschen zu ihrem vermeintlichen oder tatsächlichen Glück von einer Avantgarde gebracht wird, sondern als einen Prozeß, über dessen Richtung und Tempo sich die Menschen demokratisch verständigen müssen. Dabei gibt es allerdings zwei regulative Ideen, die den »Sozialismus« auch im Sinne von Wertorientierungen und eines entsprechenden politischen Horizonts greifbar machen. Diese beiden regulativen Ideen sind soziale Gerechtigkeit und Chancengleichheit einerseits und öffentliche bzw. gemeinschaftliche Kontrolle und Regelung aller die Gemeinschaft betreffenden Angelegenheiten in Politik, Ökonomie und Kultur durch die demokratisch organisierten Individuen andererseits.

Wenn ich den Begriff »demokratischer Sozialismus« – aus genannten Gründen allerdings nur zögernd – verwenden will, muß er demnach weit mehr aussagen als die Beschreibung einer Gesellschaftsordnung. Er muß vielmehr unsere Visionen, unsere Grundwerte und unsere Strategie zusammenfassen. »Sozialismus« verstehe ich also nicht als Ziel im Sinne eines Endzustands, sondern als eine permanent sich verändernde und sich entwickelnde Idee von Freiheit, Gleichheit und Solidarität, von Mitbestimmung und Emanzipation, von Menschenrechten und einem jeweils neu zu definierenden Begriff von Arbeit und Lebenswelt. Wenn wir in diesem Sinne den Sozialismus nicht als dogmatische Heilslehre ansehen, brauchen wir eine Präzisierung dessen, was wir im jeweils gegebenen Moment als unsere dringendsten Aufgaben ansehen. Wir brauchen dazu selbstverständlich einen umfassenden öffentlichen und internationalen Diskurs über die sozialen und ökologischen Fragen und die Frage nach umfassender Demokratie. Nur in einem offenen und möglichst breit angelegten Diskurs gerade zwischen Ost- und Westeuropa, damit auch zwischen höchst unterschiedlichen Erfahrungen, die mit der Geschichte des Sozialismus verbunden sind, können wir Sozialdemokraten unser Profil schärfen, uns abgrenzen und neue Verbündete finden. Es ist in dieser Hinsicht eine gute Voraussetzung für die Sozialdemokratie, daß sie sich ohnehin nicht nur aus Traditionen der klassischen Arbeiterbewegung speist, sondern viele unterschiedliche Weltanschauungen, darunter auch religiöse Wurzeln, akzeptiert. So geben etwa die Ideen des Liberalismus und der Aufklärung wichtige Impulse, die von großer Aktualität sind.

»Demokratischer Sozialismus als Prozeß« heißt dann auch, eben *nicht* vorrangig die Frage nach »Sozialismus oder Kapitalismus« zu stellen. Wir im Osten lernen gerade gegenüber der alten Ideologie, daß es *den* Kapitalismus gar nicht gibt..., sondern verschiedene Kapitalismen. Und die Bundesrepublik besitzt ja nicht nur deshalb eine solche Anziehungskraft für die Menschen in der DDR, weil es sich dabei um eine höchst erfolgreiche Wirtschaft handelt, sondern zugleich um einen sozialistischen Kapitalismus, in den die Gewerkschaften und die Sozialdemokratie schon viel an demokratischer Mitbestimmung und sozialen Sicherungssystemen eingebaut haben und der wohl mehr an Lösungen für soziale Fragen geboten hat als die meisten sozialistischen Länder. Zugleich glaube ich aber auch, daß die Bundesrepublik und mit ihr der moderne Kapitalismus, die soziale Marktwirtschaft und die parlamentarische Demokratie keineswegs das »Ende der Geschichte« markieren, die Verwirklichung des Traums von sozialer Gerechtigkeit und Freiheit sind. Vielleicht ist dieses Grundgefühl, diese Überzeugung, das letzte einigende Band der Linken in ihren verschiedenen Fraktionen. Es ist zugleich aber nur die Überzeugung einer Minderheit in der DDR – jedenfalls im Moment. Jetzt geht es für die Mehrheit um das »Nachholen«, um den Anschluß an den westlichen Wohlstand und die westliche Freiheit.

Ihr müßt begreifen, daß wir im Osten keine neuen Sozialismus-Modelle brauchen, sondern realistische Handlungsmöglichkeiten in derjenigen Gesellschaft, in der wir künftig gemeinsam leben. In der westdeutschen Sozialdemokratie und der Linken insgesamt haben viele Menschen lange auf Veränderungen in den Ländern des »realen Sozialismus« gehofft, um ihre eigenen Bedingungen verbessern zu können. So sehr ich das verstehe, muß man deutlich sagen, wie falsch und gefährlich dies in zweierlei Hinsicht war. Erstens hat die Sympathie, mit der die sozialistischen Länder vielfach betrachtet wurden, oft verhindert, daß die Realitäten in diesen Ländern richtig erkannt werden konnten, und sie führt auch heute noch zu manchem schmerzhaften Nachruf auf die DDR. Und zweitens hat eine derartige Betrachtungsweise von den eigenen Bedingungen abgelenkt, deren notwendige Analyse vielfach verhindert, und hat schließlich in mangelnder Phantasie und Politikfähigkeit geendet.

Nun: Der »reale Sozialismus« als Alternative ist endgültig erledigt. Wir müssen mit Blick auf den modernen Kapitalismus, auf seine Entwicklungslogik und die Alternativen innerhalb dieser Logik neu anfangen.

Für uns in der Noch-DDR bedeutet es immens viel, überhaupt Kenntnis von den Bedingungen in der Bundesrepublik zu erlangen. Und die meisten von uns haben große Eile, »Kapitalismus zu lernen«. Doch die vorrangigen Wünsche nach Wohlstand und sozialer Sicherheit sind nicht im Rahmen der beiden Staatsverträge zu garantieren. Es besteht die Gefahr, daß das Gebiet der heutigen DDR zum Experimentierfeld für gewagte Kapitalvorhaben wird und dabei der ärmere Teil Deutschlands bleibt. Wir müssen uns daher einer Tarifpolitik gegen soziale Ausdifferenzierung, einer Strategie der Umschulung, Weiterbildung und Arbeitsförderung, den kommunalen Infrastrukturinvestitionen widmen. Perspektiven gibt es für die deutsche Sozialdemokratie nur dann, wenn sie sich den von mir nur kurz umrissenen deutsch-deutschen sozialen Problemen stellt und insofern ein Projekt für das entwikkelt, was man früher »soziale Umverteilung« genannt hat. Und zweitens, wenn die Sozialdemokratie ein Konzept für eine ökologisch bestimmte, also nicht spontan-kapitalistische Modernisierung der DDR-Wirtschaft entwickelt. Wir dürfen uns also gerade in dieser Hinsicht nicht mit dem bloßen Nachholen begnügen. Und drittens wird die Sozialdemokratie nur dann eine Perspektive haben, wenn sie uns Deutsche nach einer gewissen Zeit wieder von uns selbst ablenkt – in Richtung auf Europa und die globalen Probleme.

Die Erfüllung eines Kindertraumes: eine Oppositionsrede halten! (Wie oft habe ich als Junge mit begeisterter Erregung Reden von Carlo Schmid, Fritz Erler, Herbert Wehner am Radio gelauscht und gedacht, so was müßtest du später auch einmal können.) Nach der Zerstörung, dem Bruch der großen Koalition im Sommer 90 eine zwiespältige Aufgabe: Kritik und Zustimmung zugleich zu formulieren. Die SPD (Ost) war aus den Verhandlungen zum Einigungsvertrag ausgeschaltet worden, wir hatten Wesentliches nicht erreichen können – die Folgen sind bis heute zu spüren. Man lese die Kritikpunkte nach, sie belasten den Einigungsprozeß bis in die Gegenwart! Aber die staatliche Vereinigung ohne vertragliche Grundlage zu vollziehen – dann hätte sie wirklich – weit über die dramatischen Probleme, die wir heute haben – katastrophische Züge angenommen. Wir sind, wahrhaftig, nicht der Hölle beigetreten, aber eben auch nicht dem Paradies.

Die DDR tritt nicht dem Paradies bei, aber auch nicht der Hölle

Volkskammerrede zur 1. Lesung des Einigungsvertrages am 13. September 1990

Herr Präsident! Meine Damen und Herren! Zur Bewertung des vorliegenden Paraphierungsgesetzes gehört es, den Stellenwert des Einigungsvertrages im Rahmen des Prozesses der deutschen

Vereinigung zu ermitteln. Ich will das mit betonter Nüchternheit tun.

Der Prozeß der deutschen Einigung war und ist nicht das Aufeinanderzugehen zweier demokratischer Staaten und Systeme, sondern war und ist die Angleichung des einen – gescheiterten – Staates an den anderen – erfolgreichen – Staat. Dies ist eine Tatsache. Man mag sie begrüßen oder bedauern.

Im rechtlichen Bereich entsteht zunächst eine vergrößerte Bundesrepublik. Dies hängt vor allem damit zusammen, daß die Politik in der DDR unter einem ungeheuren Zeitdruck stand und wir in einem sehr geringen Umfang die erhoffte Chance hatten, aus der erdrückenden Konkursmasse des SED-Regimes diejenigen Elemente zu benennen und zu formen, die für das bundesrepublikanische System eine sinnvolle Ergänzung, ein fruchtbarer, ein menschlicher Impuls gewesen wären. Ich hoffe, das letztere gelingt uns noch in den nächsten Monaten und Jahren.

Die staatliche Einigung bedeutet also in erster Linie eine Rechtsangleichung. Der erste und wohl entscheidende Schritt dieser Rechtsangleichung war die Währungs-, Wirtschafts- und Sozialunion, die am 1. Juli 1990 in Kraft trat. Zunächst war es der Wunsch unserer Bevölkerung, als Voraussetzung für wirtschaftlichen Aufschwung die D-Mark als stabile Währung in der DDR einzuführen. Da die Währungsstabilität für die Bundesrepublik ein wertvolles Gut ist, bestand sie darauf, gleichzeitig solche Strukturen in der DDR zu schaffen, die trotz des zu bewältigenden wirtschaftlichen Umbruchs die Stabilität der D-Mark gewährleisten sollten.

Währungs- und Wirtschaftsunion brachten den notwendigen, aber, wie wir inzwischen wissen, überharten Umbruchsprozeß, in dem wir uns zur Zeit befinden.

Die SPD hat damals für die Bürger der DDR eine Sozialunion erkämpft, damit die schlimmsten Folgen des wirtschaftlichen Umbruchs für die Menschen einigermaßen erträglich wurden.

So haben wir, dafür sind wir vor allem der Ministerin Regine Hildebrandt und dem Staatssekretär Alwin Ziel dankbar, durchsetzen können, daß zum Beispiel die Erhöhung der Sozialversicherungsabgaben auf 17,95% für die niedrigeren Einkommen durch einen Sozialzuschlag ausgeglichen wurde. (Beifall bei der SPD)

Und wir haben 700000 Rentner vor dem Weg zum Sozialamt bewahrt. Die Erhöhung der Mindestrente auf 495 Mark ist ein Erfolg der SPD. (Beifall bei der SPD – Gelächter bei CDU/DA) Und wir fordern auch weiterhin: Menschen, die ihr Leben lang hart gearbeitet haben, dürfen nicht im Alter zu Almosenempfängern werden. So geht man nicht mit der Generation der eigenen Eltern um! (Beifall bei der SPD, vereinzelt bei der PDS)

Mit der Währungs-, Wirtschafts- und Sozialunion übernahm die DDR das Herzstück des bundesrepublikanischen Systems. Richard Schröder sagte damals in der 2. Lesung: »Es wird eingewendet, wir würden mit diesem Staatsvertrag die Ordnung der Bundesrepublik im wesentlichen übernehmen. Das trifft zu, ist aber kein wirklicher Einwand.«

Nun stellt sich die Frage, warum als zweiter Schritt der Rechtsangleichung ein Einigungsvertrag notwendig ist. Vor allem die DSU, zwischendurch aber auch Teile der CDU und vom Bündnis 90/Grüne waren offensichtlich gegen einen solchen Einigungsvertrag. Die DSU beantragte in unschöner Regelmäßigkeit einen Sturzbeitritt zur Bundesrepublik ohne Regelung der Rechtsangleichung. Sicherlich: Die Existenzform der DSU als ministerloser Wurmfortsatz der Regierung ist nicht immer angenehm (Beifall bei der SPD), aber noch lange kein Grund, vor der Aufgabe wegzulaufen, die Einheit zu gestalten.

Meine Damen und Herren! Das Recht in der Bundesrepublik setzt das wirtschaftliche, soziale, zivilisatorische Niveau der Bundesrepublik voraus. Dieses ist aber in 40 Jahren gewachsen. Dieses Recht ohne jede Übergangsregelung auf dem Gebiet der DDR in Kraft zu setzen wäre mit katastrophalen Folgen verbunden gewesen. Deshalb haben wir Sozialdemokraten bereits im Juni als erste einen zweiten Staatsvertrag, einen Einigungsvertrag, gefordert, um die Rechtsangleichung zu gestalten. Nun liegt, meine Damen und Herren, der Text des Vertrages dem Parlament zur Ratifizierung vor. Die SPD dankt allen, die sich in den langen Verhandlungen bemüht haben, verantwortliche Lösungen zu finden. In den für den Vertrag besonders wichtigen Bereichen Finanzen, Arbeit und Soziales, Landwirtschaft sowie Forschung und Technologie hat die SPD bis zum Bruch der Koalition durch ihre Minister und Staatssekretäre versucht, für die Menschen in der DDR sozialdemokratische Positionen einzubringen. Wir haben den SPD-geführten Bundesländern West zu danken, daß sie nach dem Koalitionsbruch unsere Forderungen übernommen und durchzusetzen versucht haben. Die SPD-Mehrheit im Bundesrat gab den Sozialdemokraten die Möglichkeit, auf diesem Weg vieles für die Menschen hier zu erreichen. Wenn Sie, meine Damen und Herren (Beifall bei der SPD, Heiterkeit bei CDU/DA) von der CDU den Entwurf vom 3. August, also den Schäuble-Krause-Entwurf, Ihren Entwurf mit dem vergleichen, was nun auf dem Tisch liegt, werden Sie feststellen, daß an vielen, wenn auch nicht an allen Punkten, erhebliche Fortschritte erzielt worden sind. (Beifall bei der SPD)

Ich zähle einige davon auf.

Erstens: An vorderster Stelle stehen die Fragen des Eigentums an Grund und Boden. Viele Zehntausende Menschen haben in Treu und Glauben auf staatlich zugeteilten Grundstücken Häuser und Datschen gebaut und haben nun Angst, von ihrem Land, es ist meiner Meinung nach ihr Land geworden, jetzt vertrieben zu werden. Und viele LPGs, die im Moment Ängste genug haben, haben nun auch noch die Sorge, daß ihre Existenzgrundlage, nämlich das von den einzelnen eingebrachte Bodenreformland, der LPG entzogen wird. Diese Sorgen waren der Hauptgrund dafür, daß die Rechtsangleichung nicht durch ein Überleitungsgesetz, sondern durch einen Staatsvertrag zu regeln sei. (Unverständliche Zurufe) Wie von uns gewollt. Wir haben als erste ... Moment. (Beifall bei der SPD) Wenn Sie ein bißchen Gedächtnis hätten, würden Sie sich daran erinnern können, (Unruhe im Saal) daß wir diesen Einigungsvertrag als erste gewollt haben, und wir haben nur hinzugesagt, wir wollen ihn nicht um jeden Preis und nicht in schlechter Qualität, sondern wir wollen, daß darin die Rechtsprobleme wirklich geregelt sind. (Unruhe im Saal und Zurufe)

Die Rechtsverhältnisse an Grund und Boden werden durch den

Einigungsvertrag mit Verfassungsrang geregelt. Herr Krause, Sie werden nicht fertigbringen, den Einigungsvertrag gewissermaßen als Ihren alleinigen Erfolg darzustellen. Sie haben keinen Monopolanspruch darauf, dies wäre ziemlich schäbig, wenn Sie das weiterhin machen sollten. (Beifall bei der SPD und Zurufe von CDU/DA)

Entschuldigung, ein Regierungschef, der einem Minister verbietet, weiter zu verhandeln, ist verantwortlich dafür, daß diese Partei und dieser Minister nicht mehr in der Koalition bleiben kann. Sie haben sie kaputtgemacht. (Beifall bei der SPD)

Die Rechtsverhältnisse an Grund und Boden werden durch den Einigungsvertrag mit Verfassungsrang geregelt. Der neu formulierte Artikel 143 des Grundgesetzes bestimmt, daß das Eigentumsrecht der Bundesbürger durch die im Einigungsvertrag gefundenen Regelungen eingeschränkt werden kann. Die Bodenreform ist daher verfassungsrechtlich, wenn auch nicht ökonomisch gesichert, und alle Bürger in der DDR, die ein Grundstück oder Dauernutzungsrechte an einem Grundstück haben, in gutem Glauben erworben haben, sind in ihren Rechten geschützt.

Zweitens: »Alle Staatsgewalt geht vom Volk aus«, so heißt es im Art. 20 des Grundgesetzes. Die Verfassung ist die Grundlage allen staatlichen Handelns, deshalb muß zuallererst sie selbst vom Volke ausgehen, vom Volk in einer Abstimmung angenommen werden.

Die Sozialdemokraten haben erreicht, daß Art. 146 des Grundgesetzes nicht gestrichen wurde, daß der Weg zu einer vom vereinten deutschen Volk in freier Selbstbestimmung beschlossenen Verfassung erhalten bleibt. Der Einigungsvertrag empfiehlt den gesetzgebenden Körperschaften, sich in den nächsten zwei Jahren mit den Fragen einer Verfassungsrevision zu befassen. Das Recht auf Arbeit, auf Wohnung, auf Bildung, das Recht auf Bewahrung der natürlichen Umwelt – diese Rechte müssen als Staatszielbestimmungen in der gesamtdeutschen Verfassung verankert werden. (Beifall bei der SPD) Und auch das ist für uns als Demokraten wichtig: Über eine solche moderne deutsche Verfassung soll der Souverän, das Volk, in einer Volksabstimmung entscheiden. (Beifall bei der SPD)

Die Annahme der Verfassung durch das Volk wäre ein entscheidender und – wie ich meine – notwendiger Schritt zur Identitätsbildung des geeinten Deutschlands.

Drittens: Der dritte Verhandlungserfolg betrifft die Regelung zum Schwangerschaftsabbruch. Über dieses Problem ist in der Bundesrepublik am heftigsten gestritten worden, und ich freue mich, daß der Einigungsvertrag daran nicht gescheitert ist. Festgeschrieben wurde nun, daß bis zum 31. Dezember 1992 der gesamtdeutsche Gesetzgeber eine neue Regelung zu treffen hat. Bis dahin gilt auf dem Gebiet der DDR die Fristenlösung weiter: Schwangerschaftsabbrüche, die hier vorgenommen werden, sind also in den ersten 12 Wochen der Schwangerschaft nicht strafbar.

Für die neue gesamtdeutsche Regelung möchte ich schon heute sagen: Hinsichtlich des sensiblen Problems des Schwangerschaftsabbruchs bleibt Strafe das falsche Rezept. (Beifall bei der SPD)

Es gilt eine Gesetzgebung zu schaffen, die den bisherigen unterschiedlichen Regelungen in beiden Teilen Deutschlands überlegen ist. Was wir brauchen, ist eine kinderfreundliche Gesellschaft. Dazu gehört der Erhalt von Kinderkrippen und Kindergärten. Dazu gehört die umfassende Beratung von schwangeren Frauen und den dazugehörenden Männern über die Hilfsangebote des Staates und der Gesellschaft. (Beifall bei der SPD) Und diese Hilfsangebote müssen verbessert werden. Hilfe statt Strafe, das ist der Weg, den wir in dieser Frage gehen müssen und den die SPD für die betroffenen Frauen einklagen wird. (Beifall bei der SPD)

Viertens: Im Einigungsvertrag ist ein Förderprogramm für die Wirtschaft beschrieben, das einen Umfang von ca. 50 Mrd. DM haben wird. Wichtig ist vor allem, daß die Forderungen, die SPD-Vertreter im Koalitionsausschuß schon am 29. Mai einbrachten, endlich erfüllt sind: eine Förderungspräferenz für das Gebiet der DDR. Man muß sich das einmal vorstellen: Zur Zeit werden noch Investitionen im grenznahen Bereich der Bundesrepublik stärker gefördert als Investitionen in der DDR. Mit diesem Unsinn wird nun endlich Schluß sein; die Förderung von Investitionen bei uns wird höher sein als die bisherige Zonenrandförderung.

Fünftens: Für die Akademie der Wissenschaften und andere

Forschungsinstitute ist von unserem Forschungsminister Frank Terpe erreicht worden, daß sie zumindest bis Ende 1991 weitergeführt werden können. Dies ist, wenn man die Ausgangslage der Verhandlungen kennt, durchaus ein Erfolg. Wenn auch keine endgültige Zukunftssicherung erreicht ist, ist doch die sofortige Zerstörung umfangreichen Wissenschaftspotentials verhindert und Raum und Zeit für Umprofilierung, Neustrukturierung, ja auch Modernisierung erkämpft worden.

Sechstens: Das Problem des Parteieneigentums ist eines der übelsten, das im Zusammenhang mit dem Einigungsvertrag gelöst werden mußte. Es ist skandalös, wie die Regierungskommission zur Überprüfung des Parteienvermögens gearbeitet bzw. nicht gearbeitet hat. (Beifall bei der SPD)

In der DDR konnte oder sollte dieses Problem offensichtlich nicht mehr gelöst werden.

Und es betrifft nicht etwa nur die PDS als Nachfolgerin der SED; genauso sind CDU und F. D. P. betroffen. Häuser und Grundstücke, Mitglieder und Mitarbeiter, Betriebsbeteiligungen und Bankguthaben – alles haben PDS und die Blockparteien übernommen, nur eines nicht: die Verantwortung dafür, daß sie dieses Land zugrunde gerichtet haben. (Beifall bei der SPD)

Alle Parteien der Nationalen Front wurden regelmäßig mit hohen Geldbeiträgen für ihre staatstreuen Liebesdienste bezahlt. Mit genau diesen Geldern wäre nun der nächste Wahlkampf gegen die Parteien und Bewegungen finanziert worden, die sich gegen die Herrschaft der Nationalen Front gegründet haben. (Beifall bei SPD und Bündnis 90/Grüne)

Diese gespenstische Fortführung alten Unrechts konnte durch das entscheidende Veto der Sozialdemokraten in der Bundesrepublik verhindert werden. (Unmutsäußerungen bei CDU/DA, DSU und F. D. P.)

Meine Damen und Herren! Auf Grund der genannten Verhandlungserfolge stimmen die Sozialdemokraten der DDR dem Einigungsvertrag zu. Er ist alles in allem ein notwendiger und verantwortbarer Schritt zur deutschen Einheit. Aber er ist auch kein Wunschergebnis, wahrhaftig nicht! Dies war bei zwei konservativen Regierungen auch nicht zu erwarten. (Beifall, vor allem bei der SPD, Widerspruch vor allem bei CDU/DA)

Es war ja auch nicht einfach für Herrn Krause, die doppelte Aufgabe zu lösen, Interessen von DDR-Bürgern zu vertreten und gleichzeitig für sich ein Ministeramt in Bonn herauszuholen. (Beifall bei SPD, Bündnis 90/Grüne und PDS, starker Protest vor allem bei CDU/DA)

Wie ich höre, ist ihm zumindest das zweite Ziel voll und ganz gelungen. (Beifall bei SPD und Bündnis 90/Grüne, starke Unruhe und erregte Zwischenrufe vor allem bei CDU/DA)

Der Vertrag hat gravierende Mängel. Der wohl schwerwiegendste Mangel ist die völlig unzureichende Ausstattung der zukünftigen Bundesländer auf dem Gebiet der DDR. Die Benachteiligung der zukünftigen Länder ist eine dreifache:

Erstens, bei der Aufteilung des staatlichen Vermögens auf Bund, Länder und Gemeinden bekommt der Bund einen weitaus größeren Anteil als in der sonstigen Bundesrepublik. Damit haben die neuen Bundesländer nur geringere Möglichkeiten, eine eigene Wirtschafts- und Strukturpolitik zu machen.

Zweitens: Die Ausstattung mit Steuermitteln ist unzureichend. Darauf hat wiederholt Walter Romberg als SPD-Finanzminister hingewiesen. (Gelächter bei den Regierungsfraktionen, erregte Zurufe von Dr. Krause und anderen Abgeordneten der CDU/DA-Fraktion)

Er stand der Verhandlungsstrategie von Ihnen im Wege, Herr Krause, und wurde kurzerhand entlassen, (Starke Unruhe, vor allem bei CDU/DA) erstens auf besonders stillose und zweitens auf verfassungsrechtlich höchst bedenkliche Weise. (Zurufe von CDU/DA: Aufhören! – Glocke des Stellvertreters der Präsidentin. – Zurufe von PDS und Bündnis 90/Grüne: Zuhören!)

Entschuldigen Sie! Die Reden, die Herr Krause hier gehalten hat – im Vergleich dazu bin ich wahrhaftig ein sanftmütiger Mensch. Diese ist vergleichsweise harmlos. (Unmutsäußerungen vor allem bei CDU/DA, Beifall bei SPD, Bündnis 90/Grüne und PDS)

Die Situation wurde nicht dadurch besser, daß man diejenigen entließ, die die Probleme beim Namen nannten. (Beifall bei der SPD)

Eine Entlassung ersetzt keine Argumente. Alle Experten sind sich darin einig, daß in spätestens drei Jahren umfangreiche Nachverhandlungen notwendig sind, um die finanzielle Arbeitsfähigkeit der neuen Länder zu gewährleisten. Aber schon bis dahin werden sich die DDR-Länder stark verschulden müssen, um ihre Aufgaben insbesondere in den Bereichen Kultur und Bildung überhaupt erfüllen zu können.

Drittens: Die Länder werden mit dem Problem der Beschäftigten des öffentlichen Dienstes alleingelassen. Es besteht ein Überhang von vielen hunderttausend Staatsangestellten. Die neuen Länder sind einfach nicht in der Lage, einen Personalbestand zu finanzieren, der das Zwei- bis Dreifache dessen beträgt, was zur Erfüllung der Aufgaben gebraucht wird. Die Bundesregierung hat sich geweigert, mit den Ländern zusammen eine gemeinsame Personalführungsanstalt zu gründen. Das Problem bleibt also ungelöst und wird uns in den nächsten Monaten auf dramatische Weise beschäftigen.

Meine Damen und Herren! Der Föderalismus in Deutschland wird sich daran zu bewähren und zu beweisen haben, ob es gelingt, die neuen Länder als gleichwertige und gleichberechtigte Partner zu integrieren. Mecklenburg-Vorpommern, Brandenburg, Sachsen-Anhalt, Sachsen und Thüringen dürfen nicht die Armenhäuser der neuen deutschen Bundesrepublik werden. (Beifall bei SPD, Bündnis 90/Grüne und PDS)

In diesen Zusammenhang gehört auch die Hauptstadtfrage. Hauptstadt Berlin – im Vertrag ist dies bislang ein bloßes Etikett, eine reine Worthülse. Repräsentieren und Regieren dürfen aber nicht auseinanderfallen. Ich fordere hier noch einmal, daß Berlin Hauptstadt und Regierungssitz des vereinigten Deutschland wird. (Beifall vor allem bei der SPD)

Es gibt kein besseres und kein billigeres Strukturprogramm für Berlin und damit für einen Großteil des DDR-Gebietes als die Entfaltung der wirklichen Hauptstadtfunktion für Berlin. Vor allem aber wäre die drohende Monopolisierung aller tatsächlichen

Hauptstatdtfunktionen durch Bonn der auch lokal-geographisch faßbare Anschluß unseres Teils Deutschlands an den anderen. Berlin dagegen wäre ein Bekenntnis zur ganzen deutschen Geschichte und zugleich zu einem geschichtlichen Neuanfang. (Vereinzelt Beifall bei der SPD)

Das Geschichtsbewußtsein hat die Verhandler noch an einem anderen höchst bedauerlichen Punkt im Stich gelassen: Die Präambel des Vertrages spricht im vierten Anstrich vom Bewußtsein der Kontinuität deutscher Geschichte. Diese Formel ist von unübertrefflich beschämender Inhaltsleere, ist eine Formel politisch-moralischer Feigheit. Ich frage: Warum hat man nicht die Anregung des Vorsitzenden des Zentralrates der Juden in Deutschland, Heinz Galinski, aufgegriffen, in der Präambel vielmehr von der Verantwortung der Deutschen gegenüber den Opfern von Militarismus und Faschismus zu sprechen? (Beifall bei SPD, Bündnis 90/ Grüne und PDS)

Diese Formulierung in der Präambel wäre dem Anlaß der deutschen Einigung würdiger gewesen.

Der zweite große Schwachpunkt des Vertrages ist der Umgang mit den sozialen Rechten und den sozialen Einrichtungen. Andere Redner unserer Fraktion werden gerade zu dieser Frage ausführlich sprechen. Ich nenne deshalb nur einige Beispiele: Freistellungsanspruch zur Pflege erkrankter Kinder, erhöhter Grundurlaub für Mütter, staatlich garantierte Stillpausen und Kindergartenfinanzierung. Dies sind soziale Rechte, die wir Sozialdemokraten für das vereinigte Deutschland zu erreichen versucht haben. Wenn ein System zu Recht abgelehnt wird, heißt das nicht, daß nicht einzelne Elemente es wert wären, als Vorbild für das vereinigte Deutschland zu dienen. (Beifall bei SPD, Bündnis 90/Grüne und PDS)

Es sind dies Elemente, die es den Frauen in der DDR erheblich erleichterten, Berufstätigkeit und Familie miteinander zu verbinden. Dies war wirklich wichtig.

Zu den sozialen Rechten gehört auch die Möglichkeit, eine Wohnung finanzieren zu können. Das Wohnungsproblem scheint in den vergangenen Wochen etwas aus dem Blickfeld geraten zu sein. Für die Menschen in der DDR ist es aber ein zentrales Problem. Sie haben die Sorge, daß die Mieten und die Mietnebenkosten schneller steigen als ihre finanziellen Möglichkeiten.

Ich wiederhole hier noch einmal die Position der Sozialdemokraten: Ein weiterer Abbau der Subventionen darf nur bei gleichzeitigem Lohnanstieg erfolgen. Ohne diesen Zusammenhang ist der Wegfall der Subventionen für Gas, feste Brennstoffe und Wasser per 1.1.91 und für Wärmeenergie per 1.7.91 sozial nicht zu verantworten. (Vereinzelt Beifall bei SPD)

Ein weiterer Punkt, an dem zu unserem Bedauern die Rechtsangleichung zur Einbahnstraße wurde, ist die Regelung des Zivildienstes. Angesichts der neuen Lage zwischen West und Ost ist es ein völlig unverständlicher Anachronismus, für diejenigen DDR-Bürger, die den Wehrdienst ablehnen, nun eine Gewissensprüfung einzuführen. Wehrdienst und Zivildienst sind gleichwertig. Die Diskriminierung der Zivildienstleistenden durch fragwürdige Untersuchungen oder verfassungsrechtlich bedenkliche Dienstzeitenverlängerungen lehnen wir strikt ab. (Vereinzelt Beifall bei SPD)

Meine Herren von der CDU! Sie können beruhigt aus Ihren ideologischen Schützengräben wieder auftauchen, der kalte Krieg ist vorüber. (Vereinzelt Beifall bei SPD – Proteste und unverständliche Zurufe bei CDU/DA)

Eine Bemerkung zu einem immer mehr vernachlässigten Politikbereich, zur Kultur: Die Aussagen hierzu im Einigungsvertrag werden von gefährlichen Halbherzigkeiten bestimmt, statt konkreter Aussagen kehren vage Andeutungen von »nicht ausgeschlossenen Hilfen« bzw. Mitfinanzierungen im Text immer wieder.

Die Fortführung des Kulturfonds wird zwar angekündigt. Es ist aber in keiner Weise ersichtlich, wer sein künftiger Träger sein wird. Der Bund, die Bundesregierung, dürfen sich für eine angemessene Übergangszeit nicht der finanziellen Mitverantwortung für die Kultureinrichtungen auf dem Gebiet der 5 Länder der jetzigen DDR entziehen. Festgeschrieben werden sollte deshalb die Schaffung eines Fonds, der aus Bundes- und Länderkassen besteht.

Ein letzter Punkt: Bei der Beratung des 1. Staatsvertrages hat der damals federführende Ausschuß für Deutsche Einheit die dringende Forderung aufgestellt, für eine Übergangszeit von 5 Jahren den Erwerb von land- und forstwirtschaftlich genutztem Grund und Boden für sogenannte Gebietsfremde auszuschließen. Ausgenommen sollten Flächen für Gewerbestandorte sein, so im Anpassungsgesetz für die Landwirtschaft.

Diese Regelung, meine Damen und Herren, ist mit der deutschen Einigung nicht sinnlos geworden. Im Gegenteil! Die völlig desolate Lage unserer Landwirtschaft wirft die große Gefahr eines Ausverkaufs unseres Grund und Bodens zu Dumpingpreisen auf.

Die SPD-Fraktion wird dem Einigungsvertrag trotz der eben aufgezählten Mängel mehrheitlich zustimmen. Wir erwarten aber, daß noch einmal der ernsthafte Versuch unternommen wird, der Intention der von der Volkskammer verabschiedeten Gesetze zur Landwirtschaft nachzukommen, nämlich unserer Landwirtschaft eine ökonomische Zukunft auf eigenem Grund und Boden zu sichern. Peter Kauffold wird dazu ausführlicher sprechen. (Vereinzelt Beifall bei SPD)

Wir erwarten weiterhin, daß das vorige Woche verabschiedete Rehabilitierungsgesetz in das Vertragswerk aufgenommen werden wird. (Vereinzelt Beifall bei SPD)

Und wir verlangen vor allem, daß eine klare und eindeutige, das heißt unumstößliche Regelung des Umgangs mit der Stasi-Vergangenheit im Einigungsvertrag erreicht wird. (Beifall bei der SPD)

Es ist ein skandalöser Vorgang, daß Beschlüsse der Volkskammer und mit großer Mehrheit verabschiedete Gesetze von den CDU-Regierungen und von der Verhandlungsdelegation unter der Leitung von Herrn Krause gröblichst mißachtet worden sind. Nach dem Kommunalvermögensgesetz, das in wichtigen Teilen dem Stromvertrag geopfert wurde, nach den Landwirtschaftsgesetzen ist das Stasi-Gesetz nur der unverschämteste Versuch in dieser Richtung. Er zeigt auf besonders bittere Weise die wirklichen Kräfteverhältnisse im Land und zwischen den beiden CDU-Regierungen. (Beifall bei der SPD)

Die SPD-Fraktion unterstützt ausdrücklich das Anliegen der Besetzer der Stasi-Zentrale in der Normannenstraße. (Beifall bei SPD und Bündnis 90/Grüne)

Unsere Auffassung ist: Das von der Volkskammer am 24. August einstimmig beschlossene Gesetz über die Sicherung und Nutzung der personenbezogenen Daten des ehemaligen MfS sollte auch nach dem 3. Oktober 1990 in Kraft bleiben, bis die Lagerung und der Umgang mit den Akten des ehemaligen MfS vom gesamtdeutschen Gesetzgeber geregelt sind. Eine solche gesamtdeutsche Regelung muß zwei Gesichtspunkten besonders Rechnung tragen:

1. Die Bürgerinnen und Bürger müssen das Recht behalten, ihre Vergangenheit in eigener Verantwortung zu bewältigen.

2. Die Akten dürfen nur nach Maßgabe strenger datenschutzrechtlicher Bestimmungen eingesehen und verwendet werden. Ein Mißbrauch zu politischen und kriminellen Zwecken muß ausgeschlossen sein.

Auf jeden Fall gilt es im Einigungsvertrag sicherzustellen, daß diese Intentionen, daß die Intentionen des von der Volkskammer beschlossenen Gesetzes auch nach dem 3. Oktober beachtet werden, nämlich die Möglichkeit, die Akten für die historisch-politische Aufarbeitung zu nutzen, die Vernichtung von Aktenmaterial zu verhindern, das Recht der Bürger auf Auskunft über das für sie existierende Aktenmaterial zu garantieren und Mißbrauch zu politischen und kriminellen Zwecken zu verhindern.

Ich brauche in diesem Zusammenhang wohl kaum noch darauf hinzuweisen, daß Herr Diestel als Innenminister schlechthin unerträglich geworden ist. (Beifall bei der SPD)

Die SPD-Fraktion hat im übrigen den Abgeordneten Joachim Gauck für das im Einigungsvertrag vorgesehene Amt des Sonderbevollmächtigten zur Bewältigung dieser Vergangenheit vorgeschlagen, und ich fordere die anderen Fraktionen auf, diesen Vorschlag mit zu unterstützen, ihn zu einem gemeinsamen Antrag zu machen. (Beifall bei SPD und Bündnis 90/Grüne – Unruhe bei CDU/DA und DSU)

Wir werden dem Einigungsvertrag zustimmen, weil es uns wichtig ist, Teilerfolge zu erzielen, Erreichbares auch wirklich zu erreichen, anstatt es zu gefährden, gar zu verhindern, indem man die Reinheit des eigenen Programms für das Wichtigste hält. Politik sollte nicht den Politikern dienen, ihre Bedürfnisse nach Prinzipientreue und Kompromißlosigkeit zu befriedigen, sondern Politik sollte den Menschen in unserem Lande dienen, denen es um spürbare Verbesserungen ihrer Lebensverhältnisse geht, und seien diese auch nur mühsam, Schritt für Schritt, zu erreichen. (Beifall bei der SPD)

Die DDR tritt nicht dem Paradies bei, aber auch nicht der Hölle. Die Bürger der Bundesrepublik haben eigene Interessen, aber sie haben auch ein großes Maß an Solidarität gezeigt.

Die Deutschen haben den Krieg gemeinsam verschuldet und gemeinsam verloren. Sie haben dadurch, daß die Westalliierten aus dem Westen und die Rote Armee aus dem Osten kamen, unterschiedlich hart und unterschiedlich lange an den Kriegsfolgen zu tragen gehabt. Jetzt geht es darum, dem Teil Deutschlands, dem es schlechter erging, unter die Arme zu greifen, damit die deutsche Einigung ein Gewinn für alle wird. Vor allem aber: Die Bevölkerung der DDR tritt einer demokratischen politischen Kultur bei, die zur Auseinandersetzung fähig ist und in der Auseinandersetzungen notwendig sind.

Die deutsche Einheit ist für die Sozialdemokraten nicht allein staatliche Einheit, sondern in erster Linie die Einheit und Vergleichbarkeit der Lebensbedingungen der Menschen im vereinten Deutschland. Freiheit, soziale Gerechtigkeit und Wohlstand für alle zu verwirklichen ist das politische Ziel für die nächsten Jahre. Gerade auch dieser Vertrag zeigt, daß hier noch viel Arbeit vor uns liegt und viele politische Auseinandersetzungen auf uns warten.

Die Sozialdemokratische Partei Deutschlands wird sich den Aufgaben und Auseinandersetzungen für Deutschland stellen. (Anhaltender Beifall bei der SPD)

Ein historischer Moment: Die kleine sozialdemokratische Neugründung, die SPD der DDR, knapp ein Jahr alt, verschmilzt mit der altehrwürdigen SPD – aber verschwinden sollte sie nicht! Deshalb war zu reden von unserem Selbstbewußtsein, unseren Zweifeln, unseren Erfahrungen aus vierzig und einem Jahr, eben um uns verständlich zu machen. Ein bewegender Moment auch für mich: die Umarmung mit Willy Brandt.

Wir bringen die Erfahrung des Scheiterns und des Neuanfangs mit

Rede auf dem gemeinsamen Parteitag der SPD in Berlin am 27. September 90

Liebe Genossinnen und Genossen aus den beiden Sozialdemokratischen Parteien der zwei deutschen Staaten!

Der heutige Tag ist ein bedeutender, ein glücklicher Tag in der Geschichte der deutschen Sozialdemokraten, und doch ist er zugleich verbunden mit einer kleinen Wehmut. Ich rede, um uns aus dem Osten, aus der DDR, euch aus dem Westen, aus der Bundesrepublik, verständlich zu machen.

Vor nicht ganz einem Jahr, genau vor 355 Tagen, wurde in Schwante die Sozialdemokratische Partei in der DDR unter dem Kürzel SDP gegründet; ein Datum, das schon Geschichte ist, das ganz weit weg erscheint, entfernt von heute, von uns, durch die Fülle der Ereignisse, die dazwischengetreten sind. Ein langes, ein kurzes und jedenfalls ein leidenschaftliches Jahr für uns. Und ich darf das, hoffentlich mit eurer Zustimmung, selbstbewußt sagen: Es war ein gewichtiges, wenn auch schmales Kapitel in der Geschichte der deutschen Sozialdemokratie.

Wie in einem Zeitraffer haben wir alle Seiten, alle – nein: fast alle – Höhen und Tiefen der langen Geschichte der Sozialdemokratie durchlaufen: Anfang in der Illegalität, hoffnungsvoller Aufschwung, Selbstüberschätzung, Wahlenttäuschung, Regierungsbeteiligung, Opposition. Fehler viele, Hoffnungen auch. Viel Streit, aber auch Übereinstimmung. Nicht alle sind mehr dabei, viele sind neu hinzugekommen. Und nun das Ende dieses Kapitels, das gewollte Ende. Ein neues Kapitel in der Geschichte der deutschen Sozialdemokratie beginnt.

Bevor wir umblättern, halten wir einen Moment inne, heute, blicke ich kurz zurück und rede, um uns verständlich zu machen. Dieses Innewerden kleidet sich in den letzten Wochen und Monaten besonders häufig in die lästige, weil peinigend oft gestellte Frage: Was bringen wir ein in die deutsche Einheit, in die geeinte Sozialdemokratie? Die erste Antwort klingt zunächst wie eine überflüssige Banalität: Wir selbst, also Menschen, kommen mit unseren Erfahrungen und unseren individuellen Biographien, unseren Hoffnungen und Ängsten, unserem Wissen und Können, unserem Fleiß und unserem hilflos guten Willen. Ich denke nicht, daß wir aus der DDR mit gesenktem Haupt, also demütig, in die deutsche Einheit gehen müßten.

Auch wir Ost-Sozialdemokraten kommen aufrecht zu euch, ihr West-Sozialdemokraten, und ich hoffe sehr, daß wir unsere Biographien künftig nicht verleugnen müssen.

Aber ich weiß auch, daß es viele Fremdheiten zu überwinden gibt. Wie die deutsche Einheit ist auch unsere Parteivereinigung eine Aufgabe, ein politischer, sozialer, kultureller, menschlicher Prozeß, der heute nicht abgeschlossen wird, sondern einen weiteren Anstoß, eine hoffentlich große Beschleunigung erhält. Es gibt Irritationen zwischen uns, wie ich beobachte, etwa folgende eigentümliche Erscheinung: Die Linken in der bundesdeutschen SPD fürchten, wir seien Rechte, und die sogenannten Rechten fürchten, wir seien Linke. Beide haben Angst, wir würden die gegenwärtigen Verhältnisse in der Partei verändern. Ich hoffe, wir tun es!

Gegen Ängste und Mißverständnisse hilft nur, daß wir uns und unsere Biographien gegenseitig kennenlernen. Ich möchte es eben erklären, warum meine Art, links zu sein, manchen West-Linken gar nicht links erscheint, und meine Art, rechts zu sein, nicht als rechts. Nur wenn wir über unsere unterschiedlichen Erfahrungen sprechen, können wir unsere wechselseitigen Borniertheiten in aller Freundlichkeit als solche kenntlich machen und überwinden. Ich rede also, um uns euch verständlich zu machen.

Was wir einbringen, ist eine doppelte Erfahrung: die Erfahrung eines Scheiterns und die Erfahrung eines Anfangs, eines Neuanfangs.

Ich spreche zunächst vom Scheitern. Was ist eigentlich in den letzten Jahren und Monaten in Osteuropa, was in der DDR passiert? Die objektive Seite besteht im Zusammenbruch des realen Sozialismus zunächst einmal als ökonomisches System, als zentrale Planwirtschaft, als bestimmte Organisation der Produktivkräfte, als spezifische Verfassung der Eigentumsverhältnisse. Man kann dieses Scheitern durchaus orthodox-marxistisch – und dieses Vokabular ist uns DDR-Bürgern ja sehr vertraut – mit Hilfe der Dialektik von Produktivkräften und Produktionsverhältnissen erklären und es als notwendigen Vorgang auffassen.

Wir erleben zweitens das Scheitern des realen Sozialismus als politisches System im Sinne der Diktatur des Proletariats und des demokratischen Zentralismus, als Parteidiktatur und Stasi-Staat.

Wir erleben drittens den Zusammenbruch des realen Sozialismus als politische Doktrin, als Marxismus-Leninismus, d.h. einer vorgeblich wissenschaftlichen Weltanschauung.

Diesen Zusammenbruch – das will ich ausdrücklich sagen – haben wir als Befreiung erlebt: als Befreiung von Mißwirtschaft, von Not und Unterdrückung, auch in geistiger und wissenschaftlicher Hinsicht.

Vielleicht wird der Marxismus als kritische Theorie diese Befreiung überleben; ich weiß es nicht. Aber ich weiß, daß es bis zum gegenwärtigen Moment keinen anderen Sozialismus als verwirklichtes politisch-ökonomisches System gab und gibt, als den nur durch Terror funktionierenden realen Sozialismus. »Archipel Gulag« und »Stasi« sind die bezeichnenden Termini für die Verwirklichungsgeschichte der sozialistischen Utopie in ihrer marxistisch-leninistischen Ausformung, in ihrer kommunistischen Version, auf die wir zurückblicken müssen.

Wir als Individuen, als Menschen, die in diesem bloß realen Sozialismus gelebt haben, waren doch mit dieser großen Utopie, mit der Idee des Sozialismus verbunden, noch als Kritiker ihrer konkreten Verwirklichung an sie gebunden. Unsere Art der Existenz war moralisch, politisch, intellektuell ein ständiger, vielleicht hilfloser, lange wirkungsloser Einspruch gegen den realen Sozialismus; ein Einspruch, der sich u. a. auch aus einer anderen Idee von Sozialismus speiste: der Idee von Gerechtigkeit, Toleranz, Freiheit und Demokratie. Diese nämlich haben wir verteidigt, und an ihr wollen wir weiterarbeiten.

Jeder Versuch, sich trotzig als Linker und nicht als Konservativer zu definieren, bedeutete mühselige Arbeit, sich gegen die Verhältnisse zu definieren, gegen diese unerträgliche Ideologie. Aber noch in der Abgrenzung, noch in der entschiedensten Kritik waren, sind wir mit der Verwirklichungsgeschichte des Sozialismus verbunden. Unsere Biographien sind unfreiwillig ein Teil von ihr, nicht zuletzt durch die lebensgeschichtlichen Kompromisse, die wir – in sehr, sehr unterschiedlichen Ausmaßen, wahrhaftig – eingegangen sind. Wir wollen nicht so tun, als seien es nur die anderen gewesen. Wir sind keine feigen Wendehälse, die mit allem gar nichts zu tun gehabt haben wollen, obwohl gerade sie die eifrigsten Liebediener waren.

Was wir also einbringen, ist eine Erfahrung des Scheiterns einer großen Idee in einer schlimmen Verwirklichungsgeschichte; des Scheiterns eines persönlich höchst differenzierten und höchst spannungsreichen Anteils an dieser Verwirklichungsgeschichte, und drittens auch eine Erfahrung des Scheiterns in diesem letzten Jahr. Auch das will ich benennen.

Wir hatten ja als Sozialdemokraten, als Leute aus den Bürgerbewegungen so mancherlei Ideen und Träume, daß wir im Herbst 1989 eine kleine Chance hätten, etwas von unseren Überzeugungen, Hoffnungen, Träumen, Utopien, die wir in den letzten Jahren angesammelt hatten, zu verwirklichen. Wir haben davon nur ganz wenig verwirklichen können. Trotzdem: Das Erlebnis der Befreiung bleibt uns gegenwärtig, die Erfahrung des Neuanfangs. Die SPD in der DDR ist eine Partei des Herbstes 1989. Das begründet unseren Stolz und unsere Anfälligkeit.

Ich rede, um uns euch verständlich zu machen.

Wir haben die Hoffnungen, Euphorien, Illusionen der Bürgerbewegungen des Herbstes geteilt und teilen jetzt die notwendige Ernüchterung und manche nicht notwendige Enttäuschung. Die Vorstellungen von einem dritten Weg zwischen Kapitalismus und realem Sozialismus, von einem demokratischen, sozialen und ökologischen »Projekt Deutschland« standen auch am Anfang der SPD in der DDR.

Aus der Erfahrung von Ohnmacht, von erlittener Macht und aus der Erfahrung von unkontrollierter, verbrecherischer Macht über uns resultierte die Unfähigkeit, eigene Macht wirklich zu wollen und auszuüben – ein zwiespältiges, euch sicher irritierendes, unentschlossenes Verhältnis zum Kampf um politische Macht.

Auch für uns galt, daß unsere Vorstellungen stark moralisch und utopisch geprägt waren, aber doch von Anfang an auch versucht worden ist, realistisch zu sein; deshalb nicht zuletzt die frühe Absicht, als Organisationsform die einer Partei anzustreben.

Wir haben inzwischen lernen können, lernen müssen, verdammt realistisch zu sein – ein mühseliger Vorgang, erkennen und akzeptieren zu müssen, daß die in vielen Jahren angehäuften politischen Überzeugungen und Ziele sich nur Schritt für Schritt, nur sehr teilweise verwirklichen lassen, und daß Kompromißfähigkeit ein wichtiger Teil von Politikfähigkeit ist.

Der Streit um den Koalitionseintritt, um die Politik der Volkskammerfraktion der SPD war ein Teil dieses Lernprozesses, der jetzt massenhaft von vielen Sozialdemokraten in den Kommunen weniger spektakulär, aber nicht weniger mühsam nachvollzogen wird.

Der Situation des Neuanfangs, dem sich beschleunigenden Tempo der Entwicklung, der Fülle der uns fast überfordernden Aufgaben, diesem allem ist es geschuldet, daß wir Fehler begangen haben – ich hoffe, nicht allzu große –, daß der organisatorische Zustand der Partei nicht sonderlich rühmenswert ist, daß Mitgliederzahl und Mitgliederwerbung stagnieren, daß das Klima in der Partei noch nicht so recht warm ist usw. Ich will kein umfassendes Sündenbekenntnis ablegen.

Wir sind wirklich eine neue Partei, eine Partei des Anfangs, was ja auch heißt: von Anfängern. Das unterscheidet uns von den Blockparteien mit ihrem alten Funktionärsapparat und ihrem erschlichenen Vermögen.

Das unterscheidet uns auch von der jüngsten, frischesten aller DDR-Parteien, der PDS, jener Partei – ich wiederhole mich – der fröhlichen Unschuld und entschlossenen Gedächtnislosigkeit.

Alles haben die PDS und die Blockparteien übernommen: Häuser und Grundstücke, Mitglieder und Funktionäre, Betriebsbeteiligungen und Bankguthaben – nur eines nicht: die Verantwortung dafür, daß sie unseren Teil Deutschlands zugrunde gerichtet haben.

Gewiß, wir Ost-Sozialdemokraten sind keine Profis, aber wir verdienen deshalb die bundesdeutsche Arroganz dennoch nicht, komme sie aus Bayern über uns oder leider auch von West-Sozialdemokraten. Auch wenn also nicht alle Blütenträume reiften, so will ich trotzdem – gerade als einer, der damals noch gar nicht dabei war, denen Respekt erweisen und Dank sagen, die den Aufruf zur Bildung einer Sozialdemokratischen Partei der DDR verfaßt und unterzeichnet haben: Martin Gutzeit, Ibrahim Böhme, Markus Meckel und Arndt Noack.

Diese »Viererbande« und die Fünfzig von Schwante haben Mut und Weitsicht bewiesen, auch gegen eine damals eher noch skeptische West-SPD, und haben geschichtliche Veränderungen in Deutschland mitbewirkt.

Daß damals so viele Pastoren dabei waren und dieser Umstand

das Image der Partei auf eine nicht immer auf Sympathie stoßende Weise geprägt hat, ist leicht erklärlich aus der Geschichte der Opposition in der DDR, aus der Tatsache, daß nur die Kirche einen schützenden Raum für die Entwicklung einer alternativen politischen Kultur bot. Manche unserer wirklich beklagenswerten Defizite rühren daher. Wir sind immer noch keine Partei der Arbeiter. Dies muß ganz unbedingt verändert werden. Wir müssen lernen, in die Betriebe zu gehen, wir müssen engste Zusammenarbeit mit den Gewerkschaften erreichen.

Die Gründung der AfA für das Gebiet der DDR vor einer Woche in Chemnitz war gerade noch rechtzeitig ein Signal von uns, ein Appell an uns selbst: Es gibt keine wirkliche Zukunft der Sozialdemokratie im Osten Deutschlands, wenn wir die Arbeiter nicht für uns gewinnen, wenn wir nicht ihre wirklichen politischen Interessenvertreter werden.

Genau dies aber war bei der Gründung der SPD am 7. Oktober gewollt. Ich zitiere aus der programmatischen Erklärung von Schwante, die damals Markus Meckel vorgetragen hat. »Mit der Wahl dieses Namens«, heißt es da, »stellen wir uns bewußt in eine alte Tradition. Der Grundcharakter der deutschen Sozialdemokratie war von Anfang an das Eintreten für die Benachteiligten im gesellschaftlichen und wirtschaftlichen Prozeß, und das waren zuallererst die Arbeiter. Dabei war der Ansatz von vornherein nicht paternalistisch, sondern lag in der Mobilisierung der Betroffenen, die in der SPD zum Subjekt ihres eigenen Befreiungskampfes wurden. Schon früh band die Sozialdemokratie die Verfolgung ihrer Ziele an demokratische Wege und Methoden, d. h. an Rechtsverfassung und Normen. Sie war gegen Gewalt im gesellschaftlichen Kampf. Dem fühlen wir uns verbunden. Sie machte Veränderung der Gesellschaft in einem demokratischen Gemeinwesen vom Willen der Mehrheit abhängig und versuchte, diesen Mehrheitswillen zu formen und zu mobiliseren. So wurde sie znehmend zu einer Volkspartei, welche die Gewerkschaften unterstützte und für die Mitbestimmung am Arbeitsplatz und in der Gestaltung der Produktion eintrat, ebenso wie schon sehr früh für die Gleichberechtigung der Frauen. Diese Tradition ist uns wichtig.« Soweit das Zitat und soweit der Rückblick, soweit der Versuch des Innehaltens. Ich habe geredet, um uns euch verständlich zu machen.

Laßt mich nun, liebe Genossinnen und Genossen, aus dem, was wir an Erfahrungen in der Politik gesammelt haben, einige konkrete Ziele, hoffentlich gemeinsame Ziele, zu formulieren versuchen. Es wäre für mich natürlich viel leichter, und ich denke, wir wären uns sicher sofort einig, wenn ich das formulieren würde, was wir nicht wollen: Wir wollen in keinem Teil Deutschlands, nicht in Ost oder West, nicht in Nord oder Süd, eine Dauerarbeitslosigkeit zulassen.

Deshalb wollen wir auch jene Instrumente, die für die ehemalige DDR nötig sind, auch in anderen Teilen Deutschlands anwenden. Wir setzen uns ein für ein notwendiges staatliches Engagement bei der Arbeitsmarkt- und Arbeitsplatzpolitik. Beschäftigungsförderung durch staatliche Investitions- und Infrastrukturmaßnahmen, durch regionale Investitionsbegünstigungen, durch vernünftige Länderfinanzierung ist hierbei vorrangig. Was wir benötigen, sind jedoch nicht einfach nur Arbeitsplätze. Es geht – ich will es so dramatisch sagen – um die Verteidigung des Industriestandortes DDR, unseres Territoriums.

Notwendig für unseren Teil Deutschlands sind deshalb zukunftsorientierte Arbeitsplätze, Arbeitsplätze, mit denen wir nicht nur Neues schaffen, sondern auch Altlasten sanieren und beseitigen können. Deshalb werden wir auch der Frage nach Bildung, Ausbildung und Weiterbildung unser zentrales Augenmerk widmen müssen. Betriebliche und überbetriebliche Qualifizierungsprogramme für vieles sind wichtiger als das schnelle Geld für wenige.

Das, was wir jetzt hier nicht erreichen, schafft neue Teilung, eine neue Chancenbenachteiligung über Jahre und Jahrzehnte. Wir wissen auch, daß es eine erhebliche Differenzierung bei den Einkommen im Osten Deutschlands geben wird, mehr als wir bisher in der DDR gewohnt waren. Dies ist jetzt schon zu spüren. Deshalb setzen wir uns als Sozialdemokraten nicht nur für Chancengleichheit in Ausbildung und Beruf ein, sondern auch für Chancengleichheit beim Lebensstandard. Die Dynamisierung der

Mindestrente ist sicherlich hierbei nur ein Akzent, aber ein wichtiger. Soziale Mieten und bezahlbarer Wohnraum stehen dem in ihrer Dringlichkeit kaum nach. Daher bedarf es hier notwendiger Sonderregelungen für das Gebiet der ehemaligen DDR. Mietpreisbindung und besonderer Mieterschutz sind unverzichtbar.

Umweltschutz, ökologischer Aufbau und Sanierung der Altlasten dürfen nicht nur Floskeln sein angesichts der ökologischen Katastrophe, in der wir in der DDR schon leben. Sie müssen erfahrbar und sichtbar werden. Wir brauchen deshalb nicht einfach Ausnahmeregelungen, sondern wirkliche Sonderprogramme. Die Bestandsaufnahme und die rigorose Einhaltung von Umweltbestimmungen haben für die bei uns lebenden Menschen ein übergeordnetes Interesse vor sogenannten Sachzwängen und angeblichen ökonomischen Interessen.

Für uns in den sechs Ländern Ostelbiens ist eines nicht nur wichtig, sondern notwendig und kann Motor zugleich sein: das Verhältnis zu Osteuropa. Unser Bekenntnis zur europäischen Integration, unser Bekenntnis zur Schaffung der vereinigten Staaten Europas ist nicht nur deklaratorisch, sondern bedeutet für uns eine Chance zu dauerhafter Stabilität, Sicherheit und Partnerschaft in Europa. Diese Partnerschaft ist jedoch nur möglich, wenn ein deutliches Mehr an Demokratie, sozialer Gerechtigkeit und Solidarität die Grundlage der Hausordnung in unserem gemeinsamen europäischen Haus bestimmt. Die europäische Hausgemeinschaft muß lernen, egoistische nationale Interessen hintanzustellen und globale ökologische und soziale Sichtweisen zu verstärken, die deutsche Einigung muß deshalb modellhaft gestaltet werden und Initiativwirkungen für die Beschleunigung des europäischen Integrationsprozesses haben, gerade für unsere osteuropäischen Nachbarn. Nicht Großmannssucht, sondern verstärkter Dialog und konkrete Hilfe für die Länder Osteuropas sind gefordert.

Das Deutschland von morgen wird hoffentlich tolerant und wird multi-ethnisch sein. Fremdenfeindlichkeit und Abgrenzung sind für unsere Zukunft die schlechtesten Ratgeber.

Nun haben wir – ich schränke es einmal ein –, wir aus der DDR endlich die Chance, echten Internationalismus und echte Solidarität zu lernen, wobei wir am Ende selbst unseren Erfahrungshorizont erweitern und unser Leben lebenswerter und unsere Interessen gleichberechtigter verwirklichen können. Welch ein Gewinn für die Provinz, die die DDR bisher war.

Die europäische Einigung gelingt nur bei Wahrung aller Sicherheitsinteressen in Europa. Sicherheitspartnerschaft gelingt am ehesten durch gemeinsam vereinbarte Abrüstung. Keine neuen Rüstungsprogramme, sondern Rüstungskonversion steht auf der Tagesordnung. Keine Milliarden mehr für neue Waffensysteme, statt dessen mehr Geld für die Umwelttechnologie, auch als effektive Hilfe für unsere östlichen Nachbarn.

Vor uns liegt ein schweres Stück Arbeit, doch ich bin ein wenig optimistisch, daß es uns gelingen kann, all dies zu bewerkstelligen, wenn wir zusammenwirken und neue Bündnispartner innerhalb und außerhalb der Parlamente finden, wenn wir uns noch mehr um die Menschen kümmern, damit wir sie zur Mitgestaltung gewinnen und sie ihr Engagement sinnvoll einbringen können.

Liebe sozialdemokratische Genossinen und Genossen, die Sozialdemokraten haben sich gewünscht, daß der gemeinsame Parteitag in Berlin, eigentlich in Ost-Berlin, wie ihr wißt, stattfinden soll. Es war unsere Überzeugung, daß die SPD da wieder als gesamtdeutsche Partei entstehen sollte, wo sie als gesamtdeutsche Partei zerschlagen worden ist.

Zugleich sollte durch den Ort des Zusammenschlusses und die Art, wie wir das tun, symbolisch verdeutlicht werden, wie wir die Einigung Deutschlands vollziehen würden, wenn die SPD an der Macht wäre. Deshalb auch plädiere ich für Berlin als Hauptstadt, und das heißt, als Regierungs- und Parlamentssitz.

Ich sage durchaus polemisch: Spielt euch jetzt nicht auf wie Sieger, ihr Westdeutschen; ihr habt keinen Sieg errungen, aber wir haben eine Niederlage erlitten.

Macht jetzt nicht einen Sieg daraus, indem ihr uns in eurer Hauptstadt Bonn vorführt! Nein, Berlin, das wäre ein Bekenntnis zur ganzen deutschen Geschichte und zu einem geschichtlichen Neuanfang zugleich.

Liebe Genossinnen und Genossen, viele von euch zeigen sich irritiert, daß wir, die Sozialdemokraten Ostdeutschlands, Schwierigkeiten mit dem Begriff »demokratischer Sozialismus« hatten und haben. Für unsere zukünftigen Debatten ist es sicher von Bedeutung, ob und wie es uns gelingt, sich ohne intellektuelle Tricks den politischen, moralischen und theoretischen Konsequenzen dieses Scheiterns des realen Sozialismus zu stellen.

Der wichtigste Trick, den ich beobachte, ist die Redeweise, daß das, was da seit 70 Jahren existiert hat und nun zusammengebrochen ist, gar kein wirklicher Sozialismus, sondern nur realer Sozialismus gewesen sei, eine stalinistische Verfälschung oder ein Staatskapitalismus oder wie auch immer. Eine andere Variante lautet, dieser Sozialismus sei eine durch historische Sonderbedingungen verfälschte Verwirklichung einer großartigen Theorie. Ich könnte noch weitere Varianten aufzählen.

Im Grundsatz handelt es sich dabei um die Abtrennung von schlechter Praxis und guter Theorie, um den Sozialismus als Theorie und Utopie zu retten; das verstehe ich sehr gut. Aber mir geht die alte Frage von Ernst Bloch nicht aus dem Sinn: Hat der Stalinismus den Sozialismus bis zur Unkenntlichkeit verzerrt oder bis zur Kenntlichkeit gebracht? Das ist die eigentliche Frage, der wir uns stellen müssen. Man kann auch Horkheimer variieren: Wer vom Stalinismus nicht reden will, soll vom Sozialismus schweigen.

Umfassende Kritik, historische Selbstkritik ist notwendig, nicht weil wir von der Idee des demokratischen Sozialismus lassen wollen, sondern im Gegenteil, um ihr überhaupt weiter anhängen zu können.

Der niederschmetternde, aber unabweisbare Befund lautet, so meine ich: Die Verwirklichungsgeschichte der sozialistischen Theorie kann diese selber nicht in jungfräulichem Zustand belassen. Wenn ich den Begriff »demokratischer Sozialismus« aus den angeführten Gründen nur zögernd, aber dennoch verwenden will, muß er demnach weit mehr aussagen als die Beschreibung einer Gesellschaftsordnung. Er muß unsere Visionen, unsere Grundwerte und unsere Strategie zusammenfassen. Sozialismus verstehe ich also nicht als Ziel im Sinne eines Endzustandes, sondern als eine sich permanent verändernde und sich entwickelnde Idee von Freiheit, Gleichheit, Solidarität, von Mitbestimmung und Emanzipation, von Menschenrechten, besonders von den Rechten der Frau, von der Gleichberechtigung und einem jeweils neu zu definierenden Begriff von Arbeit und Lebenswelt.

Wenn wir in diesem Sinne den Sozialismus nicht als dogmatische Heilslehre ansehen, brauchen wir auch eine Präzisierung dessen, was wir im jeweils gegebenen Moment als unsere dringendsten Aufgaben ansehen. Wir brauchen dazu selbstverständlich auch einen öffentlichen Diskurs über die sozialen und ökologischen Fragen und die Frage nach umfassender Demokratie. Nur in einem offenen, möglichst breit angelegten Diskurs gerade zwischen Ost- und Westeuropa, damit auch zwischen höchst unterschiedlichen Erfahrungen, die mit der Geschichte des Sozialismus verbunden sind, können wir Sozialdemokraten unser Profil schärfen, uns abgrenzen und neue Verbündete finden. Neben allen notwendigen tagespolitischen Aufgaben halte ich diese Grundsatzdebatte für eine lebensnotwendige Aufgabe für die gesamtdeutsche SPD.

Liebe Genossinnen und Genossen, zum Schluß einige Bemerkungen zu einem Problem, das uns in der DDR seit Monaten, besonders wieder in den letzten Wochen, umtreibt und das auch bald ein gesamtdeutsches Thema sein wird. Manfred Stolpe hat auf dem ersten Gesamtberliner Parteitag gesagt, daß die Stasi Aktenberge hinterließ, wo die SS Leichenberge hinterlassen hat. Das ist wohl wahr, und deshalb mahnte Manfred Stolpe, in dieser Angelegenheit nichts zu verharmlosen.

Unser Gruß und unsere Solidarität sollten auch von hier aus den Besetzern, den Hungerstreikenden in der Normannenstraße gelten.

Aber wie soll man mit dieser DDR-Vergangenheit konkret umgehen, wie diese Altlasten beseitigen? Wie können diese Altlasten beseitigt werden, und wie kann aus dieser Hinterlassenschaft Neues geschaffen werden, und wie können dabei Ängste und Erfahrungen nicht verdrängt und vergessen werden?

Es gibt sicher kein Patentrezept, aber es ist jetzt schon deutlich absehbar, welche unterschiedlichen Interessenlagen Berücksichtigung finden müssen. Zunächst sind da die Interessen der Opfer: Sie haben Anrecht auf Wiedergutmachung und Rehabilitierung.

Da sind die Rechte der Täter und mutmaßlichen Täter; sie haben ein Anrecht auf rechtsstaatlichen Umgang und rechtsstaatliche Prozesse.

Da ist das Recht des einzelnen auf Aufklärung und Information, und da ist die Pflicht der Gesellschaft, den Umgang mit der Vergangenheit nicht zu individualisieren, sondern sie gesellschaftlich aufzuarbeiten, um gemeinsames Lernen zu ermöglichen.

Die Vergangenheit wird ohnehin jeden einzelnen DDR-Bürger immer wieder einholen; sie ist Teil seiner Biographie, und sie ist zugleich Teil deutscher Geschichte. Dieser Geschichte müssen sich daher auch alle Deutschen stellen. Dennoch müssen die Interessen der ehemaligen DDR-Bürgerinnen und -bürger besondere Berücksichtigung finden. Deshalb erwarte ich auch vom zukünftigen deutschen Bundestag und auch von der gesamtdeutschen SPD, daß sie begreifen, daß es dort, wo auch nach der deutschen Einheit spezifische Probleme existieren, dementsprechend auch spezifischer Problemlösungen bedarf.

Zum Schluß: Wir, die ehemalige DDR, werden nicht deutsche Kolonie, sondern Teil der deutschen Bundesrepublik sein.

Wir werden neue Bürgerinnen und Bürger dieses neuen Landes Deutschland sein, mit einer Menge alter und auch neuer Probleme, mit einer Menge auf uns lastender Geschichte. Aber wir werden gleichberechtigte Bürgerinnen und Bürger sein, wie ich hoffe, mit viel Mut, mit Hoffnung und innovativen Kräften, mit viel Wissensdurst, viel Nachholbedarf, vielen neuen Vorschlägen und Ideen. Wenn wir dieses gemeinsam als befruchtend erleben, können wir neue Chancen schaffen und nutzen.

Bevor am 3. Oktober 1990 die Bundesrepublik Deutschland eine neue Epoche beginnt, hat ab heute ein neues Kapitel in der Geschichte der deutschen Sozialdemokraten begonnen. Wir Sozialdemokraten haben die Pflicht, in dieser Partei der Solidarität und Toleranz zu zeigen, wie das geht: Zusammenwachsen, Verständigung, Interessenausgleich zwischen Ost und West, zwischen Ossis und Wessis. Zuerst haben wir von uns selbst abzuverlangen, was wir der Gesellschaft vorschlagen. Ich wünsche uns dazu viel Glück und Erfolg.

II.

Das vereinigte Deutschland

Meine erste Bundestagsrede, bestimmt von einem Gefühl dankbarer Freude, man mag es mir nachsehen – einen Tag nach der staatlichen Vereinigung Deutschlands. Wegen der ständigen, bis heute gebetsmühlenartig wiederholten Vorwürfe gegen die SPD, sie hätte die Wiedervereinigung gar nicht recht gewollt, schien es mir notwendig, etwas eigentlich Selbstverständliches geradezu pathetisch zu sagen: Unser Bekenntnis zur Einheit ist ein Ja zu einem Deutschland, wie es werden soll, nicht wie es (in West oder – schon gar nicht – in Ost) gewesen ist.

Deutschland, wie es werden soll

Rede zur Regierungserklärung in der Bundestagssitzung am 4. Oktober 1990 im Berliner Reichstag

Frau Präsidentin! Meine Damen und Herren! Zunächst und vor allem anderen drängt es mich doch, ein persönliches Wort zu sagen. Es bewegt mich sehr, hier zum erstenmal am Rednerpult des Deutschen Bundestages zu stehen, erinnere ich mich doch genau an die Faszination, an die gewiß unterschiedliche Faszination, mit der ich den Debatten des Bundestages seit über 30 Jahren gelauscht habe, mit der ich Rednern wie – um Namen aus der Frühzeit zu nennen – Carlo Schmid und Thomas Dehler, Jakob Kaiser und Fritz Erler, Ernst Lemmer und Herbert Wehner zugehört habe. Mit der *Faszination* war Neid verbunden, Neid auf eine erfolgreiche Praxis öffentlicher *parlamentarischer Demokratie*, die uns im anderen Teil Deutschlands vorenthalten blieb, die politisch lächerlich gemacht und ideologisch als formale, als bloß bürgerliche Demokratie denunziert wurde.

Diese Erinnerung und die Erinnerung daran, daß ich – wie alle anderen – vor einem Jahr ein gemeinsames deutsches Parlament für schlechthin unmöglich gehalten habe, ist für mich Anlaß zu staunender Freude. (Beifall bei der SPD, der CDU/CSU und der FDP sowie bei Abgeordneten der GRÜNEN)

Daß sich die *Sozialdemokraten* in der DDR, die sich vor einem Jahr als eine neue Partei gegründet haben, im Herbst 1989 eher zögernd, mit einer gewissen Skepsis, mit Vorsicht der deutschen Frage und dem Problem der staatlichen Vereinigung zugewandt haben, sollte man uns nicht vorwerfen. Diese Haltung wurde ja von den Parteien im Westen ebenso wie von den neuen Gruppierungen und Bürgerbewegungen in der DDR geteilt. Es ging uns damals in der DDR um die *Herstellung einer politischen Öffentlichkeit*, um die Fähigkeit, überhaupt angstfrei und öffentlich miteinander über politische Fragen zu reden; so das Ziel des Aufrufs vom Neuen Forum. Es ging um »Demokratie jetzt«, um die Erringung, die Einforderung der elementaren Menschen- und Bürgerrechte.

Die Verwirklichung dieser Forderung erschien uns nicht identisch mit der *Forderung nach deutscher Einheit*. Für manche waren das sogar Alternativen. Für alle erschien die Kombination beider Forderungen als unrealistisch, ja als gefährlich. Das eine, die deutsche Einheit, erschien vielen als Preis für das andere, die Freiheit.

Daß wir jetzt Einheit *und* Freiheit, Einheit *und* Grundrechte zusammen erhalten und verwirklichen können, ist der wirkliche Anlaß unserer Freude. (Beifall bei der SPD, der CDU/CSU und der FDP sowie bei Abgeordneten der GRÜNEN)

Das unterscheidet die deutsche Einigung des Jahres 1990 von der Einigung des Jahres 1871, einer Einigung von oben mit ihren schlimmen Folgen bis 1933 und 1945.

Denjenigen, die gestern in Berlin gerufen haben: »Nie wieder Deutschland« und »Deutschland, halt's Maul«, möchte ich deshalb sagen: Ich teile die Angst vor nationalstaatlicher Hybris, vor nationaler Selbstvergessenheit und Selbstüberschätzung, vor Chauvinismus und Fremdenfeindlichkeit. Nirgendwo sonst ist der Nationalstaat auf eine so entsetzliche Weise gescheitert wie in Deutschland. Das darf nicht vergessen werden. (Beifall bei der SPD und den GRÜNEN sowie bei Abgeordneten der PDS)

Aber zugleich möchte ich doch sagen. Mit der *staatlichen Einheit Deutschlands* erhalten wir aus der DDR eine wirkliche *Chance*, die Chance, nach dem Scheitern des realen Sozialismus, dem Scheitern des SED- und Stasi-Staats neu anzufangen – unter weit besseren Bedingungen als unsere osteuropäischen Nachbarn.

Mein Bekenntnis, unser Bekenntnis zu Deutschland ist deshalb kein Bekenntnis zu einer Vergangenheit, die uns jetzt wieder einholt, ein Bekenntnis zum Gegebenen der Bundesrepublik Deutschland, sondern es ist ein Ja zu einer Aufgabe, zu einer auf für uns neue Weise gestaltbaren Zukunft, ein Ja zu einem Deutschland, wie es werden soll. (Beifall bei der SPD sowie bei Abgeordneten der CDU/CSU, der FDP und der GRÜNEN)

Es hat mir deshalb gefallen, daß in der Nacht vom 2. zum 3. Oktober vor den Fenstern meiner Wohnung auf dem Kollwitz-Platz – mitten im Prenzlauer Berg – vor ein paar tausend vorwiegend jungen Leuten eine »Republik Utopia« ausgerufen wurde. Dies war zwar als zornig-heitere Alternative zur Veranstaltung vor dem Reichstag gedacht, aber es gefällt mir trotzdem, denn dieses Nirgendwo liegt ja mitten in Deutschland, in Berlin-Prenzlauer Berg. (Beifall bei der SPD und den GRÜNEN sowie bei Abgeordneten der PDS) Das ist übrigens ein Vorgang, der mich, der Sie, der uns an Wichtiges erinnert: Machen wir die deutsche Einigung nicht zum Sieg der einen über die anderen! Es ist kein Sieg etwa Adenauerscher Politik – wie jetzt immer mal behauptet wird –, sondern ein Ergebnis vielfältiger Faktoren und Prozesse, zu denen im übrigen nicht zuletzt die *Entspannungspolitik der Regierungen Brandt/Scheel und Schmidt/Genscher* gehört. (Beifall bei der SPD sowie bei Abgeordneten der FDP und der GRÜNEN)

Wir in der ehemaligen DDR verdanken dieser Politik sehr viel: menschliche Erleichterungen, Begegnungen und vor allem Hoffnung. Ich erinnere mich sehr genau an die leidenschaftliche Hoffnung, die der Besuch Willy Brandts 1970 in Erfurt bei uns ausgelöst hat, (Beifall bei der SPD) Hoffnung, daß die deutsch-deutsche Geschichte und die ost-westeuropäische Geschichte nicht stillstehen und wir nicht mit ihr versteinern müssen.

Die Bundesdeutschen sollen sich also nicht einbilden, einen Sieg errungen zu haben. Wir, die ehemaligen DDR-Deutschen, haben eine Niederlage erlitten. Im *Scheitern des sozialistischen Systems* gibt es bittere lebensgeschichtliche Brüche genug. Zugleich aber erhalten wir in der Niederlage die Chance neuen Anfangs. Machen wir die deutsche Einigung nicht zu einer Folge neuer Ausgrenzungen: der Alternativen, der Autonomen, der Radikalen oder der Ausländer, der Flüchtlinge oder der mehr oder minder belasteten oder durch Mißerfolge gezeichneten Ostdeutschen! (Beifall bei der SPD, den GRÜNEN und der PDS sowie bei Abgeordneten der FDP)

Vizepräsidentin Renger: Herr Kollege, gestatten Sie eine Zwischenfrage des Herrn Abgeordneten Elmer? – Bitte schön.

Dr. Elmer (SPD): Lieber Wolfgang Thierse, sollten wir in diesem Zusammenhang nicht auch den Bundeskanzler, der leider nicht mehr zuhört, darauf hinweisen, daß die SED-Herrschaft nicht nur die Menschen bei uns in ihrer freiheitlichen Entwicklung behindert und verbogen hat, sondern daß auch umgekehrt der Haß gegen eine solche Herrschaft die Züge verzerrt und, konkret, der jahrzehntelange Antikommunismus auch westdeutsche Bürger in der Weise geschädigt hat, daß sie für eine unbefangene Wahrnehmung osteuropäischer Wirklichkeit ein wenig blind wurden? (Beifall bei Abgeordneten der SPD und der GRÜNEN)

Thierse: Ich denke: Ja. Ich habe immer gefunden, daß es einen intelligenten Antikommunismus gibt, aber auch einen dummen Antikommunismus (Beifall bei Abgeordneten der SPD) und daß heute noch beides gilt. Wir müssen lernen, sehr differenziert über die Geschichte der DDR und die Menschen in ihr zu reden. Der

Blick auf Ost-Berlin – ich sage das nach einem Gespräch mit einem Kollegen – ist nicht nur der Blick auf eine Stadt, die aus Leuten des Stasi und aus Funktionären bestand. Dort lebten sehr viele Menschen, ziemlich anständige Menschen. (Beifall bei der SPD)

Vizepräsidentin Renger: Herr Kollege, gestatten Sie noch eine Zwischenfrage des Abgeordneten Lammert?

Thierse: Ja.

Dr. Lammert (CDU/CSU): Herr Kollege Thierse, mich würde interessieren, ob Sie den neuentdeckten Antikommunismus der PDS zur intelligenten oder zur dummen Variante des Antikommunismus zählen. (Heiterkeit und Beifall bei der SPD, der CDU/CSU, der FDP sowie bei Abgeordneten der GRÜNEN)

Thierse: Sie bringen mich in die fatale Situation, mich selbst zitieren zu müssen. Ich halte daran fest, daß die PDS die Partei der fröhlichen Unschuld und der entschlossenen Gedächtnislosigkeit ist. (Beifall bei der SPD, der CDU/CSU und der FDP sowie bei Abgeordneten der GRÜNEN)

Die deutsche Einigung – das will ich sagen – muß auch eine Versöhnung zwischen den selbstbewußten, erfolgreichen Wessis und den erfolglosen, gedemütigten Ossis anstreben. Ich weiß, es ist nicht nur Arroganz, wenn von uns in der ehemaligen DDR verlangt wird, durch eigene Arbeit, eigene Leistung den Aufschwung, den besseren Wohlstand zu organisieren und nicht immer nur als Fordernde, als Bittsteller aufzutreten. Wir brauchen aber Zeit und Unterstützung zum *Erlernen von Selbständigkeit und Selbstverantwortung*, zur Überwindung der Lähmung durch totale Vormundschaft. Guten Willen, Entschlußkraft zu fordern, den Geist Ludwig Erhards zu beschwören reicht da nicht aus. Es ist die Aufforderung, sich selbst am Schopfe aus dem Sumpf zu ziehen. Wie soll etwa ein Arbeiter in einem maroden Großbetrieb initiativ werden und sich selber helfen? Alle können ja nicht Imbißstände aufmachen, nur damit die Bundesregierung hübsche

Gründungsstatistiken vorweisen kann. (Beifall bei der SPD und den GRÜNEN sowie bei Abgeordneten der PDS)

Die *staatliche Einheit* ist erreicht, und wir Sozialdemokraten freuen uns aus ganzem Herzen darüber. Die staatliche Einheit beendet eine Teilung, die noch bis vor einem Jahr nur durch Stacheldraht und Mauern aufrechterhalten werden konnte. Die *Menschen in der DDR* haben diese Mauern zum Einsturz gebracht. (Dr. Vogel [SPD]: Richtig!) Es waren ihr Mut, ihre Besonnenheit und ihre Phantasie, die das Regime von SED und Blockparteien beendet haben. (Beifall bei der SPD) Ich möchte daher zu allererst meinen Landsleuten für das danken, was sie gewagt und bewegt haben. (Beifall bei der SPD sowie bei Abgeordneten der CDU/CSU, der FDP, der GRÜNEN und der PDS) Sie und nicht etwa die Politiker sind die Väter und Mütter der Befreiung unseres Landes. Das sage ich ausdrücklich als Laienspieler in einem Hause voller alterfahrener Profi-Politiker. (Zustimmung bei der SPD)

Diese Erfahrung bedeutet aber auch: Die *Gestaltung des künftigen Deutschland* kann nicht allein oder zuerst die Sache der Politiker sein, sie muß *Sache aller Bürger* werden. (Zuruf von der SPD: Richtig!) Ein demokratisches Deutschland muß von unten, von den Bürgern gestaltet werden. Bisher waren zu sehr und fast allein die Regierungen und ein wenig die Parlamente am deutschen Einigungsprozeß beteiligt. (Zuruf von der SPD: Leider wahr!)

Die beiden deutschen Staaten sind nicht zusammengewachsen, nein, vielmehr geht der eine, der gescheiterte Staat, in dem anderen, dem erfolgreichen, auf. Dies ist eine Tatsache. Man kann das begrüßen oder bedauern; es ist ein Faktum. Wir haben versucht, diesen Prozeß mitzugestalten; es ist nur zum Teil gelungen.

Die staatliche Einheit bildet den Rahmen der zukünftigen politischen Gestaltung, sie ist aber kein Ersatz für Kindergärten, Wohnungen und Arbeitsplätze. (Beifall bei der SPD und den GRÜNEN sowie bei Abgeordneten der PDS) Wenn ein System gescheitert ist, und zwar wie das realsozialistische System mit Notwendigkeit gescheitert ist, könnte das bedeuten, daß auch alle seine Elemente erledigt und zu streichen sind. Geht es also um einen wirklich vollständigen Neuanfang, und muß mit allem gebrochen werden, was sich in gut 40 Jahren an Lebenswirklichkeit herausgebildet hat? Ich glaube, nicht. Es gibt gerade – und mir scheint dies vielleicht das einzige zu sein, was wir aus der DDR hinüberbringen – eine *Erfahrung von sozialer Sicherheit*, die mit sehr vielen Kleinigkeiten verbunden ist.

Ich habe nicht mehr die Zeit, eine Reihe davon aufzuzählen, aber ich denke, daß wir erstens darum kämpfen müssen, den DDR-Bürgern die Erfahrung von *Arbeitslosigkeit* – auf die wir in keiner Weise vorbereitet sind – wenigstens in der Weise zu ersparen, daß sie diese Erfahrung nur kurz machen müssen.

Zweitens geht es darum, daß eine Erfahrung nicht verlorengeht, die für die DDR typisch war: daß *Männer und Frauen* die Möglichkeiten hatten zu arbeiten. (Beifall bei der SPD und den GRÜNEN sowie bei Abgeordneten der FDP und der PDS) Es geht darum, daß die Frauen nicht aus ökonomischen Gründen gezwungen werden, ihr *Recht auf Arbeit* nicht mehr ausüben zu können. Darum müssen wir kämpfen.

Es geht drittens darum, daß die *Rentner* – die, was oft genug gesagt wurde, die wirklich Geschädigten dieser 60 Jahre der deutschen Geschichte sind – nicht die Opfer auch der Einigung werden. (Zuruf von der SPD: Norbert, hör zu!) Zwar wird der Sockelbetrag erhöht, aber der Sozialzuschlag wird abgeschmolzen. Dies ist eine Täuschung, die wir nicht zulassen können. Die wirkliche Rente muß erhöht werden! (Beifall bei der SPD sowie bei Abgeordneten der GRÜNEN und der PDS)

Auch der vierte Punkt betrifft etwas, womit wir zum Glück keine Erfahrung haben. Ich meine die Angst davor, daß wir unsere Wohnungen verlieren, weil wir die Mieten nicht mehr zahlen können. Auch darum müssen wir kämpfen: Wir müssen der Bevölkerung in diesem Teil Deutschlands zusichern können, daß sich die *Mieten* in den nächsten Jahren nur um 10 oder 15 oder 20%, aber auf keinen Fall stärker erhöhen können. (Beifall bei der SPD und bei Abgeordneten der PDS – Zurufe von der CDU/CSU) Das ist ein ganz wichtiger Punkt.

Ich denke, diese vier Stichworte haben gezeigt, daß wir erst am Anfang des deutschen Einigungsprozesses stehen, daß wichtige

Probleme auf eine Lösung warten, damit neben die staatliche Einigung die Angleichung der Lebensverhältnisse tritt. Hier gibt es keinen Selbstlauf zum Besseren, wie uns einige Gesundbeter weismachen wollen, die bereits mit der Einführung der D-Mark in der DDR Wohlstand und Fortschritt einziehen sahen. Wir erleben zur Zeit schmerzlich, daß bis dahin noch ein langer Weg ist. Hier sind viel Arbeit und eine vernünftige soziale Politik anstelle von nationalem Pathos nötig. (Beifall bei der SPD und bei Abgeordneten der PDS)

Die deutsche Hochzeit ist gefeiert, jetzt geht es darum, den ehelichen Lebensunterhalt zu verdienen, die Wohnung menschlich einzurichten und die Kinder zu versorgen. Erst im prosaischen Alltag einer Ehe bewährt sich die Liebe der Eheleute wirklich. (Beifall bei der SPD) Drücken wir dem Paar, also uns, die Daumen!

(Anhaltender Beifall bei der SPD sowie Beifall bei Abgeordneten der CDU/CSU, der FDP, der GRÜNEN und der PDS)

Zwei Monate nach der ersten gemeinsamen Bundestagswahl, vier Monate nach der staatlichen Vereinigung – nach Hochstimmung und Versprechungen nun der prosaische Alltag: Enttäuschungen im Osten, Beschönigungen im Westen. Deshalb wollte ich die Dramatik der Situation im östlichen Deutschland im Bundestag zur Sprache bringen. Was sonst sollte meine Bonner Rolle sein! Man wird zwar sofort als Schwarzmaler beschimpft, aber: Einige Wochen danach gingen die Menschen in Leipzig wieder auf die Straße, damit man sie in Bonn unmittelbar hörte.

Es geht um praktische Solidarität

Rede zur Regierungserklärung vor dem Deutschen Bundestag am 1. Februar 1991

Frau Präsidentin! Meine Damen und Herren! Ich trete hier gewissermaßen als ein retardierendes Moment auf, weil ich vorhabe, aus der Sicht eines ehemaligen DDR-Bürgers, eines Bürgers aus den neuen Ländern etwas allgemeiner und grundsätzlicher über die Probleme des gesellschaftlichen Zusammenwachsens in Deutschland zu reden.

Vorweg zu Herrn Laufs die doch notwendige Bemerkung, daß auch ich hier nicht stehen würde, wenn es die Demokratie der Straße nicht gegeben hätte. (Beifall bei der SPD und dem Bündnis 90/GRÜNE sowie bei Abgeordneten der PDS/Linke Liste) Aus dieser Grunderfahrung und aus der Erinnerung – das werden

Sie verstehen –, daß ich früher als DDR-Bürger immer mit großem Neid auf die Bundesrepublik geschaut und das Recht auf Demonstration als eines der wichtigsten Rechte angesehen habe, (Beifall bei der SPD, beim Bündnis 90/GRÜNE und bei der CDU/CSU sowie bei Abgeordneten der FDP) verstehe ich nicht, warum im Zusammenhang mit Demonstrationen immer von »Straße« geredet wird. Man kann ja die Meinung derer kritisieren, die auf die Straße gehen. Dagegen habe ich nichts. Aber warum sagt man »Straße«? Ich werde niemals zulassen, daß diejenigen, die mit mir in Berlin am 4. November, jenem wichtigsten Tag des Herbstes 1989, demonstriert haben – wir waren 500000 bis 1 Million –, als »Straße« bezeichnet werden. Das waren 500000 Menschen! (Beifall im ganzen Hause)

Präsidentin Dr. Süssmuth: Herr Abgeordneter Thierse, gestatten Sie eine Zwischenfrage des Abgeordneten Laufs?

Dr. Laufs (CDU/CSU): Herr Kollege Thierse, sind Sie bereit, zur Kenntnis zu nehmen, daß wir alle, auch ich persönlich, stolz sind, daß die Menschen in der ehemaligen DDR gegen das totalitäre SED-Regime friedlich aufgestanden sind, weil es dort die parlamentarische Demokratie nicht gab, und wollen Sie bitte erkennen, daß im demokratischen Rechtsstaat die Durchsetzung eines politischen Willens im parlamentarischen Verfahren zu erfolgen hat? (Beifall bei Abgeordneten der CDU/CSU – Zurufe von der SPD und vom Bündnis 90/GRÜNE)

Thierse: Herr Laufs, ich will gerne zugeben, daß ich noch nicht so lange bürgerlicher Demokrat bin wie Sie, sondern halt ein schlichter DDR-Bürger. Aber ich habe immer gedacht, daß zu den großen Werten der Demokratie gehört, daß die Bürger – sie sind ja nicht alle im Parlament – das unmittelbare Recht haben sollten, ihre Meinung zu äußern. (Beifall im ganzen Hause – Dr. Laufs [CDU/CSU]: Das wird überhaupt nicht bestritten, wird von mir nicht bestritten!) Herr Gerster hat es etwas schärfer gesagt. Er nennt – und das finde ich eher schlimm – die Artikulation einer von seiner Meinung abweichenden Meinung Mißbrauch. Das, finde ich, ist schlimm. (Beifall bei der SPD und der FDP sowie bei Abgeordneten des Bündnisses 90/GRÜNE)

Meine Damen und Herren, seit dem 3. Oktober 1990, dem Tag der Herstellung der deutschen Einheit, sind erst knapp vier Monate vergangen. Aber mir kommt es so vor, als sei dieses geschichtliche Datum viel weiter entfernt. Viele Hoffnungen und viele Wünsche hat es gegeben. Viele Hoffnungen und viele Wünsche sind enttäuscht und guter Wille ist mißbraucht worden. Ich rede noch nicht von der niederdrückenden Fülle der Probleme. Ich rede zunächst von bürokratischen Lösungen, von der Sprache der Technokraten und Lehrmeister und der Effizienz der Wahlkampfstrategen. Mich bewegt dabei nicht Neid auf wohlfeile Zwischenergebnisse, sondern Trauer: Trauer um die spirituelle Substanz der Politik, wie das Max Frisch einmal genannt hat. Damit hat er nicht billiges Pathos gemeint. Er hat gesagt, wenn diese Substanz fehle, bleibt »Politik als Fortsetzung des Geschäfts mit anderen Mitteln: ein gewisser Wohlstand für die meisten als Köder zum Verzicht auf Selbstbestimmung, die Verkümmerung unserer Humanität in Komforthörigkeit«.

Ich rede von Zeichen *verweigerter Solidarität*, von Engherzigkeit und Kleinkariertheit. Ich rede zum Beispiel vom erfolgreichen Erpressungsversuch der westdeutschen Pharmaindustrie, von der Verweigerung eines Solidaritätsbeitrags, etwa durch den Deutschen Beamtenbund, der natürlich naheliegenderweise jedes »einseitige Sonderopfer«, wie es dann heißt, ablehnt. Ich rede vom Verteilungskonflikt zwischen den alten und den neuen Bundesländern und – ja – auch vom Regierungsprogramm. Ich sehe im Westen nicht sehr viel Bereitschaft zu wirksamem Verzicht. Aber ich weiß doch: Solidarität ist nicht nur ein pathetisches Gefühl, sondern etwas handfest Bitteres. Muß man sie aber deshalb wie ein Finanzbuchhalter lesen, als eine Zahl mit irgendwelchen Nullen, und, wenn man solidarisch und zugleich clever ist, mit eher weniger Nullen?

Robert Leicht schrieb in der »Zeit«, es sei beklemmend zu sehen, wie wenig sich die Bonner Routine durch den Vorgang der

Einigung verändert habe. Die Prioritätenliste habe sich in nichts verschoben und sei folglich falsch, ja politisch pervers geworden. Keiner frage, so Leicht, was in den fünf Ländern zunächst geschehen müsse, und was danach für unsere hergebrachten Pläne übrigbleibe. Statt dessen heiße es: erst wir im Westen, dann die im Osten. (Beifall bei der SPD und beim Bündnis 90/GRÜNE)

Ich rede von der Debatte über die sogenannten *Kosten der Einheit.* Bei dieser Debatte tragen die CDU/CSU und die FDP keineswegs allein die Verantwortung für Mißklänge. (Beifall bei der CDU/CSU) Aber für das Ergebnis, das wir heute sehen, tragen Sie die Verantwortung allein. Am Anfang stand die Unfähigkeit und die Weigerung, den Bürgerinnen und Bürgern noch vor ihrer Wahlentscheidung mitzuteilen, was auf uns alle zukommt. (Dr. Graf Lambsdorff [FDP]: Nein, das stimmt nicht!)

Dabei ist der Eindruck entstanden, als ob diese Kosten niemand tragen wolle. (Dr. Graf Lambsdorff [FDP]: Das stimmt auch nicht!) Der Eindruck ist hoffentlich falsch. Trotzdem mündete er in die Versicherung, erstens, mit der Einheit werde es niemandem schlechtergehen, und zweitens, es gebe keinen Bedarf für Steuererhöhungen. (Dr. Graf Lambsdorff [FDP]: Das ist nicht wahr!)

Richtig wäre gewesen, den Menschen klar zu sagen, daß die Bundesrepublik jetzt ein *neuer* Staat mit neuen, bisher ungewohnten Aufgaben ist! Ein solcher Appell an die Solidarität der mündigen Bürger in Ost und West wäre mit Sicherheit verstanden worden. (Beifall bei der SPD und beim Bündnis 90/GRÜNE) Statt dessen stehen wir vor der absurden und beschämenden Situation, daß der Finanzminister und der Kanzler sagen, es werde auf keinen Fall Steuererhöhungen für die Einheit, also für die Bewältigung existentieller Probleme eines guten Drittels der Menschen in unserem Lande geben, aber für die *Finanzierung des Krieges am Golf* sind Steuererhöhungen vorgesehen. Was glauben Sie, wie die Menschen im östlichen Teil Deutschlands darauf reagieren werden? Darf ich Ihnen sagen, daß mich persönlich dieser Vorgang entsetzt? (Beifall bei der SPD und beim Bündnis 90/GRÜNE) Seit über einem Jahr lehnt die Bundesregierung Steuererhöhungen für die Aufgaben der deutschen Einigung ab, und jetzt, ganz schnell, so schnell, als hätte man nur auf eine Gelegenheit gewartet, sollen Steuererhöhungen möglich und notwendig sein. Für das friedliche Werk der deutschen Einheit waren sie ein Tabu, für einen Krieg dagegen ist man sofort dazu entschlossen. (Beifall bei der SPD und beim Bündnis 90/GRÜNE – Zurufe von der CDU/CSU)

Im Osten Deutschlands sind die Folgen des letzten furchtbaren Krieges noch nicht überwunden bzw. ist deren Überwindung noch zu finanzieren. Da sollen wir der Finanzierung eines Krieges nebenan zujubeln! (Beifall bei der SPD und beim Bündnis 90/GRÜNE – Zuruf von der CDU/CSU: Für den Frieden! – Zurufe von der FDP) »Wir sind schnell dabei, Steuern zu erhöhen, um den Krieg finanzieren zu können. Wir finanzieren den Tod, anstatt daß wir das Leben fördern.« (Beifall bei der SPD und beim Bündnis 90/GRÜNE) – Zuruf Von der CDU/CSU: Wir finanzieren die Freiheit der Welt!) Das war ein Zitat. Mit diesen Worten kritisierte im Frankfurter Kaiserdom in der vergangenen Woche der Bischof von Limburg, Franz Kamphaus, die Ankündigung der Bundesregierung. Ich kann ihm nur aus vollem Herzen zustimmen. (Beifall bei der SPD und beim Bündnis 90/GRÜNE)

Es ist eine bittere, sehr bittere Konsequenz der deutschen Einheit, die erst durch eine friedliche Revolution möglich wurde, daß wir, die friedlich Hinzugekommenen, an einem Krieg beteiligt werden. (Geis [CDU/CSU]: Das ist doch nicht beteiligt. Übertreiben Sie doch nicht!) – Ich bleibe dabei. Ich halte das für eine Art von Beteiligung. (Beifall bei der SPD und beim Bündnis 90/GRÜNE) Ich bleibe dabei: Gerade jetzt, wo der Krieg ein unentrinnbares Faktum ist, dürfen wir uns nicht der notwendigerweise alternativlosen Unlogik des Krieges unterwerfen. Die deutsche Geschichte und erst recht die Erfolgsgeschichte der Entspannungspolitik und des Herbstes 1989 verpflichten nicht zum Mitmachen, sondern zu entschlossener Friedfertigkeit. (Beifall bei der SPD und beim Bündnis 90/GRÜNE) Das bedeutet nicht Drückebergerei. Das bedeutet nicht, sich herauszuhalten, sondern meint die Verpflichtung zu deutschen Beiträgen zur *politischen Konfliktlösung*, zu immer neuen Versuchen zur Deeskalation des Konflikts, nicht zur Teilnahme an militärischer Eskalation. (Beifall bei der SPD)

Diese meine Haltung schließt folglich ein entschiedenes Ja zur Unterstützung der *Verteidigungsfähigkeit Israels* ein. Gerade deshalb, weil ich sehr gut verstehe, daß die Israelis nie mehr Opfer sein wollen, bitte ich um Verständnis dafür, daß Deutsche – vielleicht nicht alle – nie mehr Täter sein wollen. Ich jedenfalls setze Regierungsfähigkeit, Politikfähigkeit, Handlungsfähigkeit nicht mit Bereitschaft zum Kriege gleich. (Beifall bei der SPD und des Abg. Dr. Ullmann [Bündnis 90/GRÜNE])

Meine Damen und Herren, ich darf noch einmal Robert Leicht zitieren, wörtlich: »Bonn stellt der vormaligen DDR den Rechts- und Ordnungsrahmen hin. Jetzt sollen sich ihre Bürger gefälligst damit zurechtfinden, und Geld gibt es gerade soviel, daß es uns nicht richtig juckt und dort nicht richtig zu Aufständen führt« – eine, wie ich finde, sarkastische, aber zutreffende Beschreibung des Geistes, der Koalitionsvereinbarung und Regierungserklärung bestimmt. (Beifall bei der SPD und des Abg. Dr. Ullmann [Bündnis 90/GRÜNE]) Geschichtlicher Atem jedenfalls durchweht sie nicht mehr, nur noch ein bedrückendes, dumpfes Bonner Lüftchen ist zu verspüren. (Geis [CDU/CSU]: Ziemlich viel Polemik, was Sie jetzt bringen!)

Die Chance eines deutschen Neuanfangs in Solidarität wird vertan durch erschreckende Konzeptionslosigkeit, durch Kleinlichkeit, durch unverantwortliche Verharmlosung. Dabei kann die *Situation in der ehemaligen DDR*, in den neuen Ländern, nicht dramatisch genug geschildert werden. Es geht allerdings nicht mehr um die Schuldfrage. Wir sind uns einig, daß es das SED-Regime war, das uns dieses schwere Erbe hinterlassen hat. Aber das Abtragen dieses Erbes, die Lösung der Aufgaben liegt jetzt in unserer gemeinsamen Verantwortung, und dies muß damit beginnen, daß wir den dramatischen Ernst der Lage wahrzunehmen bereit sind.

Dazu gehört, daß wir die Tatsache nicht verdrängen, daß die willkommene staatliche Einheit mit einer sich verschärfenden *ökonomischen und sozialen Spaltung Deutschlands* verbunden ist.

(Geis [CDU/CSU]: Die wir überwinden wollen, die wir aber nicht durch solches Gerede überwinden!) Diese bestimmt die Alltagserfahrung im Osten Deutschlands, und davon will ich reden.

(Geis [CDU/CSU]: Durch solche Reden können wir diese Spaltung nicht überwinden! – Gegenrufe von der SPD) – Entschuldigen Sie, ich reagiere so scharf, weil sowohl in der Regierungserklärung von Helmut Kohl als auch in der Koalitionsvereinbarung wie in den Reden der CDU/CSU-Vertreter nicht vom Ernst dieser Lage die Rede war, sondern nur in beschönigenden, verharmlosenden Worten – (Beifall bei der SPD und beim Bündnis 90/GRÜNE – Geis [CDU/CSU]: Dann haben Sie nicht zugehört! Sie verdrehen die Tatsachen, Sie machen hier billige Polemik! – Duve [SPD]: Haben Sie das gestern bei Biedenkopf auch gerufen?) – Ich kann das ganz kurz machen und an das anschließen, was Herr Biedenkopf und Herr Kühbacher gestern gesagt haben, auf unterschiedliche, aber sehr beredte Weise. Daß ich etwas schärfer rede, werden Sie mir vielleicht nicht abnehmen. Das ist keine Polemik gegen Biedenkopf und Kühbacher, sondern Respekt. Ich bin ein gelernter DDR-Bürger, ich lebe 40 Jahre da, und ich weiß, was ich hier mitbringe. Ich sehe es als meine Pflicht an, Ihnen auch zu zeigen, wie schlimm das ist, was wir mitbringen. (Beifall bei der SPD und beim Bündnis 90/GRÜNE)

Nach den gestrigen Reden reicht es, die Stichworte zu nennen und hinzuweisen auf den Zusammenbruch der Wirtschaft in Ost-Deutschland, und auf die rasant zunehmende Arbeitslosigkeit, auf die existentiellen Finanzprobleme der Länder und der Gemeinden und auf die Tatsache, daß durch Beschlüsse der Bundesregierung die Lebenshaltungskosten im Osten erheblich schneller steigen werden als Löhne und Gehälter.

Den *Subventionsabbau* will ich nennen, um wenigstens an einem Beispiel deutlich zu machen, was die Menschen unmittelbar berührt. Der Subventionsabbau betrifft insbesondere die Bereiche Energie, Wohnungswesen, Verkehr und Wasserwirtschaft. Für den Bürger kommt es dabei zu erheblichen *Preissteigerungen*. Zum Beispiel kommt es zu einer Verdreifachung bei elektrischer Haushaltsenergie, zu einer Verdreifachung bis Vervierfachung bei Heizgas, zu einer Vervierfachung der Mietpreise und zu fünfzigprozentigen Steigerungen der Preise im Personenverkehr. (Geis [CDU/CSU]: Sie vergessen das Wohngeld! – Lachen und Gegenrufe bei der SPD) – Das Wohngeld reicht nicht aus, dieses auszugleichen.

Es kommt zu erheblichen Verteuerungen im Nahverkehr. Ich könnte Ihnen das – ich habe jetzt nicht genug Zeit – zuschicken. Ich habe hier Modellrechnungen, was das für ein Rentnerehepaar bedeutet, was das für einen Durchschnittsverdiener, für eine normale Familie bedeutet. Sie werden in diesem Jahr erhebliche Einbußen in ihren Lebensmöglichkeiten erleiden. (Zuruf von der CDU/CSU: Der Lebensstandard sinkt doch nicht! Das ist doch nicht wahr!) Ich breche hier mit dem Katalog ab.

Ich will nur auf die Wirkung verweisen: Die Ost-West-Wanderung hält unvermindert an. Wir wissen nicht genau, wie viele Tausende wöchentlich, monatlich die ehemalige DDR verlassen. Aber wir wissen, daß die Zahl der amtlich festgestellten Wahlberechtigten vom 18. März bis zum 2. Dezember 1990 um 1,1 Millionen abgenommen hat. Ich glaube nicht, daß in den wenigen Monaten so viele gestorben und so wenige 18 Jahre alt geworden sind. (Beifall bei der SPD und beim Bündnis 90/GRÜNE)

Die Mehrheit aber ist geblieben. Diese Menschen wollen es noch immer versuchen. Sie harren aus in Erwartung einer Chance, sich sinnvoll einzusetzen und an dem versprochenen wirtschaftlichen und sozialen Fortschritt mitzuarbeiten. Aber es fehlen bisher ausreichend Perspektiven und Möglichkeiten. Die Zeit der Ankündigungen und des geschichtsbesessenen Pathos muß vorbei sein. Es geht jetzt um deutliche Zeichen der Ermutigung. Es bedarf konkreter Maßnahmen, es bedarf praktischer Solidarität. Wo immer Regierung und Koalition solche Schritte gehen, werden sie unsere Unterstützung erhalten. (Beifall bei der SPD und beim Bündnis 90/GRÜNE) Es geht darum – und das sage ich zustimmend, wenn denn den Worten Taten folgen sollen –, Arbeitsplätze zu sichern und so schnell wie möglich neue zu schaffen. (Zuruf von der CDU/CSU: Wir sind dabei!) Es gehrt darum, jetzt eine aktive Industrie- und Strukturpolitik zu entwickeln zur Rettung – so dramatisch muß man es nennen – des *Industriestandorts östliches Deutschland*.

Ein solches Konzept, das ich bisher in der Koalitionsvereinbarung nicht erkenne, setzt voraus, daß verläßliche Rahmenbedingungen, also die Entwicklung der Infrastruktur, die Klärung der Eigentumsverhältnisse, die Überwindung der Verwaltungsdefizite, die Beseitigung der Umweltschäden, geschaffen und Investitionsanreize gewährt werden, die die Defizite der neuen Länder als Produktionsstandort spürbar ausgleichen.

Ich erlaube mir hier eine Nebenbemerkung zur *Treuhandanstalt*: Ihre Aufgabe ist nach meinem Verständnis – deswegen haben wir sie eingerichtet – nicht nur Privatisierung, sondern auch vor allem Sanierung. Wo Privatisierung der Sanierung dient, ist es gut; aber das ist wahrhaftig nicht immer der Fall. (Beifall bei der SPD und beim Bündnis 90/GRÜNE)

Ich stimme allen Vorschlägen zu – ich hoffe, sie werden verwirklicht –, die Hilfen zur Ingangsetzung einer demokratischen Verwaltung bei uns verwirklichen können. Ich fordere entschiedene finanzielle Maßnahmen zur Lebensfähigkeit der Länder und Kommunen. Das ist bisher nicht ausreichend. (Beifall bei der SPD und beim Bündnis 90/GRÜNE)

Ich will noch ein paar Sätze zum Bereich der *politischen Kultur* sagen: Hier ist eine Hilfe anderer Art durchaus gefordert. Einige Redner haben darauf hingewiesen. Ich kann nur sagen: Ihr Wort in Gottes Ohr. Es geht hier um den Versuch, daß wir ehemaligen DDR-Bürger, die, wie Sie ja wissen, wenige ökonomische und soziale Gründe haben, uns als Gleichberechtigte zu erfahren und zu empfinden, im Bereich der politischen Kultur eine wirkliche Chance haben, Gleichberechtigte in diesem gemeinsamen Deutschland zu sein. Dazu gehört für mich, daß wir nicht von unserer Vergangenheit enteignet werden. Ich empfinde die Attakken auf die Behörde von Jochen Gauck als einen solchen Versuch. Es geht darum, daß wir miteinander mit ihrer Hilfe unsere eigene Vergangenheit aufarbeiten können.

Es geht darum, daß wir in einer wirklichen *Verfassungsdiskussion* – nicht, was Sie zugestanden haben, Herr Laufs, oder was der

Herr Bundeskanzler zugestanden hat; ein paar kosmetische Änderungen hält er schon für möglich – die Chance haben, unsere negativen und positiven Erfahrungen von 40 Jahren Diktatur und anderthalb Jahren demokratischem Aufbruch einzubringen, zu artikulieren. Wenn man uns sagt, es könne ein paar kleine kosmetische Änderungen geben, dann haben wir diese Chance nicht. (Beifall bei der SPD, beim Bündnis 90/GRÜNE und bei der PDS/Linke Liste – Gerster [Mainz] [CDU/CSU]: Wo sind denn Ihre Vorschläge? Werden Sie mal konkret, bitte!) – Wir haben Vorschläge gemacht. (Zuruf von der CDU/CSU: Wir haben 40 Jahre gute Erfahrungen gemacht!) – Ich habe 40 Jahre negative Erfahrungen. (Weiterer Zuruf von der CDU/CSU: Wir haben 40 Jahre positive Erfahrungen gemacht!) – Ja. Ja, so ist es. So treten Sie uns auch gegenüber. (Zurufe von der CDU/CSU)

Es geht um *praktische Solidarität*, es geht darum, die soziale und psychische Befindlichkeit unserer neuen Mitbürger zu erkennen und anzuerkennen. Es muß endlich durch Taten – nicht mehr durch Versprechungen – der Teufelskreis durchbrochen werden, in dem die Menschen im östlichen Deutschland irrelaufen zwischen übergroßer Hoffnung und Enttäuschung, zwischen entschlossenem Aktivismus und lähmender Resignation. Es gibt notwendige Verluste. Die meisten von ihnen erleben wir mit Erleichterung. Manche ertragen wir aus Einsicht mit zusammengebissenen Zähnen.

Aber es gibt auch Verluste, die Trauer, Irritation und Verzweiflung hervorrufen. Die DDR war neben allem, was in den Mülleimer der Geschichte gehört – ich weiß davon genügend Beispiele –, auch ein Geflecht menschlicher Beziehungen, ein System von Alltagsverhalten und Alltagsverhältnissen, in denen wir uns zurechtgefunden und als Menschen unsere – gewiß problematische – Identität gefunden haben.

Der jähe Wechsel der jetzt geforderten Umstellungs- und Lernprozesse überfordert viele. Deshalb und angesichts der vorhin geschilderten sozialen und ökonomischen Erfahrungen muß jetzt eine konkrete Perspektive für wirtschaftliche, soziale, kulturelle Entwicklung im Osten Deutschlands eröffnet werden. Wir verlangen eine Politik, die von dem Grundsatz getragen wird: erst die im Osten Deutschlands, dann wir im Westen Deutschlands. Eine wirklich ökonomische und soziale Umverteilung ist notwendig. Kleiner geht es nicht, wenn die Einheit Deutschlands wirklich hergestellt werden soll! (Beifall bei der SPD)

Egon Bahr hat kurz nach dem 3. Oktober gesagt: »Jetzt haben wir die Probleme, die wir uns immer gewünscht haben.« Gewiß. (Zuruf von der CDU/CSU: Egon Sonder-Bahr!) Aber die Art, wie sie angegangen werden, entscheidet darüber, ob die Mehrheit der Menschen sie als wünschbare oder als lästige, ja, als verfluchte Probleme erfahren wird.

Angesichts dieser Koalition und angesichts dessen, was sie vereinbart hat und wie sie es getan hat, fällt mir ein Satz aus Schillers »Räuber« ein: Ein großer Moment findet ein kleines Geschlecht. Die Chance eines Neuanfangs in Solidarität, fürchte ich, könnte kleinlich vertan werden. (Anhaltender lebhafter Beifall bei der SPD und beim Bündnis 90/GRÜNE)

Präsidentin Dr. Süssmuth: Das Wort zu einer Kurzintervention hat der Kollege Dr. Geißler. (Abg. Dr. Geißler geht zum Rednerpult – Zurufe – Dr. Geißler [CDU/CSU]: Ich kann es doch auch von hier aus machen? Oder?) – In der Regel machen wir es vom Platz aus.

Dr. Geißler (CDU): Frau Präsidentin! Meine sehr verehrten Damen und Herren! Ich habe die Ausführungen von Herrn Thierse zur politischen Kultur sehr wohl zur Kenntnis genommen. Aber ich finde, der jetzt wiederholte und gestern von Ihrem Fraktionsvorsitzenden in der Rede selber doch modifizierte Vorwurf der Kriegssteuer ist schwer mit politischer Kultur zu vereinbaren. (Beifall bei der CDU/CSU und der FDP) Die Anstrengungen, die wir gemeinsam unternehmen, um die Verbündeten zu unterstützen, betrachte ich als einen Beitrag, den Krieg am Golf so rasch wie möglich beendigen zu können, und infolgedessen als das Gegenteil von dem, was Sie gesagt haben.

Ich möchte Sie herzlich bitten, einmal mit uns darüber zu diskutieren, ob dieser ganzen etwas verwirrenden Diskussion nicht eine unterschiedliche Bewertung der Wertordnungen zugrunde liegt, von denen wir ausgehen. (Zuruf von der SPD: Ja! Nur! Natürlich!) Ich habe den Eindruck, daß offenbar bei einigen auch in unserem Land die Auffassung vorhanden ist, daß der Friede unter allen Umständen ein oberster Grundwert sei. (Beifall bei der PDS/Linke Liste und bei Abgeordneten der SPD) Ich bin der Meinung, daß dies wohl nicht richtig sein kann; denn wenn dies richtig wäre, dann hätte ja wohl Adolf Hitler, (Zuruf von der SPD) ohne Gegenwehr überhaupt finden zu dürfen, sein Unrechtsregime auf der ganzen Welt ausbreiten können. (Beifall bei der CDU/CSU – Wartenberg [Berlin] [SPD]: Geißler bleibt Geißler!) Ich bin der Meinung, daß richtiger ist – was im übrigen auch die katholische Kirche und die evangelische Kirche vertreten –, daß der Friede die *Realisierung der Grundwerte* voraussetzt, daß wahrer Friede nur dort gegeben ist, wo Freiheit, Gerechtigkeit und Solidarität vorhanden sind, und daß in Wahrheit erst diejenigen für den Frieden eintreten, die mit ihren Beiträgen dafür sorgen wollen, daß sich Freiheit, Gerechtigkeit und Solidarität in einer bestimmten Region durchsetzen, z. B. dadurch, daß wir dafür sorgen, daß Israel frei bleibt. (*Vorsitz*: Vizepräsident Klein) Die Freiheit und die Demokratie von Israel wären auf das schwerste gefährdet, wenn wir in der Bundesrepublik Deutschland uns dieser solidarischen Verpflichtung entzögen. Deswegen ist unser Beitrag in Wahrheit ein Beitrag für den Frieden. (Beifall bei der CDU/CSU und der FDP – Weisskirchen [Wiesloch] [SPD]: Das war nichts! – Weitere Zurufe von der SPD)

Vizepräsident Klein: Herr Thierse zu einer kurzen Replik.

Thierse: Herr Geißler, es mag sein, daß ich – wenn Sie mir diese Ironie erlauben – als Anfänger noch sehr auf Worte achte. (Zuruf von der CDU/CSU: Sie wissen genau, was Sie gesagt haben!) Ich denke, das Wort *»Kriegssteuer«* ist deshalb zutreffend, weil die Steuer nicht erhoben worden ist, um das Embargo zu finanzieren, das, wie wir wissen, ja auch viel Geld gekostet hat und im Falle seiner Fortsetzung noch mehr gekostet hätte. Insofern, denke ich, ist der Zusammenhang eindeutig und auch von der Regierung immer so genannt worden: Wir brauchen Steuern, um unsere aus Ihrer Sicht notwendige Beteiligung an diesem Krieg finanzieren zu können. (Zuruf von der CDU/CSU: Das ist doch Rabulistik, was Sie da betreiben!) Insofern ist der Ausdruck nicht polemisch, sondern nur sehr präzise. (Beifall bei der SPD – Widerspruch bei der CDU/CSU – Dr. Göhner [CDU/CSU]: Ein interessanter Dissens in Ihrer Partei!)

Lassen Sie mich eine zweite Bemerkung machen. Es ist sehr schwierig, sich über *Grundwerte* zu streiten. Ich denke, daß wir – mit Unterschieden – denselben Grundwerten anhängen. Aber Sie kennen das alte Problem, daß aus denselben Grundwerten noch nicht die gleichen politischen Konsequenzen gezogen werden müssen. Ich habe Bischof Kamphaus, einen katholischen Bischof, zitiert. Ich könnte Ihnen auch noch katholische Bischöfe aus den USA zitieren, die sich entschieden gegen diesen Krieg gewandt haben.

Ich denke, wir sollten in der gegenwärtigen dramatischen Situation etwas sehr Wichtiges nicht vergessen, nämlich die *Diskussion in den Kirchen*, den christlichen Kirchen der Welt, in den letzten zehn Jahren über die *Überwindung des Instituts des Krieges*. (Beifall bei der SPD und beim Bündnis 90/GRÜNE) Das sollten wir bei diesem Anlaß und gerade jetzt nicht vergessen, weil wir andernfalls nicht wieder herausfinden könnten, sondern – das habe ich vorhin gemeint – uns alternativlos der Unlogik des Krieges unterwürfen. (Beifall bei der SPD und bei Abgeordneten des Bündnisses 90/GRÜNE)

Endlich wieder einmal in meinem eigenen, ursprünglichen Metier! Eine Hoffnung, ein Programm: Kultur im Vereinigungsprozeß als ein Ort menschenverträglicher Ungleichzeitigkeit. Schön wär's und notwendig ist's!

Hat die Kultur eine Chance in der vormaligen DDR?

Evangelische Akademie in Loccum, 16. Februar 1991

Meine Damen und Herren,

»Hat die Kultur eine Chance in der vormaligen DDR?«. Es will mir angesichts der weltpolitischen Turbulenzen, angesichts von Golfkrieg und angesichts der Turbulenzen in Deutschland, nämlich angesichts der ökonomisch und sozial katastrophalen Lage in dem – wie heißt das immer: »Beitrittsgebiet«, ich kann mich nicht dran gewöhnen – in der ehem. DDR, es will mir angesichts dessen ein bißchen befremdlich erscheinen, über Kulturpolitik zu reden. Wenn ich daran denke, daß aller Wahrscheinlichkeit nach Mitte des Jahres etwa 40% in der ehem. DDR arbeitslos sein werden, dann kommt es mir sehr gewagt vor, auch noch für Kultur Geld zu verlangen, wo doch die Mehrheit der Leute etwas ganz anderes bewegt. Aber ich weiß auch, daß das Wichtigste bei der Kulturpolitik der mehr oder minder geschickte Kampf ums Geld ist. Auch in dieser Situation, denn wir sind uns darin mit Sicherheit einig, daß wir die Kultur nicht als etwas Sekundäres oder Überflüssiges, sondern für etwas Notwendiges betrachten.

»Hat die Kultur eine Chance in der vormaligen DDR?«. In der Frage schwingt schon ein starker Zweifel mit. Ich denke, zu Recht. Die deutsche Einigung hat kulturell, hat kulturpolitisch bisher bestenfalls das Versprechen einer Chance gebracht. Ich will nicht geringschätzen die Aufhebung von staatlicher Zensur, von zentralistischer Bürokratie, von politisch-ideologischer Überdetermination der Kultur. Das sind unerhört wichtige Dinge, aber sie sind eigentümlicherweise kaum wahrzunehmen angesichts dessen, was sich im Vordergrund abspielt: Die Zunahme von Imbißbuden, das ist das Sichtbarste, von Sexshops, von Videotheken, die Kioske haben ihr Erscheinungsbild verändert. Anders ausgedrückt: Wir erleben, wir beobachten eine Gefährdung, ja einen Zusammenbruch der kulturellen Infrastruktur der DDR. Nun will ich das nicht in Einzelheiten darlegen, davon war gestern abend und heute ausführlich genug die Rede; ich will überhaupt nicht kulturpolitisch praktisch reden, sondern über das, was kulturpolitischer Praxis vorausgeht oder sie fundiert.

Zunächst möchte ich sprechen von meines Erachtens wesentlichen Momenten der Gefährdung der Kultur in der ehemaligen DDR, einer Gefährdung, die derart stark und existenzbedrohend ist, daß ich mein Wort von der geradezu dramatischen Wehrlosigkeit unserer Kultur wiederholen möchte.

Diese Kultur ist erstens, da sage ich überhaupt nichts Neues, zumal nach der Diskussion der letzten Wochen, diese Kultur ist erstens gefährdet durch eine existenzbedrohende Finanznot der Länder und Kommunen. Auch in der alten Bundesrepublik begreift man das inzwischen. Nahezu alle kulturellen Einrichtungen sind kurz- oder langfristig ohne finanziell sichere Zukunft. Ein großer Teil der Künstler hat bisher keine wirkliche berufliche und soziale Perspektive.

Diese Kultur ist zweitens gefährdet durch ein Klima ziemlich undifferenzierter, ja manchmal arroganter Urteile und unerträglicher Verurteilungen der Kultur in der DDR als »DDR-Kultur«, als »SED-Kultur« schlechthin, durch Diffamierungen auch der Intelligenz, der Intellektuellen als SED-Höriger, als korrupter Intellektueller. Die Angriffe auf Christa Wolf sind nur das bekannteste schlechte Beispiel falscher Auseinandersetzungen. Daß Auseinandersetzung not tut, muß ich wohl nicht extra betonen.

Diese Kultur ist drittens gefährdet durch eine Tendenz, nicht zuletzt bei Kulturpolitikern, die kulturelle Praxis in der alten Bundesrepublik, ihre Strukturen und Finanzierungsmodelle, ihre Organisationsformen und kulturpolitischen Entscheidungsmechanismen als alleinseligmachenden Maßstab anzusehen. Alles das, was in dieser Hinsicht in der ehemaligen DDR bestand, ist dann schlecht, zu vernachlässigen, paßt nicht, ist systemwidrig und damit erledigt, ist überholt. Und ich sage, daß das nicht nur eine Beobachtung hinsichtlich westdeutscher Kulturpolitiker ist, ich habe das auch im Volkskammer-Ausschuß für Kultur der DDR erlebt.

Diese Kultur ist viertens gefährdet durch eine – den ökonomischen und sozialen Umbruchsprozessen geschuldete – massenhafte Abkehr von Kultur, von Kunst. Man hat weniger Zeit, weniger Geld, weniger Sinn für Kulturfragen, für Künste, für Museums-, Theater-, Konzertbesuche. Ich sage das ohne Vorwurf, aber doch als Hinweis auf eine Klima-Veränderung im östlichen Lande. Die kulturelle, künstlerische Kommunikation hat einen anderen, d. h. einen deutlich geringeren Stellenwert als zuvor, als in den Zeiten der Enge, des Mangels, der realsozialistischen Diktatur. Von dieser Klimaänderung sind auch Landes- und Kommunalpolitiker betroffen, sie sind ja Teil derselben Bevölkerung. Ich befürchte, Kulturpolitik hat keinen besonderen Rang, und ich weise auch deshalb darauf hin, weil man gegen dieses Klima – nämlich gegen das, was die Leute wollen, zum Glück, ich sage ausdrücklich zum Glück – nicht mehr Kulturpolitik machen kann. Man kann niemand auch zu seinem kulturellen Glück zwingen. Es geht also darum, dieses Klima wieder zu verändern.

Fünftens, diese Kultur ist gefährdet durch Opportunismus, durch Haß, vielleicht Selbsthaß oder Haß auf die kulturelle Vergangenheit der DDR, und durch die Unfähigkeit oder mangelnde Bereitschaft zu differenzierter Selbstkritik. Es gibt Tabula-rasa-Phantasien, es gibt Anpassungswut und – vor allem das bedauere ich – es gibt das unüberhörbare Schweigen führender Intellektueller hinsichtlich ihrer und unserer gemeinsamen Vergangenheit. Diese Kultur ist gefährdet durch einen Mangel an Aufbruchstimmung; die gibt es zwar auch, gerade in inoffiziellen und freien Gruppen, den Leuten, die bisher am Rande oder unterdrückt waren. Aber anders als etwa 1945 vermögen viele Intellektuelle und Künstler den gegenwärtigen Umbruch kaum als Befreiung zu erleben. Er ist für sie, durchaus mit Gründen, eher Bedrohung, Gefährdung, Identitätsverlust.

Diese Kultur ist sechstens und zusammenfassend gesagt gefährdet durch einen bedrohlichen Mangel an Zeit. Andere haben schon davon gesprochen, daß eine Aufgabe von Kulturpolitik Entschleunigung sei. Ich glaube, das ist eine unerhört zutreffende Bezeichnung. Durch einen Mangel an Zeit, Zeit zur Transformation, die nicht vernichtet, nicht zerstört, sondern wirklich verwandelt. Zeit auch für Reflexionen. Eine Reflexion, die sich deutlich unterscheidet von Verrat, von Wende, von Opportunismus.

Es ließen sich genügend Beispiele für diese Gefährdung, für diese Haltung beschreiben. Ich nenne nur zwei. Vielleicht können wir in der Diskussion, im Gespräch ausführlich darüber reden. Das erste Beispiel wäre das, was gerade in Sachen Medienpolitik in der DDR unter Führung von Herrn Mühlfenzl stattfindet. Nicht daß nicht einsichtig wäre, daß die Medienlandschaft in der DDR verändert werden muß, das ist doch selbstverständlich, dieses unerträgliche Fernsehen der DDR, oder dieser unerträgliche Rundfunk, das muß vorüber sein. Aber daß wir sowenig Zeit haben, daß die Kräfte zum Zuge kommen, die es ja in der Rundfunkanstalt, etwas mehr als beim Deutschen Fernsehfunk, aber da auch, gab: Kräfte der Erneuerung. Daß sie so wenig Chancen haben, und daß etwa in der Koalitionsvereinbarung in Berlin davon die Rede ist, daß auch einige Mitarbeiter des Rundfunks in Ost-Berlin übernommen werden können, das zeigt das Klima und das zeigt auch jene Haltung, die ich beklage.

Das zweite Beispiel, das will ich nur als Stichwort nennen, das ist das Abwicklungsproblem im Zusammenhang mit der Wissenschaft, also an den Universitäten. Wir sind uns wahrscheinlich einig, daß personelle Erneuerung not tut an den Universitäten; daß die Universitäten im vergangenen Jahr hinreichend innovationsfähig waren, was auch immer Rektoren von Universitäten jetzt sagen und beklagen. Man muß nur genau hinsehen, um feststellen zu können: da ist fast nichts passiert, und erst nachdem es Abwicklungsbeschlüsse gab – also etwas, was man nach den Maßstäben der alten Bundesrepublik einen Eingriff in die Autonomie der Universität nennen muß –, erst dann fing man an den Universitäten an, Personalstrukturkommissionen zu bilden, um selber den personellen Wechsel, den strukturellen Wechsel, den Wandel zu organisieren. Also waren solche Abwicklungsbeschlüsse offensichtlich politisch notwendig. Zugleich hat dies eben eine Kehrseite, daß wiederum der Zwang von außen ausgeübt worden ist und es keine ausreichende Zeit gab, den Wandel von innen her zu organisieren. Das ist ein Probelm, das uns vielleicht noch anhängen wird. Ich hoffe sehr, daß auch unter den gegenwärtigen Abwicklungsbedingungen, die ja etwas weniger dramatisch sind, als bestimmte interessierte, auf Stühlen sitzende Leute meinen, daß also unter diesen Bedingungen so etwas wie ein wirklich innerer Wandel möglich ist.

Sie merken, ich rede von einer Kultur, ich verwende einen Begriff von Kultur, der Kultur nicht versteht als Imagefaktor, als Wirtschafts- und Standortfaktor, das ist sicher auch wichtig, das haben wir in der ehemaligen DDR zu lernen, daß das eine Rolle spielt. Das war bisher nicht sonderlich wichtig. Ich denke, ein solcher Begriff wäre zu klein.

Wovon ich rede, wofür ich plädiere, das ist erstens: politischen Dialog und demokratische Auseinandersetzung als Kultur zu begreifen. Ich will das erläutern; ich wiederhole mich da, weil ich das fast immer, wenn ich in der Bundesrepublik rede, zu erklären versuche. Die Ostbürger, die ehemaligen DDR-Bürger, haben ja nicht viel Anlaß, selbstbewußt zu sein und sich als Gleichberechtigte zu empfinden und zu erfahren. Ökonomisch haben wir keinen Grund, selbstbewußt zu sein. Sozial auch nicht, politisch auch nicht. In allen diesen Hinsichten stammen wir aus einem gescheiterten Staat, aus einem gescheiterten System. Wenn es irgendeine Chance gibt, uns als gleichberechtigt zu erfahren und einzubringen, dann ist es die Ebene des demokratischen Dialogs. Deswegen halte ich eine Diskussion darüber, wie dieses gemeinsame Deutschland verfaßt sein soll, für unerhört wichtig. Das ist die einzige Chance, wo wir das einbringen können, wofür wir immer gelobt werden, nämlich den friedlichen Herbst 1989. Aber wir wollen nicht nur gelobt werden: Wir wollen unsere Erfahrungen aus vierzig Jahren Unterdrückungsgeschichte und einem leidenschaftlichen Jahr des Aufbruchs einbringen und artikulieren. Ich halte das deshalb für wichtig, weil das unsere einzige Chance ist, Selbstachtung zu verteidigen oder, wo wir sie verloren haben, zurückzugewinnen. Es wird dies für die Zukunft wirklicher Gemeinsamkeit in Deutschland ein nicht unwichtiger Punkt sein.

Ich plädiere zweitens dafür, die deutsche Einigung vor lauter Finanzierungsproblemen, die gewaltig genug sind, nicht zu vergessen. Es geht ja, wie eben schon angedeutet, um den Austausch durchaus unterschiedlicher, in vierzig Jahren unterschiedlich gewordener Erfahrungen, Mentalitäten, eines unterschiedlichen Alltagsbewußtseins. Insofern kann man den deutschen Einigungsprozeß durchaus auch als einen Prozeß einer Akkulturation beschreiben. Eines Austausches, einer Angleichung relativ unterschiedlicher Kulturen im weitesten Sinne dieses Wortes. Es geht um Überwindung von Fremdheiten, es geht um die Überwindung einer Ungleichheit oder der Gefahren von Ungleichheit. Angesichts des gegenwärtigen Gefälles in Deutschland besteht durchaus die Gefahr, daß auf der einen Seite eine Art Wohlstands-Chauvinismus entsteht, auf der anderen Seite ein zähes Minderwertigkeitsbewußtsein. Wo denn sonst als in der Kommunikation, im kulturellen Dialog wäre dieser Gegensatz aufzubrechen und zu überwinden.

Und es geht auch darum, diese deutsche Einigung als eine Chance des Ost-West-Austausches zu begreifen. In Deutschland kommen in bestimmter Weise Ost- und Westeuropa zusammen. Unterschiedliche geschichtliche Erfahrungen, unterschiedliche Systemerfahrungen, müssen einander vermittelt werden. Da finde ich es schon wichtig, daß das nicht so weitergeht, wie es bisher geht: Nicht nur die Ökonomie und das soziale Netz des Westens sind der Maßstab schlechthin, sondern auch das, wie gedacht wird, was Kultur ist, darin gilt der Westen als normativ schlechthin. Wenn das also ein richtiger Austausch sein soll, dann geht es um Irritationen, um wechselseitige Irritationen, um wechselseitige Infragestellung und dann auch um Bestätigung und Bereicherung.

Daß das etwas ist, das sowohl rechts wie links – um diese politisch schematischen Begriffe zu verwenden – nicht ganz leicht sein wird, ist vielfach zu beobachten. Ich nenne nur ein Beispiel: Sie kennen sicher den Artikel von Patrick Süsskind im SPIEGEL. Da haben Sie etwas von dieser Mentalität. Thomas Schmid hat vor einem halben Jahr hier durchaus eine ähnliche Haltung – für die ich im übrigen Verständnis habe – artikuliert, nämlich die Befürchtung, daß durch das Zusammengehen dieser beiden deutschen Staaten ein zivilisatorischer, ein kultureller, insgesamt ein liberaler Standard gefährdet wird. Und der Standard ist klar, wir gefährden etwas, wir Hinzugekommenen, etwas, was in Ordnung ist. Auf anderem Niveau hat Jürgen Habermas den Begriff »Westen« durchaus auch normativ verwandt. Eine kuriose Entdekkung: Jene kritische linke Intelligenz, die 20, 30, 40 Jahre mit der alten Bundesrepublik gehadert hat, wird zum heftigsten Verteidiger dessen, was ihr jetzt gefährdet erscheint.

Ich denke, wir müssen miteinander lernen, daß die Intellektuellen, die Künstler, die Menschen aus der ehemaligen DDR auch etwas mitzubringen haben. Ich erinnere mich, daß Martin Walser noch vor der revolutionären Wende in einer Rede in den Münchener Kammerspielen in der Reihe »Reden über das eigene Land« gesagt hat, ihm falle auf, daß da im Osten, in der DDR, etwas aufbewahrt sei, das ihn interessiere. Er sprach dann von der Landschaft, er redete von Geschichte, von geschichtlichem Bewußtsein, und er redete von Sprache.

Ich erinnere mich an eine SPD-Veranstaltung vor zwei Wochen, auf der nacheinander ein Westdeutscher redete und ein Ostdeutscher. Der Unterschied war auffallend: Der linke Diskurs in der Bundesrepublik ist wesentlich soziologisch geprägt und der linke Diskurs in der ehemaligen DDR geschichtlich geprägt. Genau das traf aufeinander: der Versuch der einen, aus soziologischer Theorie analytisch-reflektorisch zu verfahren, und der anderen, aus geschichtlicher Erinnerung zu argumentieren. Es wurde fast als Skandal empfunden, daß einer, der sich als links versteht, in einem Referat über die gegenwärtige Situation an Unabgegoltenes der deutschen Romantik erinnert, und genauso haben die Westdeutschen reagiert: Man solle ihnen nicht mit diesem metaphysischen Identitätsgewäsch kommen. Ich denke, das ist ein ganz typischer Vorgang. Wenn wir nicht lernen, diese intellektuelle, kulturelle Differenz auszuhalten und nicht immer sofort mit Zensuren bei der Hand zu sein, dann wird genau das nicht passieren, was ich für wichtig halte: die Chance des Ost-West-Austausches, die Chance, die wir in Deutschland ganz unmittelbar haben. Aber das ist natürlich nicht nur eine deutsche Frage; es ist ein Austausch zwischen Ost- und Westeuropa. Drittens, ich spreche von Kultur, plädiere für Kultur als ein Gegengewicht zu blindem Konsumismus und forciertem Ökonomismus. Ich weiß, daß das Bedürfnis der Bürger der ehemaligen DDR, den gleichen Lebensstandard zu haben wie die Deutschen im Westen, hochverständlich ist. Ich will das in keinem Punkte denunzieren. Ich erinnere daran, daß das Problematische jenes berühmten Aufrufs »Für unser Land« vom November '89 genau dies war, daß da führende Intellektuelle in der DDR nicht wahrhaben wollten, daß eine Mehrheit der Bevölkerung sich nicht schon wieder zum Material einer nächsten Utopie machen lassen wollte, sondern für die erreichbare Freiheit, für den erreichbaren Wohlstand, für die erreichbare Demokratie votierte – und die sahen die meisten in der anderen Hälfte des eigenen Vaterlandes. Und das nehme ich ernst, darin hat die Bevölkerung sich durchaus realistisch verhalten. Trotzdem sehe ich, daß wir gegenwärtig in einer Phase sind, wo es nur darum zu gehen scheint, daß man hinterher sein muß, daß man den gleichen Lebensstandard bekommt, daß man den materiellen Anschluß schafft. Ich rede von Kultur als Gegengewicht zu einer Selbstentfremdung ins Ökonomische. Nach einer politisch-ideologischen, nach einer Überideologisierung, einer Überpolitisierung, scheint jetzt eine Hyper-Ökonomisierung unseres Lebens zu erfolgen. Wo denn sonst als in dem Raum, den wir Kultur nennen, könnte es ein Gegengewicht geben zu der Atmosphäre des Hinterherrennens, des sich Anpassens, des Unterwerfens unter ganz neue Zwänge.

Damit bin ich bei einem vierten Punkt. Für mich ist Kultur ein Reflexionsraum, ein Raum der Reflexion des uns abverlangten und uns überfordernden Wechsels, des Wandels unseres ganzen Lebens und unserer selbst. Was wird uns nicht alles abverlangt! Eine radikale Umstellung des Alltagslebens. Ein Wechsel von politischen, von ideologischen, von kulturellen Mustern, von Leitbildern usw. usf. Kultur könnte da ein Moment von Kontinuität im Wandel darstellen. Das ist nicht sofort eine konservative Bestimmung, es geht nicht einfach um Konservierung früherer Verhältnisse. Aber vielleicht könnte Kultur in ihrem Reichtum, in ihren Facetten die Institution einer menschenverträglichen Ungleichzeitigkeit sein. Wo sich ökonomisch, politisch, sozial im System soviel wandelt und wir innerlich, psychisch gar nicht hinterherkommen: da bedürfen wir der Momente von Vertrautheit, die uns die Verzögerungen der Kultur vielleicht noch zu vermitteln vermögen. Kultur also ein Raum von Identitätsbewahrung und Identitätsfindung, nicht in der Rückwärtsbindung, nicht auch in sentimentaler, nostalgischer Verklärung des vergangenen Realsozialismus. Diese Haltung gibt es auch in der ehemaligen DDR. In der selbstkritischen Verarbeitung unserer Vergangenheit sehe ich eine Chance, wie wir Identität bewahren und neu finden können. Trauerarbeit ist notwendig, aber auch das Gegenteil: die heitere, die komische, die satirische Überwindung der erdrückend-gegenwärtigen Vergangenheit. Die satirische Abführung dessen, die Erledigung dessen, was erledigt werden muß und was manchen schwerfällt. Und wer kann das denn tun außer uns. Das müssen wir doch selber machen, die Künstler und die Intellektuellen im eigenen Land. Und wir müssen lernen, einen Raum zu finden, indem wir unsere politischen, ideologischen, menschlichen Verirrungen aussprechen können. Nicht Tabuisierung und Verdrängung ist die Chance. Ich sehe schon allzu viele mit dem Mantel der Nächstenliebe herumwedeln über dieser Vergangenheit, auch über der Vergangenheit, die mit dem Kürzel »Stasi« bezeichnet ist. Auch dies ist ein kulturelles Problem, nicht nur ein rechtliches.

Ich rede also von Kultur als einem Gegenbegriff – das mag Ihnen etwas gewaltsam erscheinen, aber ich hoffe, nach dem Bisherigen können Sie das nachvollziehen –, einem Gegenbegriff zu dem Begriff »Wende«.

Kultur ist das Gegenteil von Abwendung. Wichtig ist schon, wenn wir uns nicht selber verlieren wollen, daß wir fertigbringen, die Verfälschungen der Idee des Sozialismus aufzuarbeiten und abzuarbeiten. Der Idee des Sozialismus, die ja irgendwie, man mag das wollen oder nicht, am Beginn dieser Art gescheiterter Gesellschaft gestanden hat, und es geht wirklich darum, die Impulse abzuarbeiten und vielleicht wieder zu entdecken, die am Anfang gestanden haben. Ebenso geht es darum, noch einmal zu begreifen, was mit dem Antifaschismus passiert ist, der auch am Anfang des Staates DDR stand und am Schluß geendet ist in einem korrumpierten Antifaschismus. Aber wenn ich von Verfälschung der Idee des Sozialismus rede, ist das auch wieder zu leichtgewichtig. Als Sozialdemokrat sage ich, es geht um Gewichtigeres. Wir haben auch danach zu fragen – ich denke, das ist nicht nur eine Sache ehemaliger Mitglieder der SED, zu denen ich nicht gehöre, sondern der Linken insgesamt, überhaupt aller, die in der DDR bewußt gelebt haben – wir haben danach zu fragen, ob das, was da passiert ist in der DDR und in den letzten 60 Jahren im realen Sozialismus, nur eine Verfälschung war oder eine Konsequenz aus Marxismus, aus Leninismus, aus Theorien des Sozialismus. Man darf sich das nicht zu leicht machen, und ich sehe allzu viele Intellektuelle damit beschäftigt, fein säuberlich zwischen »realem« und »wirklichem« Sozialismus zu unterscheiden. Es war ja nur »realer«, es war kein »wirklicher« Sozialismus. Das ist natürlich ein Trick, mit dem man es sich zu leicht macht. Ich erinnere an jene Frage von Ernst Bloch, die er schon in den 30er Jahren gestellt hat: »Hat der Stalinismus den Marxismus bis zur Unkenntlichkeit verzerrt oder nur bis zur Kenntlichkeit gebracht«, oder Horkheimer variierend: »Wer vom Stalinismus nicht reden will, soll vom Sozialismus schweigen.« Das steht uns noch bevor, wir müssen schonungslos mit uns selber umgehen, und ich denke, daß das nicht nur die Sache eines politischen Lagers ist, schon deshalb nicht, weil in der Verwirklichungsgeschichte des Sozialismus unsere Lebensgeschichte, die Lebensgeschichte von DDR-Bürgern hineinverwoben ist. Das unüberhörbare Schweigen von Intellektuellen beklage ich ja deshalb so, weil es doch ihre Aufgabe wäre, für uns, für viele, die die Sprache nicht finden, die sie nicht haben, dieses Verwobensein von Lebensgeschichte und Verwirklichungsgeschichte einer Idee aufzuarbeiten und sich und uns und Ihnen im Westen zu erklären, wie das gewesen ist: daß man einmal angetreten ist für eine große Idee und deshalb auch bereit war, für sie Kompromisse einzugehen, und jetzt – wo man entdeckt, diese Idee ist vielleicht nicht gescheitert, aber doch auf falsche Weise verwirklicht worden – entlarven sich die Kompromisse als das, was sie vielleicht schon immer waren: Opportunismus, peinliche Kompromisse, Unterwerfung! Das muß doch abgearbeitet werden, wenn wir miteinander in diesem demokratischen Deutschland umgehen wollen, und zwar so, daß die einen nicht den Kopf hoch und die anderen den Kopf gesenkt halten.

Erst also in einer solchen Selbstkritik können wir uns ursprünglicher und durchaus unabgegoltener Impulse wieder innewerden und vergewissern, Impulse, die mit dem Namen Sozialismus, die mit der Idee der Gerechtigkeit einmal verbunden gewesen sind, ohne sie reaktionär zu verwalten, wie ich das auf einer Seite des politischen Spektrums, die einen Monopolanspruch auf links erhebt (nämlich die PDS), sehe, und ohne sie – ebenso reaktionär – einfach wegzuwerfen. Letztere Haltung gibt es ja noch vielmehr, das ist das Massenphänomen. Es gibt ein schönes Wort des französischen Sozialistenführers Jean Jaurés: »Tradition heißt nicht eine Asche verwalten, sondern eine Flamme am Leben erhalten.« Um im Bilde zu bleiben, Feuer erzeugt Asche, um es wieder anzufachen, muß man es wieder von Asche befreien, das ist der Vorgang, den wir brauchen.

Anders gesagt: Ich meine nicht eine Kultur, das Wort hat Thomas Schmid vor einem halben Jahr hier in Loccum gesagt, eine Kultur der re-education, die an uns, den Ossis, vollzogen wird. Es geht nicht darum, daß uns etwas endgültig ausgetrieben werden muß, sondern es geht um Selbsterziehung, um Lernprozesse mit hoffentlich glücklichem Ausgang. Und dies in der Diskussion, im Streit unter uns Ossis, unter uns Deutschen insgesamt mit den europäischen Nachbarn. Eine so verstandene Kultur ist notwendig, lebensnotwendig, und weil sie notwendig ist, muß sie eine Chance bekommen! Es muß durch Taten endlich, nicht mehr nur durch Versprechungen, der Teufelskreis durchbrochen werden, in dem die Menschen im östlichen Deutschland irrelaufen zwischen übergroßer Hoffnung und Enttäuschung, zwischen entschlossenem Aktionismus und lähmender Resignation. Es gibt notwendige Verluste, die meisten von ihnen erleben wir mit Erleichterung, manche ertragen wir aus Einsicht mit zusammengebissenen Zähnen. Aber es gibt auch Verluste, die Trauer, Irritation, Verzweiflung hervorrufen. Die DDR war neben allem, was in den Mülleimer der Geschichte gehört, auch ein Geflecht menschlicher Beziehungen, ein System von Alltagsverhalten und Alltagsverhältnissen, in denen wir uns zurechtgefunden und als Menschen unsere gewiß problematische Identifizierung gefunden haben. Die Kultur, die Künste waren der wichtigste Teil dieses Raums unserer Identitätsbildung. Es gab, um Adorno umzudrehen, durchaus ein richtiges Leben im falschen. Wie sonst hätte es den Herbst 1989 geben können, ohne jene lange Vorgeschichte in diesem breiten Raum der Kultur, die Kirchen gehören da immer mit hinzu. Der jähe Wechsel, die jetzt geforderten Umstellungs- und Lernprozesse überfordern viele. Gerade dann, wenn viele das Neue als janusköpfig erfahren: vollmundige, aber durchaus vage Verheißung einer schönen Zukunft einerseits und eine schmerzliche soziale Verschlechterung, mindestens Verunsicherung jetzt in diesen Tagen und Monaten andererseits. Deshalb muß jetzt eine konkrete Perspektive für die wirtschaftliche, soziale, und, auf ihr fußend, für die kulturelle Entwicklung im Osten Deutschlands eröffnet werden. Das heißt unausweichlich Umverteilung von West nach Ost. Kleiner ist es nicht mehr zu haben. Günter Grass hat es deutschen Lastenausgleich genannt, schon vor geraumer Zeit. Ohne Umverteilung, ohne wirkliche Umverteilung ist die Lösung der Aufgabe nicht zu haben, d. h. also, es geht nicht mehr, daß allzu viele beschäftigt sind mit der hochverständlichen Verteidigung und Bewahrung ihrer sozialen Besitzstände im Westen, es geht nicht mehr, daß einfach das juste Milieu in der Bundesrepublik verteidigt wird oder daß die Normativität der Kultur des Westens unangefochten weiter gilt. Es kann auch nicht mehr die Selbstverständlichkeit gelten, mit der im Westen in jeder Hinsicht, nicht nur in der Wirtschaft, sondern auch in der Kultur alles so bleiben darf und muß wie bisher, und nur in der DDR muß sich alles total ändern.

Damit bin ich wieder bei den Gefahren, von denen ich anfangs gesprochen habe und die es zu bannen gilt, wenn die Kultur eine Chance haben soll. Also: Wenn es gelingt, die Länder und Kommunen im östlichen Deutschland hinreichend finanziell auszustatten – eine elementare Voraussetzung –, und wenn der Bund seine kulturpolitische Verantwortung für eine Übergangszeit wahrnimmt – die 1,2 Milliarden sind ein ganz gewichtiger Schritt, wir sind uns einig, daß das wahrscheinlich nicht reichen wird, aber es ist ein wichtiger Schritt; wenn es gelingt, mit Geld Zeit für Kultur zu kaufen, Zeit für Umwandlungsprozesse und nicht für Vernichtungsvorgänge; wenn das Klischee von der DDR-Kultur als SED-Kultur überwunden wird, Pauschalurteile und bornierte Bewertungen einem differenzierteren Urteil weichen; wenn anders als in der Ökonomie der Westen die alte BRD in Sachen Kultur nicht als der alleinseligmachende Maßstab gilt; wenn wir das gegenwärtige Desinteresse an Kultur bei einem Großteil der ehemaligen DDR-Bürger überwinden können: die Chancen dafür sind gar nicht so schlecht, denn nach der verständlichen Konsumeuphorie und angesichts bitter enttäuschter Hoffnungen kann es ja sein, daß man neu fragen lernt; wenn unter Künstlern und Intellektuellen Erstarrung und Opportunismus, die Verweigerung öffentlicher, selbstkritischer Selbstreflexionen und Trauerarbeit weichen und wir miteinander in einem nachdenklichen, geschichtlich-moralischen Dialog kommen, wenn Lähmung, Resignation, Verzweiflung unter den mit Kultur Befaßten abnehmen ebenso wie deren Kehrseite: verzweifelter, hektischer Aktionismus und nach realistischen Lösungen, also Zwischenlösungen, Übergangslösungen, nicht Patentlösungen, suchen, nicht alles verteidigen und bewahren wollen, und auch nicht alles verlorengeben, preisgeben wollen, und wenn uns aus dem Westen engagierte, differenzierte, sensible Unterstützung zuteil wird, und wenn wir über all dieses auch öffentlich miteinander streiten können, wofür denn das in jedem Fall zu wenige Geld für Kultur ausgegeben wird – nicht anders geht es doch. Gerade bei so schwierigen Entscheidungen, die immer weh tun, ist es notwendig, daß möglichst viele, möglichst alle Betroffene beteiligt sind, damit sie hinterher es auch tragen können, ertragen können, deswegen muß Schluß sein mit einer Art von innenpolitisch kulturpolitischer Diplomatie, die also nicht bereit ist, an die Öffentlichkeit zu gehen. Es hilft nichts: Angesichts dessen, was weh tun wird, müssen wir öffentlich darüber reden und streiten und mitentscheiden können!

Wenn wir also zwei bis fünf Jahre Zeit und Raum gewinnen fürs Überleben, dann und nur dann hat die Kultur der ehemaligen DDR eine Chance.

Ich danke fürs Zuhören!

Ein Interview, das die Schwierigkeiten zeigt, ostdeutsche alltägliche Erfahrungen für westdeutsche Augen verständlich und politikfähig zu machen.

»Hoffnungszeichen gibt es nicht«

Über die Wirkung der Bonner Sanierungspolitik in Ostdeutschland

Herr Thierse, Sie haben gefordert, es müsse jetzt der »Teufelskreis durchbrochen werden, in dem die Menschen im östlichen Deutschland irrelaufen zwischen übergroßer Hoffnung und Enttäuschung, zwischen entschlossenem Aktivismus und lähmender Resignation«. Was überwiegt in der Ex-DDR: Aktivismus oder Resignation?

Mein Eindruck ist, daß Woche um Woche die Resignation zunimmt, weil so viele oft leidenschaftliche Hoffnungen enttäuscht worden sind, weil auch so wenige Möglichkeiten zur eigenen Aktivität bestehen. Um es zu glossieren: Es kann nicht jeder eine Imbißbude gründen, irgendwann gibt es genug davon. Aber: Welcher Arbeiter kann schon in seinem Betrieb eine Neugründung beginnen? Er kann nur darauf warten: Wird der Betrieb verkauft, wird er saniert, oder wird er geschlossen? Das alles hängt schicksalhaft über dem einzelnen, er selber kann es nicht direkt beeinflussen.

Wer ist der Hauptschuldige?

Es sind, erstens, natürlich die 40 Jahre, die wir hinter uns haben. Zweitens denke ich aber, daß das halbe, dreiviertel Jahr ohne jede Wirtschaftspolitik auch Wirkungen hat.

Was waren denn die leidenschaftlichen Hoffnungen der DDR-Bürger?

Die allgemeine Grunderwartung war: Die reichen Brüder und Schwestern im Westen werden uns nicht hängenlassen, sie sind doch Deutsche wie wir, haben doch eigentlich mit uns zusammen den Krieg verloren. In dieser Grunderwartung wurden sie ja durch die CDU und vor allem durch Helmut Kohl bestätigt. Er hat immer gesagt: Es wird schwierig sein, aber wir werden das miteinander machen, es wird gutgehen.

Was ja, zum Leidwesen der SPD, ein erfolgreiches Wahlkonzept war.

Aber mehr nicht. Und nun sehen die Menschen, es wird täglich schlechter: Die Arbeitsstellen sind unsicher oder gehen massenhaft verloren, niemand weiß, wie schnell die Miete steigt, wie schnell Gas-, Strom-, Verkehrstarife steigen. Hoffnungszeichen gibt es nicht, so ist jedenfalls die subjektive Erfahrung.

Sie betonen das subjektive Element. Laut Statistischem Bundesamt ist aber die Kaufkraft in den neuen Ländern im Schnitt 20 bis 30 Prozent höher als in der DDR des April 1990.

Für mich ist das Subjektive deshalb entscheidend, weil Entwicklungen eingetreten sind, auf die unsere Bürger überhaupt nicht vorbereitet waren. Arbeitslosigkeit haben wir nicht gekannt. Unsicherheit hinsichtlich der eigenen Wohnung gab es nicht. Wir waren an stabile Preise gewohnt, hatten nur das Problem, etwas zu bekommen. Jetzt habe ich das Problem, immerfort Preisvergleiche anstellen zu müssen...

...was ja wohl viel geringer ist, als fürs Notwendigste ständig Schlange stehen zu müssen.

Richtig. Aber auch da hat sich subjektiv was verändert: Die Ansprüche an die alltägliche Konsumtion sind viel schneller gestiegen, weil es die Ansprüche sind, die vom Westen herübergekommen sind.

Aber ist es denn richtig, wenn jetzt in der Ex-DDR der Eindruck entsteht, hartleibige Pfeffersäcke im Westen versagten das Teilen?

Ich beobachte durchaus ein solches Verhalten im Westen - zunächst mal als verständliche Verteidigung von sozialen Besitzständen, sei es der Beamtenbund, seien es Gewerkschaften, seien es Vertreter aus Ländern und Städten.

Aber es wurden Gebühren und Sozialbeiträge heraufgesetzt, höhere Steuern sind Mitte des Jahres fällig. Einen Aufstand der Westdeutschen dagegen sehen wir bisher nicht.

Ich sehe durchaus, daß die Bereitschaft in der Bevölkerung im Westen größer ist, als die konservativen Politiker wahrhaben wollen. Und deshalb lautet mein Hauptvorwurf gegen diesen Kanzler ja auch, daß er im historischen Moment der Einheit gesagt hat: Es wird nichts Zusätzliches kosten. Nun muß gewissermaßen um jede Milliarde gerungen werden.

Sie haben im Bundestag gesagt, daß ostdeutsche Rentnerehepaare, Durchschnittsverdiener, normale Familien in diesem Jahr »erhebliche Einbußen in ihren Lebensmöglichkeiten« erlitten. Ist Ihre Bezugsgröße das Leben in der ehemaligen DDR?

Der Vergleichsmaßstab ist das, was bisher stattgefunden hat. Wir bekommen in diesem Jahr Preiserhöhungen im Bereich des alltäglichen Grundbedarfs, der gerade Rentner und alle sozial Schwächeren trifft.

Im Bundesarbeitsministerium geht man davon aus, daß die Renten im Osten 1991 im Schnitt um 25 Prozent steigen werden.

Ja, aber von einem relativ niedrigen Sockel.

Der Sockel bei den Mieten ist, verglichen mit dem Westen, noch viel niedriger. Und wenn die Rentenerhöhung die Preissteigerungen nicht ausgleicht, kommt das Wohngeld.

Aber meine Hauptthese ist, daß es in der ehemaligen DDR einen viel größeren Prozentsatz der Bevölkerung in unteren Einkommensbereichen gibt mit nur 40, 50, 60 Prozent des westdeutschen Einkommens. Diese Menschen kommen in Not, wenn sich die allgemeinen Preise dem West-Niveau nähern.

Können Sie sich nicht vorstellen, daß auch bei vorübergehender Massenarbeitslosigkeit das soziale Netz, das jetzt nach westlichem Vorbild geknüpft wird, zumindest dafür sorgt, daß die Lebensmöglichkeiten nicht unter das Niveau der Ex-DDR absinken?

Zuerst: Trotz sozialem Netz bleibt Arbeitslosigkeit ein schlimmer Tatbestand. Daß quantitativ keine Verschlechterung eintritt, dem würde ich zustimmen. Die Relationen sind ja andere gewesen, in denen wir gelebt haben.

Bei Ihnen klingt es immer so, als seien die Ostbürger durchweg Opfer. Könnte sich nicht auch die Masse der Klein- und Mittelverdiener im Westen überfordert fühlen, wenn sie ständig hört: Da habt ihr uns, nun helft uns mal voll durch?

Erstens sehe ich nicht, daß irgendein Westbürger bisher Einbußen erlebt hat. Zweitens geht es wirklich darum, den Angleichungsprozeß auch deshalb so schnell zu machen, damit genau das nicht eintritt, was Sie beschreiben: dieser Zwiespalt zwischen den einen, die um Hilfe betteln, und den anderen, die immerfort geben müssen. Die Ostdeutschen müssen in die Lage versetzt werden, selber den Wohlstand zu verdienen, den sie haben wollen und der ihnen nach dem Grundgesetz zusteht.

Wie anders als mit vorübergehender Massenarbeitslosigkeit soll denn die ostdeutsche Wirtschaft saniert werden? Wie anders als mit angemessenen Mieten sollen die heruntergekommenen Städte erneuert werden?

Das ist nicht der Streitpunkt. Wir wußten, daß die Umstellung von Plan- auf Marktwirtschaft mit solchen Problemen verbunden ist. Die Frage ist: In welchem Ausmaß und wie lange läßt man sie zu? Da hat die Bundesregierung viel zuwenig getan, um private Investitionen zu fördern, um die Öffentlichen Hände beschäftigungswirksam tätig werden zu lassen mit großen Maßnahmen zur Infrastrukturförderung.

Bis die Maßnahmen greifen, vergeht mehr Zeit, als Sie für erträglich halten.

Es geht darum, daß man anfängt. Bei uns machen jetzt Handwerksbetriebe dicht, weil die Kommunen kein Geld haben, Aufträge für Reparaturen, für Sanierungen zu erteilen. Andere wollen investieren, kommen aber wegen der ungeklärten Grundstücksfragen nicht zum Zuge. Dieser Einigungsvertrag muß nachverhandelt werden. Der fatale Grundsatz – Rückerstattung vor Entschädigung –, der wesentlich durch den Einfluß der FDP hineingekommen ist, muß weg.

Nähren Sie nicht mit Ihren durchaus berechtigten Forderungen die Illusion, es könnte alles viel schneller gehen, wenn nur ordentlich geklotzt würde? An der Stelle des verrotteten DDR-Kombinats steht doch nicht schon morgen das moderne Unternehmen.

Das bestreite ich gar nicht. Aber warum ist es denn ein Naturgesetz, daß ein industrielles Unternehmen in der ehemaligen DDR eingehen muß, nur weil es ein möglicher Konkurrent eines westdeutschen Unternehmens ist? Ich denke, der Staat darf nicht tatenlos zusehen, wenn sanierungsfähige Großbetriebe wie Robotron oder Carl Zeiss Jena zugrunde gehen.

Daß diese Großbetriebe sanierbar sind, ist Ihre Behauptung.

Das sagt natürlich nicht der entsprechende Konkurrent. Ich fordere eine Politik, die versucht, den industriellen Standort ehemalige DDR zu erhalten, die verhindert, daß dort alles wegbricht und die Leute das Land verlassen müssen.

Vielleicht muß es sein, damit Neues entstehen kann. Die westdeutschen Montanregionen haben diesen Prozeß auch durchgemacht, er hat viele Jahre gedauert.

Aber der Strukturwandel ist von Anbeginn organisiert worden durch Politik und Wirtschaft. Bei uns entsteht mehr und mehr der Eindruck, als wolle man erst einmal das meiste kaputtgehen lassen. Ich kann es nicht für richtig halten, daß bestehende soziale und industrielle Strukturen zerstört werden, das Land entvölkert wird und eine Art von Wüstenei entsteht.

Ihre Grundthese richtet sich immer auf Erhalt – Erhalt der Bevölkerung, Erhalt der Industriestandorte, Strukturwandel ist aber stets auch mit Wanderungen verbunden.

Es geht nicht um den Erhalt des Status quo, sondern darum, ein bißchen Zeit zu gewinnen für Transformation. Transformation ist etwas anderes als Vernichtung, ist die Beibehaltung von Standorten, von Räumen zu leben, zu arbeiten, sich umzustellen auf ein anderes ökonomisches System, auf eine andere Art von Arbeit. Warum bringen wir nicht Beschäftigungsprogramme fertig, die es den Leuten da, wo sie bisher wohnen, ermöglichen, umzulernen, neu zu lernen, sich zu qualifizieren?

Aber damit steht dort noch längst nicht der neue Betrieb, in dem die Leute das Gelernte anwenden können.

Ob ein neuer Betrieb kommt, hat mit wirtschaftspolitischen Rahmenbedingungen zu tun. Diesen Prozeß kann ich doch beschleunigen, indem ich zum Beispiel Investitionen verbillige. Es gibt für mich eine ganz klare Reihenfolge der notwendigen Maßnahmen. Erstens: ausreichende Finanzierung der Länder und Gemeinden, damit die überhaupt ihre normalen Dienstleistungen aufrechterhalten. Dazu gehören, zweitens, Personaltransfer und schnellere Lohnangleichung für unsere Verwaltungen. Der dritte Punkt: Es müssen die ganzen gesetzlichen Regelungen zur Klärung der Eigentumsverhältnisse und zur Investitionsförderung vereinfacht, handhabbar gemacht werden. Dann müssen, viertens, die Länder und Gemeinden in den Stand gesetzt werden – da sind wir wieder bei Finanzen –, als öffentlicher Auftraggeber für Arbeit zu fungieren. Das Wichtigste sind für mich Reparaturen, Sanierung, Wohnungsneubau. An fünfter Stelle müssen sofort die Instrumente installiert werden, die geeignet sind, private Investitionen im Gebiet der ehemaligen DDR zu fördern, also Übertragung der Zonenrandförderung auf die neuen Länder, Mehrwertsteuerpräferenzen, Zulagen, Sofortabschreibungen.

Ihr Glaube an die Wirksamkeit der großen Beträge scheint uns viel zu optimistisch. Schon jetzt liegen bei der Bundesbank neun Milliarden, die nicht abgerufen werden. Und der Zonenrand ist auch nicht gerade ein ermutigendes Beispiel: Da wurde bei jeder Rezession gleich wieder abgerüstet, nachdem man in Konjunkturzeiten die Subventionen mitgenommen hatte.

Mir geht es um relativ kurzfristige Maßnahmen, nicht um Ewigkeiten. Man muß sehen, wie sich das entwickelt. Dann kann man umsteuern, andere Instrumente anwenden.

Ihr Crash-Programm ist auch eine Frage der Kapazitäten. Sind die überhaupt da?

Sicher nicht ausreichend für die Größe der Aufgaben. Deswegen bin ich ja dafür, daß man hart verfährt und Aufträge auch an westdeutsche Firmen erteilt, aber mit der Auflage, soundsoviel ostdeutsche Arbeitskräfte einzustellen.

Das Instrument ist wieder gefährlich, weil sich kein Unternehmen, das nicht mit einem Subunternehmen freie Verträge schließen kann, auf feste Preise einläßt.

Dann kann das Unternehmen diese Aufträge nicht kriegen.

Dann wird's teuer.

Daß es billig wird, haben Sozialdemokraten nicht gesagt, das hat der Bundeskanzler lange Zeit gesagt. Ich weiß doch, daß ich in der privaten Wirtschaft von den Unternehmen nicht verlangen kann, überzählige Arbeitskräfte weiterzubeschäftigen. Das würde jeden Investor abschrecken. Also muß der Staat zwischendurch eintreten über die Arbeitslosenversicherung. Aber lohnt es denn nicht den großen Versuch, die Arbeitsplatzverluste nicht zu extrem und vielleicht irreparabel werden zu lassen? Ich bin kein gelernter Marktwirtschaftler, aber vom Westen weiß ich doch, daß die Bauwirtschaft eine Konjunkturlokomotive sein kann, die vieles dann nach sich zieht.

Das Dilemma ist, daß private Investitionen im Wohnungsbau sich auf absehbare Zeit nicht rechnen in der Ex-DDR.

Deshalb habe ich von der Öffentlichen Hand gesprochen. Und deshalb sage ich, daß selbst die Milderung der Opfer schon teuer wird. Es wird nicht anders gehen als mit einer großen sozialen Umverteilung. Das heißt, die Westdeutschen müssen damit rechnen, daß sie in den nächsten Jahren keinen weiteren Fortschritt ihres materiellen Wohlstands erleben, sondern wirklich teilen müssen.

Herr Thierse, Sie trauern über den Verlust eines DDR-Spezifikums, nämlich jenes »Systems von Alltagsverhalten und Alltagsverhältnissen, in denen wir uns zurechtgefunden und als Menschen unsere – gewiß problematische – Identität gefunden haben«. Ein schöner Satz, er stammt von Ihnen. Aber müßten Sie nicht heute hinzufügen, daß dieses menschliche Geflecht von Beziehungen auch ökonomisch einen Wahnsinnspreis gehabt hat?

Das kann sein, aber das war ja ein polemischer Satz, der sich darauf bezieht, daß die DDR nicht nur ein System politischer Unterdrückung und ökonomischer Ineffizienz war, sondern auch etwas, wo Menschen in einer bestimmten Art miteinander geredet haben, Verhältnisse von Vertrauen hatten. Das hat mit Abwehr von Diktatur, mit Bedrängnissen zu tun.

Auch eine Notgemeinschaft, in der man einander half, weil man es mit dem sicheren Arbeitsplatz nicht so genau nehmen mußte?

Möglich, aber ich bin nicht sicher, ob sich solche menschlichen Verhältnisse ökonomisch rechnen lassen. Es klingt wie ein furchtbares Klischee, aber vielen in der DDR war es nicht so wichtig, was einer verdient, wie seine Wohnung ausgestattet ist, welches Auto er hat...

...die Unterschiede und die Auswahl waren ja auch nicht sonderlich groß...

...sondern es hat eine Rolle gespielt: Wie redet er mit mir? Kann ich mich auf ihn verlassen? Ich wünsche mir jedenfalls sehr, daß das in dem schwierigen Übergang nicht ersatzlos flötengeht.

Herr Thierse, wir danken Ihnen für dieses Gespräch.

Der Spiegel, 25.2.1991. (Das Gespräch führten die Redakteure Winfried Didzoleit und Olaf Petersen.)

Wie kann das gehen: die politische Haltung, das eigene Urteil so zu formulieren, daß die Kritik an der Regierung fair, aber doch Kritik bleibt, daß die eigene Partei nicht heroisiert wird, daß das Problembewußtsein geschärft wird, aber doch nicht in Schwarz-Weiß-Malerei ausartet, daß man mit eigener Stimme zu sprechen versucht...? Vielleicht sind deshalb manche Antworten so mühsam.

Demokratie, die so daherkommt, hat nur geringe Chancen

Zur Perspektive der neuen Länder und zur Sozialdemokratisierung der Regierung Kohl

Herr Thierse, es scheint so, daß sich die SPD noch immer nicht vom Schock ihrer Marginalisierung im Einheitsjahr erholt hat...

Also, »Marginalisierung« ist vielleicht doch ein starkes Wort, mit 33 Prozent ist man nicht ganz marginal...

...»marginal« bezieht sich nicht auf die Prozente bei der Bundestagswahl, sondern auf den Einfluß, den die SPD auf das Procedere der Einheit nehmen konnte. Unter dem Eindruck dieser eher randständigen Rolle 1990 scheint die SPD noch immer zu leiden.

Das Wahlergebnis hat in bitterer Klarheit die Rollenverteilung zwischen Regierung und Opposition festgelegt. Daß die SPD auch nach dem Jahr der deutschen Einheit nicht Akteur der Politik ist, sondern Opposition, erklärt manches der Probleme, die sie derzeit hat. Als Opposition ist sie in existentieller Weise auf das öffentliche Wort, auf die öffentliche Anklage verwiesen. Das aber trifft jetzt vor allem in den östlichen Ländern auf eine gegenläufige Grundstimmung, die sich etwa in dem Vorwurf äußert: »Die da oben, die reden ja nur, die streiten sich, die tun ja nichts.« Die Menschen erfahren sich erneut als das, was sie vierzig Jahre lang waren: als Objekte der Entscheidungen anderer. Ein Begriff von Demokratie als öffentliches Austragen von Interessengegensätzen, als Streit um die besseren Problemlösungen, in dem die Bedeutung der Opposition evident ist, auch wenn sie nicht die Entscheidungen trifft, kann sich in dieser Atmosphäre nur schwer entwickeln. Das macht es einigermaßen kompliziert, die Rolle, das Konzept und die Kraft der SPD Leuten in diesem Teil Deutschlands zu erklären.

Läßt sich damit schon erklären, warum es der SPD nicht gelingt, sich als Alternative zu präsentieren, obwohl doch der objektive Problemdruck auf die Regierung Kohl von Tag zu Tag wächst?

Wenn der Vorwurf lauten soll: Wir seien in der Opposition nicht entschieden genug, unsere Forderungen seien nicht radikal genug, dann finde ich diesen Vorwurf unangemessen. Wir haben die Regierung in allen Grundfragen kritisiert und Alternativen vorgelegt, und die Regierung hat ja mittlerweile – wenn auch abgeschwächt und verfälscht – ein Gutteil davon übernommen, so daß sie jetzt eine sozialdemokratischere Politik betreibt, als sie selbst je zugeben wollte. Insofern sind wir wirksam. Was die Präsentation betrifft: Ich persönlich halte nicht so sehr viel von einer verbalen Rhetorik, die im vorhinein weiß, daß die aufgestellten Forderungen – etwa der Rücktritt Kohls – sowieso illusorisch sind. Auch die Forderung nach Neuwahlen oder die Große Koalition – eine Erfindung von Journalisten – hat den Rücktritt des Bundeskanzlers zur Voraussetzung. Erst in dem Moment, wo die Regierung bekundet: Wir sind allein nicht in der Lage, die riesigen Probleme zu meistern, ist für die Sozialdemokraten die Stunde gekommen, zu prüfen, ob man das zusammen machen *muß*.

Die SPD also doch nur das Objekt von Kanzler-Entscheidungen?

Die SPD kann aufgrund der Mehrheitsverhältnisse die Bundesregierung nicht stürzen...

... Was das parlamentarische Procedere betrifft, ist das sicher richtig...

...sie kann – und das tun wir ja unablässig – die Fehler und Unterlassungen der Regierung kritisieren. Mein Hauptvorwurf an die Bundesregierung ist, daß sie ein Jahr lang keine Wirtschaftspolitik betrieben hat, jedenfalls keine Strukturpolitik, keine wirksamen Maßnahmen zur Begleitung dieses jähen Umbruchs zur Marktwirtschaft unternommen hat. Ein Gutteil der jetzigen Probleme – nicht alle – kommt von dieser wirtschaftspolitischen Untätigkeit her. Also, wir kritisieren das eindeutig und versuchen Alternativen zu entwickeln. Nur, man muß ganz nüchtern sehen, daß das Erscheinungsbild der SPD auch etwas mit dem Erscheinungsbild der Regierung zu tun hat insofern, als – angesichts der brutalen ökonomischen und sozialen Fakten – alle politischen Parteien in ihren Unterschieden relativ erscheinen und im Grunde die Mehrheit des Publikums der Überzeugung ist, so vollständig anders können die Sozialdemokraten es auch nicht machen – und daran ist ja nicht alles falsch. Es gibt keine Allheilmittel zur Lösung der Krise. Es gibt angesichts des Problemberges nur relative Entscheidungen. Unser Problem ist, daß wir im konkreten eine Menge an Vorschlägen gemacht haben, aber daß, angesichts der Grundkonstellation, eine totale Alternative eben nicht möglich ist. Die welthistorische Situation des vorigen Jahres wird nicht wiederkehren. Dennoch hat die Aufgabe, die vor uns liegt, historische Dimension: Es geht darum, die östlichen Länder als ein Ort zum Arbeiten und zum Leben zu erhalten.

Das heißt, die SPD muß sich mit Akzentverschiebungen zur Regierungsprogrammatik bescheiden?

Die Regierung *hat* keine Programmatik. Wir machen Vorschläge, die eine langfristige wirtschafts- und strukturpolitische Perspektive bieten, eine Politik, die nicht Vernichtungsvorgänge geschehen läßt, sondern Transformationsprozesse initiiert zur Verteidigung des industriellen Standorts östlicher Bundesländer. Und da ist die SPD doch eher in der Lage zu begreifen, daß der historische Vorgang des Wechsels von der Plan- zur Marktwirtschaft nicht von alleine passiert. Der Staat muß – paradox formuliert – den Übergang von der Planwirtschaft zur Marktwirtschaft planen. Das in Politik umzusetzen ist die Sozialdemokratie besser in der Lage, weil wir an die Heiligkeit der Marktkräfte nicht glauben. Wir müssen makroökonomische, soziale und ökologische, im Grunde humane politische Gesichtspunkte zum Zuge bringen, um diesen Transformationsprozeß organisieren zu können.

Das würde Kohl sicher nicht so schön formulieren. Wenn er sich aber unter dem Druck der sozialen Probleme bereits auf diesen insgeheim sozialdemokratischen Weg begeben hat, dann ist ja alles in Ordnung?

Nun, ich kann ja erst mal als Sozialdemokrat nicht beklagen, wenn eine Regierung, die das bisher immer kritisiert und lächerlich gemacht hat, sich jetzt gezwungen sieht, unsere Forderungen zu übernehmen. Insofern sind wir ja, wenn man so will, in einer schwierigen Situation: Wir erleben – in Grenzen zumindest – eine Sozialdemokratisierung der Regierungspolitik. Wir wollen natürlich keine Alternativen zu den sozialdemokratischen Elementen der Regierungspolitik formulieren. Dennoch gibt es hinreichende Unterschiede: Die Steuererhöhungspläne sind sozial unausgewogen, die Steuernachlässe für Vermögende zerstören zudem das Klima des Teilens. Die SPD hält außerdem daran fest, daß es keine Lösung der Investitionsprobleme im Osten Deutschlands gibt, wenn die Eigentumsproblematik nicht wirklich überzeugend geklärt wird. Es hilft nur die Umkehrung des Prinzips Entschädigung vor Rückgabe, was ja die Rückgabe in allen Fällen, wo Rückgabe möglich ist, einschließt. Im Grundgesetz ist die Sozialverpflichtung des Eigentums ebenso verankert wie die Möglichkeit von Enteignungen im gesamtgesellschaftlichen Interesse. Die Rettung des Industriestandortes östliche Länder ist ein solches Interesse, vor dem auch die bornierte Eigentumsideologie der Konservativen und Liberalen überwunden werden müßte. Die Brutalität der Fakten wird dazu führen, daß auch in diesem Punkt die Bundesregierung in einem halben Jahr den Sozialdemokraten recht gibt, aber auch dann wieder so tun wird, als hätt' sie's selber entdeckt.

Damit die Sozialdemokraten nicht immer nur zuschauen müssen, wie die Regierung oppositionelle Forderungen in Politik umsetzt, würde sich ja dann doch die große Koalition anbieten?

Ich sehe zum gegenwärtigen Zeitpunkt keinen Anlaß für eine große Koalition. Es kann aber durch die massive Zunahme der sozialen und politischen Konflikte eine Situation eintreten, in der man auch über diese Möglichkeit nachdenken muß. Gegen diese Option spricht jedoch, daß die SPD – auch um der Demokratie willen – die Verpflichtung hat, Sprecher und Interessenvertreter derjenigen zu sein, die die problematische Seite der deutschen Einigung erfahren. Es wäre furchtbar, wenn es auf der einen Seite eine große Koalition gäbe und auf der anderen die Schar der Verzweifelten, die sich in keiner der beiden Parteien wiedererkennen würde. In diesem Sinne plädiere ich nicht für eine große Koalition, aber doch für die Wiederbelebung solcher positiver Instrumente wie – ostdeutsch gesprochen – der Runde Tisch oder – westdeutsch gesprochen – die konzertierte Aktion. Es kann doch beispielsweise sinnvoll sein, daß die gesellschaftlich relevanten Kräfte gemeinsam beraten, welche großen Betriebe unseres Landes wir für strukturbestimmend halten, welche wir auch unter schwierigen betriebswirtschaftlichen Bedingungen erhalten oder welche wir aufgeben müssen. Das ist nicht das Plädoyer für eine große Koalition, aber doch das Plädoyer für den Versuch, in diesen zentralen Fragen einen Konsens zu finden und die Grundentscheidungen der deutschen Einigung den Privatinteressen eines Kanzlers oder einer regierenden Partei zu entziehen. Wir haben damit im vergangenen Jahr sehr schlechte Erfahrungen gemacht.

Trägt nicht auch die SPD ein gehöriges Maß an Mitverantwortung für die Fehler, die im Jahr der Einheit gemacht wurden?

Es ist das Schicksal der Sozialdemokraten, sich schlechter als andere aus der Verantwortung ziehen zu können. Das gilt auch konkret für das vergangene Jahr. Die SPD, insbesondere Oskar Lafontaine, hat jedoch vieles von dem vorhergesagt, was jetzt eingetreten ist. Das entlastet nicht von Mitverantwortung. Aber ich glaube auch heute noch, daß es mit dem 9. November 1989 keine wirkliche politische und ökonomische Alternative zur Wirtschafts-, Währungs- und Sozialunion gegeben hat: Es gab einen unerhörten Druck der Bevölkerung. Es gab Monat für Monat eine stärkere Einsicht in die Krisenhaftigkeit der DDR-Wirtschaft und die Gefahr des Zusammenbruchs. Vor diesem Hintergrund erschien die Währungsunion ja wirklich wie eine Fluchtburg, in die man sich retten wollte. Die Alternativen 1990 beginnen jenseits dieser Grundsatzentscheidung. Es scheint zudem, als sei das Jahr 1990 so etwas wie eine welthistorische Luke gewesen, die für die Herstellung der staatlichen Einheit zu nutzen richtig war.

Was diese Erklärung unterschlägt, ist die Tatsache, daß es innerhalb der Regierungsparteien ein klares politisches Kalkül gab, den Erwartungsdruck der Bevölkerung bewußt zu verstärken, um damit den Einigungskurs der Regierung zur alternativlosen Strategie zu erheben. Die SPD hat sich nicht getraut, dem etwas entgegenzusetzen. Der einzige prominente Politiker, der sich in dieser Frage anders verhalten hat, war Oskar Lafontaine, der genau deshalb in der SPD höchst umstritten war.

Ob die Beschleunigung ein Fehler war, läßt sich im nachhinein nicht mehr beweisen. Das ist die schwierige Situation in der Debatte um das Jahr 1990. Zudem relativiert der Blick nach Polen oder Ungarn die Sicherheit, mit der man heute behaupten kann, der langsamere Weg wäre der bessere gewesen. Die gegenwärtige Krise hat im übrigen mindestens drei Ursachen: die vierzigjährige Vorgeschichte und das marode ökonomische System, das sie uns hinterlassen hat. Zweitens, das Tempo der Umstellung, die Beschleunigung, die vorgenommen wurde, vorrangig aus politischen Gründen, und drittens, die wirtschaftspolitischen Fehler der Bundesregierung, wobei die mittlere Ursache die am schwersten zu bewertende ist, weil es voraussetzt: Aus ökonomischen Gründen hätte es eine politische Alternative geben müssen, von der ich denke, daß es sie faktisch nicht gegeben hat. Ein langfristiger Weg wäre wahrscheinlich ähnlich opferreich verlaufen.

Sie haben es begrüßt, daß die Menschen im Osten, als Reaktion auf die Krise, jetzt wieder auf die Straße gehen. Warum?

Ich beobachte, daß Arbeitslosigkeit – und selbst die Angst davor – entsolidarisiert. Man hat Angst um seinen eigenen Arbeitsplatz und nicht um den seines Nachbarn. Man wird zurückgeworfen auf sich selbst. Es entsteht eine nach innen gerichtete Aggressivität, die in Resignation, aber auch in blinde Aggression umschlagen kann. Deswegen ist es wichtig, daß die Menschen nach draußen gehen und demonstrieren: wir haben das gleiche Schicksal; daß sie öffentlich ihre Probleme artikulieren, daß sie solidarisch sind miteinander, anknüpfen an die positive Erfahrung des Herbstes 1989 und ihre individuelle Situation wenigstens in Grenzen politisierbar machen. Es ist ungeheuer wichtig, daß die Menschen nach einer 40jährigen Entpolitisierungs- und Lähmungsgeschichte, und nach einer einjährigen Geschichte, die das alles noch mal zu wiederholen scheint, neu lernen, daß wir unsere Erwartungen nicht nur nach außen und nach oben richten dürfen. Die Menschen müssen lernen sich zu wehren und ihren Forderungen eine politische Qualität zu geben.

Ist das nicht eher eine Wunschperspektive? Die aktuellen Demonstrationen sind äußerst polarisiert und lassen kaum Raum für Differenzierung – ein ideales Feld für Demagogen.

Ich teile diese Befürchtung. Ich war sehr betroffen, wie wütend und aggressiv die Stimmungslage auf der Montagsdemonstration war, an der ich teilgenommen habe, wie sehr man gewillt war zu personalisieren, Schuldige zu benennen und Differenzierungen nicht zuzulassen. Ich fürchte sehr, daß angesichts der verzweifelten Situation die großen Vereinfacher – seien es Linksradikale oder Rechtsradikale – Echo finden könnten. Es ist eine für die Demokratie und die Rechtsstaatlichkeit höchst gefährliche Situation und es ist mein Wunsch, daß wir, vielleicht als einzige positive Folge dieser Verbrechenstat, dem Mord an Detlev Rohwedder, begreifen, daß Gewalt keine Lösung für gesellschaftliche Konflikte sein kann. Ich bin aber auch entschieden dafür, wirklich zu unterscheiden zwischen der öffentlichen Artikulation von Protest und der Anwendung von Gewalt. Es wäre zu billig und zu demagogisch, einen Zusammenhang zwischen den Kundgebungen in Leipzig und dem Attentat herzustellen. Das wäre verheerend.

Glaubt man den Prognosen, dann wird der Niedergang in den neuen Ländern mindestens noch zwei bis drei Jahre anhalten. Für viele Verlierer der Einheit liegt es nahe, das neue politische System mit der katastrophalen ökonomischen Situation zu identifizieren. Hat die parlamentarische Demokratie im Osten überhaupt eine Chance?

Wenn die Demokratie so daher kommt, daß sie eine Welle von Arbeitslosigkeit vor sich herschiebt, eine Welle von Miet- und Preissteigerung, dann hat die Demokratie zumindest mit großen Widerständen zu kämpfen, dann hat sie zunächst sehr geringe Chancen. Entscheidend wird sein, ob schon bald Hoffnungszeichen zu sehen sind, daß die Menschen erfahren: Es gibt nicht nur Niedergänge, sondern auch Anfänge. Die Menschen müssen auch erfahren, daß mit dem Umbruch ihre bisherigen Biographien nicht einfach auch vernichtet werden. Derzeit werden ja nicht nur Arbeitsplätze, sondern – durch eine bestimmte Art des politischen Umgangs miteinander – ganze biographische Zusammenhänge entwertet und zerstört. Doch die im Westen haben nicht nur Heldengeschichten und wir nicht nur Schurkengeschichten hinter uns. Daß den Menschen die Chance gelassen wird, das zu erfahren, ist wichtig für das individuelle Überleben, das wird mitentscheiden darüber, ob die Menschen für die Demokratie gerettet werden.

Es scheint, als stünden sich die beiden Gesellschaften heute polarisierter gegenüber als während ihrer vierzigjährigen Trennung.

Die Mauer hat viele Unterschiede verdeckt. Jetzt sehen wir, wie unterschiedlich wir sind, und zudem gibt es ökonomisch und sozial weitere Spaltungsvorgänge. Ich glaube, daß die Einigung als menschliches, kulturelles, soziales Zusammenwachsen ein Prozeß von zehn bis zwanzig Jahren sein wird, der in den unterschiedlichsten gesellschaftlichen Bereichen sicher unterschiedlich lange dauern wird. Ich hoffe, daß es ökonomisch schneller geht. Aber es wird ganz viele Menschen geben, die bis an ihr Lebensende DDR-Bürger sein werden. Wir können das ohne Beschämung sagen, weil wir damit nicht nur etwas Graues, Häßliches oder Erniedrigendes verbinden, sondern nach wie vor auch individuell vertretbare Biographien und Lebenszusammenhänge. Ich plädiere sehr dafür, daß wir nicht alles vergessen, verlernen oder drangeben, was uns im früheren Leben, häufig gegen den Systemzusammenhang, der DDR hieß, wichtig war.

die tageszeitung, 10.4.1991. (Das Gespräch führte Matthias Geis.)

Eine unausweichliche Debatte, die erst begonnen hat und die wir zu führen haben: »Sozialismus« – was war das, was wird daraus –; was wird aus dem Begriff, der Sache, der Idee, dem Traum, den Idealen, die mit dem Wort »Sozialismus« bezeichnet, die mit dem Begriff verbunden waren, aber nicht bleiben müssen – oder doch?

Oktober 1917 – November 1989: Sozialismus zwischen Diktatur und Emanzipation

Forum der Historischen Kommission in Bonn, 18./19. April 1991

Meine Damen und Herren,

ich möchte meinen Schlußvortrag zu dieser bemerkenswerten Tagung der Historischen Kommission der SPD, für deren Vorbereitung und Durchführung ich den Verantwortlichen ausdrücklich danken möchte, mit einer scheinbar wahllos herausgegriffenen tagespolitischen Meldung beginnen. Geht es doch, wie die Tagung bis jetzt bereits ausreichend zu illustrieren vermochte, um das Unentwirrbare, das Miteinander-Verwoben-Sein, was die Geschichte der Deutschen und der Russen (und ich muß gleich hinzufügen: auch der anderen Völker der Sowjetunion) in diesem Jahrhundert ausmacht.

Ich möchte Ihre Aufmerksamkeit auf die Meldung lenken, daß das georgische Parlament, der dortige Oberste Sowjet, vor knapp einer Woche einen eigenen Staats- bzw. Republikpräsidenten gewählt hat, und zwar mit dem bemerkenswerten Ergebnis einer einstimmigen Wahl. Das heißt, auch die georgischen Kommunisten, gleichgültig ob mehr oder weniger an Moskau orientiert, haben diesem Akt ihre Stimme nicht versagt und sind den georgischen Nationalisten auf dem Weg des Versuchs einer »baltischen Lösung« gefolgt.

Dieses für Georgien historische Datum aus dem Frühjahr 1991 weist uns genau 70 Jahre zurück. Während das Stichwort »Matrosenaufstand Kronstadt« im März 1921 für viele bis in die 70er, 80er Jahre hinein mit konkreten Erinnerungen verknüpft blieb und ein vertrautes revolutionsgeschichtliches Datum darstellt, ist ein anderes bedeutsames Ereignis aus dem Monat zuvor aus dem kollektiven Gedächtnis auch der westeuropäischen Linken verschwunden gewesen: die militärische Okkupation des menschewistisch, d. h. sozialdemokratisch regierten unabhängigen Georgien, das von dem von Lenin propagierten Lostrennungsrecht von der alten Zentralmacht Rußland Gebrauch gemacht hatte. Von der Roten Armee besetzt, wurde Georgien später in den Nationalitätenbund der Sowjetunion eingegliedert.

Warum erzähle ich diese Geschichte? Nun, sie ist, bezogen auf den aktuellen Anlaß wie den historischen Bezug, so zufällig wie zugleich typisch. Wir können einmal feststellen, daß aktuelle Probleme der Sowjetunion, hier in der Nationalitätenfrage, in vielen Fällen bis in die Frühgeschichte des jungen Sowjetrußland zurückreichen. In diesen Jahren wurden Weichen gestellt für Problemkonstellationen, die bis heute nicht abgearbeitet sind. Und sie sind in den meisten Fällen verwoben mit der Entwicklung in Deutschland, mindestens aber seiner Sozialdemokratie, als deren Vertreter ich ja heute zu Ihnen spreche. Sie werden es also verstehen, wenn ich auf diese besonderen Beziehungen einen Schwerpunkt meiner Ausführungen lege.

Zurück zu dem eingangs gewählten Beispiel.

Manch einer von Ihnen, und es sind ja ohne Zweifel einige Expertinnen und Experten anwesend, wird sicherlich wissen, daß es gerade die Schriften Karl Kautskys waren, des Mannes, der nach dem Tode von Friedrich Engels zur unbestrittenen theoretischen Leitfigur der Internationale aufstieg, aus denen die russischen Sozialisten bis hin zu Lenin ihren Marxismus lernten. Und natürlich wissen die meisten auch, daß Karl Kautsky die Oktoberrevolution von Anbeginn an äußerst kritisch kommentierte, wovon eine ganze Reihe von Streitschriften und Kontroversen mit Lenin, Radek, Trotzki und anderen Bolschewisten Zeugnis ablegen. Aber vielleicht nur wenigen unter Ihnen dürfte bekannt sein, daß Kautskys endgültiger Bruch mit dem bolschewistischen Experiment vom Frühjahr 1921 datiert, nämlich auf die Okkupation des von seinen menschewistischen Freunden und Genossen regierten Georgien durch die Rote Armee Sowjetrußlands zurückzuführen ist. Kautsky hatte Georgien wenige Wochen zuvor mit einer Delegation der Sozialistischen Arbeiter-Internationale bereist und war voller Optimismus zurückgekehrt. Den militärischen Überfall, für den der Georgier Djugaschwili, genannt Stalin, mit-, wenn nicht hauptverantwortlich zeichnete, konnte Kautsky auch dem bereits von schwerer Krankheit gezeichneten Lenin nicht verzeihen. Ab jetzt gab es für ihn (und große Teile der deutschen Sozialdemokratie) *keinerlei* Gemeinsamkeiten mehr mit der herrschenden Partei in Sowjetrußland. Lenin und die Bolschewiki waren für ihn nun Reaktionäre, die größten Feinde der russischen Revolution geworden.

Versuchen wir den Bogen zu unserem Thema zu spannen:

Natürlich war der Sozialismus bzw. die, die ihm im alten russischen Reich zum Duchbruch verhelfen wollten, mit der Losung der Emanzipation auf der Fahne angetreten. Gerade Lenin hatte das Selbstbestimmungsrecht der Völker und Nationen proklamiert, in diesem Punkt einmal eher zu Unrecht von Rosa Luxemburg kritisiert. Aber bereits vier Jahre später obsiegte großrussische Realpolitik über emanzipatorische Grundsätze. Ich möchte hier kurz innehalten, weil ich denke, daß wir es an dieser Stelle mit einem Grundphänomen der Epoche zu tun haben, die von den Daten Oktober 1917 und November 1989 eingerahmt wird.

Die sozialistische Idee, solange sie nur Programm war, transportierte die unbefleckten Ideale der Menschlichkeit, der Solidarität, der Freiheit, der Gerechtigkeit, der gesellschaftlichen Gleichheit und eben auch des Selbstbestimmungsrechts der Völker. Sie war nach dem Verblassen anderer Utopien zur Hoffnung schlechthin der Unterdrückten und Entrechteten geworden. Eine Hoffnung, die stark war, solange sie unschuldig war, ja, die so stark war, daß sie eine lange Zeitlang viele blind machte für eine schuldige Praxis. Denn dies ist eine Grunderfahrung unseres Jahrhunderts: Die sozialistische Theorie verliert sehr schnell ihre Unschuld, sobald es an ihre Verwirklichung geht, sobald die Praxis in den Vordergrund rückt.

Immer wieder stehen wir vor dem gleichen Phänomen: Kampf mit wirklichen oder vermeintlichen Feinden innen wie außen und Rechtfertigung aller Untaten, Abweichungen und Verletzungen der Idee durch diesen Kampf. Am schrecklichsten sichtbar ist dieses Umschlagen eines sozialistischen Anfanges in Terror gleich beim ersten Versuch, der russischen Revolution, mit ihrem grausamen, mehrere Jahre dauernden, Hunderttausende von Menschenopfern fordernden Bürgerkrieg, begleitet von einer ganzen Reihe von ausländischen militärischen Interventionen, bis zum Millionen Menschenopfer fordernden Krieg Stalins gegen die eigene Bevölkerung.

Zur Rechtfertigung der falschen, der blutigen Praxis wird diese Praxis der Kritik durch die sozialistische Idee und Utopie entzogen, indem diese Idee umgebogen wird, die sozialistische Theorie zur marxistisch-leninistischen Legitimationswissenschaft domestiziert wird. Die Sozialisten an der Macht, nehmen wir als Beispiel nochmals die russischen Bolschewiki, machen gewissermaßen aus der Not eine Tugend. Der Bürgerkrieg wird ganz im Gegensatz zum wenige Jahre zuvor propagierten Lostrennungsrecht vom zaristischen Reich zur Rechtfertigung für die Suspendierung des Selbstbestimmungsrechts der Völker, ja, er wird sogar selbst zum unvermeidlichen Element der sozialistischen Transformation erklärt. Es ist wohl mehr als die Ironie der Geschichte, daß 1921 in Georgien wie später in Ungarn, der CSSR oder Afghanistan ein inszenierter

Kommunistenputsch mit anschließendem Hilfsersuchen am Anfang steht.

Ähnlich verhält es sich in der Frage der Demokratie. Da die Bolschewiki die Wahlen zur konstituierenden Nationalversammlung verlieren, treiben sie das Parlament auseinander und proklamieren eine »neue« Demokratie. Die Marxsche Formel von der sogenannten Diktatur des Proletariats, in seinem Verständnis einer die Mehrheit der Gesellschaft repräsentierenden Klasse, für Friedrich Engels deshalb gleichbedeutend mit dem Begriff der demokratischen Republik, wird nun in die Formel von der Diktatur des Proletariats als Diktatur der Kommunistischen Partei umgegossen. Der Weg in die Erziehungsdiktatur, in der eine Elite stellvertretend *für* die Masse handelt, ist damit vorprogrammiert.

Wir haben dies in der DDR buchstäblich am eigenen Leibe gespürt und erfahren. Bertold Brecht, der sich ja durchaus zu Partei und Staat der früheren DDR bekannte, hat diesen Zusammenhang für die DDR des Jahres 1953 in einem erst kürzlich veröffentlichten Vorwort zu »Turandot« so formuliert:

»Überall wurden Fehler gemacht, Menschen geschädigt oder gekränkt, kostspielige Umwege oder kostspielige kürzeste Wege begangen, immer wieder wurde überzeugt ... was nun an Maßnahmen des Wiederaufbaues ins Werk gesetzt wurde, wurde *für* den Großteil der Bevölkerung, aber nicht *durch* ihn unternommen.«

Das Ergebnis: Ein vormundschaftlicher Staat, der seine Bürger, uns, die Ostdeutschen, auch innerlich vormundschaftlich gemacht hat.

Und Rosa Luxemburg, die die Gefahr eines solchen Weges schon knapp 50 Jahre zuvor in Lenins zentralistischer, in der Tendenz undemokratischer Parteikonzeption angelegt gesehen hatte, hat das Grundübel der bolschewistischen Vorgehensweise im Spannungsfeld von sozialistischen Idealen und schwierigen Handlungsbedingungen bereits sehr präzise charakterisiert. Ihre erste Überlegung ist die (ich zitiere):

»Alles, was in Rußland vorgeht, ist begreiflich und eine unvermeidliche Kette von Ursachen und Wirkungen, deren Aus-

> gangspunkte und Schlußsteine: das Versagen des deutschen Proletariats und die Okkupation Rußlands durch den deutschen Imperialismus. Es hieße, von Lenin und Genossen Übermenschliches verlangen, wollte man ihnen auch noch zumuten, unter solchen Umständen die schönste Demokratie, die vorbildlichste Diktatur des Proletariats und eine blühende sozialistische Wirtschaft hervorzuzaubern.«

Ihre Haltung ist also durchaus von Verständnis für diese besonderen Bedingungen geprägt. Aber sie fügt hinzu:

> »Das Gefährliche beginnt dort, wo sie aus der Not die Tugend machen, ihre von diesen fatalen Bedingungen aufgezwungene Taktik nunmehr theoretisch in allen Stücken fixieren und dem internationalen Proletariat als das Muster der sozialistischen Taktik zur Nachahmung empfehlen wollen.«

Wir haben es also eigentlich mit zwei Phänomenen zu tun: Erstens: dem Spannungsfeld von »reiner« sozialistischer Theorie und beginnender regierungsamtlicher Praxis, in der die Theorie schnell ihre Unschuld verliert, und zweitens: den unmittelbaren Rückwirkungen dieser Praxis auf die Theorie, deren Anpassung an die Resultate dieser Praxis. Rosa Luxemburgs Art, damit umzugehen, habe ich kurz angedeutet. Viele Deutungs- und Beurteilungsmuster haben sich bis heute erhalten, wie sich anhand der damaligen sozialdemokratischen Diskussion mit wenigen Strichen illustrieren läßt.

Etwas vergröbert begegnen uns im wesentlichen drei Positionen. Für die eine steht etwa Karl Kautsky, der immer mehr dazu übergeht, die Entwicklungsschritte Sowjetrußlands ausschließlich an der reinen Theorie und an den sozialistischen Idealen zu messen, also etwaige besondere Bedingungen auszuklammern, und der dementsprechend zu vernichtenden Urteilen kommt. Den Kontrapart bietet der äußerste linke Flügel der USPD, der sehr bald in der jungen KPD aufgeht. Er tritt für eine bedingungslose Nachahmung, für ein Sowjetdeutschland nach russischem Muster ein. Und dazwischen sind alle diejenigen zu finden, die wie Rosa Luxemburg Verständnis für die besonderen und schwierigen Bedingungen entwickeln, die eine mehr, der andere weniger, die aber darauf beharren, diese Bedingungen nun nicht zu verabsolutieren, sondern auf einem eigenen und damit anderen Weg zum Sozialismus bestehen. Hier beginnt im übrigen, dies nur am Rande, wohl begrifflich erstmals von dem Österreicher, dem Austromarxisten Max Adler geprägt, die Debatte um den sogenannten »dritten Weg«.

Ich will diese unterschiedlichen Herangehensweisen nicht im einzelnen bewerten, mußten sie doch zudem noch vergröbernd, schematisierend dargestellt werden. Nur können wir leicht feststellen, daß diese Bewertungsmuster sehr lange ihre Gültigkeit hatten, wenn sie sie nicht bis heute haben. Wir in der ehemaligen DDR hatten insbesondere unter denjenigen zu leiden, für die mit der Oktoberrevolution und der Gründung der DDR zwei Daten eines positiven, in ihrem Sinne sozialistischen Anfangs gesetzt waren, die jeden weiteren Schritt, den Stalinismus und den Poststalinismus eingeschlossen, rechtfertigten und sei es auch nur als unvermeidliches Durchgangsstadium. Von den Anfängen des sozialistischen Aufbruches blieb dann nur der »vormundschaftliche Staat« übrig, wie das Rolf Henrich genannt hat, begleitet von nackter Apologie in Politik und Wissenschaft.

Mir geht es darum, zu zeigen, daß wir, wenn wir uns die Verwirklichungsgeschichte des Sozialismus bzw. die Geschichte seiner Verwirklichungsversuche anschauen, ein zunächst unentwirrbar erscheinendes Knäuel von ethischen, theoretischen, historischen und politisch-praktischen Fragestellungen vor uns haben. Nur wenn es gelingt, sie, und sei es nur in Ansätzen, zu entwirren, werden wir klarere Antworten auf die Frage finden, was alles mit dem sogenannten »realen Sozialismus« unwiderruflich zu Ende gegangen ist. Ist es die Idee des Sozialismus in ihrer Gesamtheit? Viele konservative Betrachter beurteilen es so, mit ihnen eine Reihe von Linken oder ehemaligen Linken. Auch der, der diese Antwort nicht gibt, muß sich dem Problem stellen, wobei manchmal bereits das Sortieren der Fragestellungen ein Stück weiterhilft. Vielleicht auch nur, um die Haltlosigkeit mancher allzu schneller Antworten zu offenbaren.

Bevor ich auf dieses Sortieren von Fragestellungen zurückkomme, möchte ich mich der Themenstellung nochmals, diesmal aber aus der anderen Perspektive nähern, der des November 1989. Wer wollte bestreiten, daß dieses Datum auch im welthistorischen Maßstab das Ende des sogenannten »realen Sozialismus« als System markiert? Ich sage dies, ohne mich dabei als Prophet für das aufspielen zu wollen, was der Sowjetunion oder der Volksrepublik China als Zukunft bevorsteht. Gleichgültig, ob sie »Sozialistisches« in ihren Gesellschaftsverfassungen erhalten werden: der »reale Sozialismus« als Modell einer weltumspannenden Gegenmacht, der zweiten gegen die erste Welt, ist tot. Leicht läßt sich dies auch für seine kanonisierte Legitimationswissenschaft sagen, den Marxismus-Leninismus. Aber gilt es für ihre beiden Bestandteile, den Marxismus und den Leninismus? Gut, wenn wir alle Ismen aus unserem Denken zu verbannen vermögen, und dafür mag sogar einiges sprechen, fällt die Antwort leicht. Gleichwohl sind wir dann bei der Frage, was von Marx oder Lenin bleibt. Aus sozialdemokratischer Sicht ist Lenin in vielfacher Hinsicht zu Recht kritisiert worden. Und Marx? Hatte er nicht als Alternative zur alten bürgerlichen Gesellschaft eine Assoziation beschrieben, »worin die freie Entwicklung eines jeden die Bedingung für die freie Entwicklung aller ist«? Hatte er nicht »die Erkämpfung der Demokratie« als den ersten Schritt in der Arbeiterrevolution bezeichnet?

Meine Fragen und die darin enthaltenen Zitate veranschaulichen, daß es beileibe zu einfach wäre, Marx oder Kautsky oder Bernstein, eben jedweden Sozialismus mit dem November 1989 für erledigt zu erklären. Denn natürlich waren die oppositionellen Bewegungen in der Ex-DDR zunächst solche, die das uneingelöste Versprechen der Demokratie einforderten, die endlich die jahrzehntelange Bevormundung in den verschiedenen gesellschaftlichen Sektoren abstreifen wollten. Es werden sich die wenigsten daran erinnern wollen, aber es war so, daß die unterschiedlichen Bürgerbewegungen und Oppositionsgruppen in der DDR alle die

Forderung nach einem demokratischen Sozialismus in ihren Programmen formuliert hatten. Mit Recht galten sie als die eigentlichen Träger der Revolution in der DDR, wurden damals dafür beklatscht, während heute niemand mehr etwas von ihnen wissen will. Demonstrationen im Herbst 1989 waren der Ausdruck des Volkswillens, Demonstrationen im Frühjahr 1991 sind das Werkzeug hetzender Demagogen, so sieht es die amtliche Politik der Bundesrepublik heute.

Also, wenn die einen aus konservativer Sicht in diesem Prozeß nichts als die Beendigung von Sozialismus sehen, wenn auf der anderen Seite Teile der Linken nur kapitalistische Restauration wahrnehmen wollen, so ist gegenüber beiden darauf zu beharren, daß es sich zunächst und zuallererst um einen Prozeß der Befreiung handelte, um die Erkämpfung der Demokratie, um die Möglichkeit der Selbstbestimmung in den unterschiedlichen Feldern. Dies ging nicht mit dem alten System, sondern nur gegen dieses System. Und das Danach? Spielt sich nicht vor unseren Augen gerade die Umkehrung, die erneute Enteignung der Menschen von ihren Artikulations- und Entfaltungsrechten ab? Sollen sie nicht als Lehrlinge der Marktwirtschaft ihre Ansprüche zurückstellen und den Bonner Profis das Regieren und Managen überlassen? Immer mehr Menschen empfinden in tiefer Enttäuschung, in lähmender Resignation, die nur allzuleicht in Aggression umschlagen kann, daß sie wieder das sind, was sie 40 Jahre lang waren: Objekt von Politik, Objekt von Entscheidungen anderer. Befreiung von realsozialistischer Diktatur ja, aber hat die wirkliche Emanzipation schon begonnen? Wer wollte die Gefahr solcher Enttäuschung, solcher neuerlicher Objekt-Erfahrung für die beginnende, die gemeinsame deutsche Demokratie leugnen! Aber so wenig das bloße Lamentieren darüber nützt, so wenig darf man die Augen davor verschließen, daß das SED-Regime politisch *und* ökonomisch ein Vakuum, ein Torso oder welches Bild man auch immer nehmen will, hinterlassen hatte, wo der gute Wille für einen anderen, einen dritten Weg, eine eigenständige Entwicklung nicht mehr ausreichte. Die Menschen wollten die deutsche Einheit, und für einen wirtschaftlichen Wiederaufbau bietet sie allemal die besseren Chancen. Ich betone: Chancen, möchte also die augenblicklichen Prozesse des Zusammenbruchs keinesfalls beschönigen.

Im übrigen sind die Triumphatoren der reinen Marktwirtschaft schon wieder etwas stiller geworden, von dem unglaublich ignoranten Gutachten der sogenannten fünf Weisen einmal abgesehen. Es erweist sich doch gerade am Beispiel der neuen Länder, daß der Markt keineswegs alleine alles regelt; daß die Marktwirtschaft nicht von sich aus sozial oder ökologisch ist, daß wir eine eingreifende, planende öffentliche Struktur- und Industriepolitik brauchen, daß ohne die Schaffung einer gemischten Wirtschaftsstruktur ein Vorankommen nicht möglich ist. (Interessanterweise spricht etwa auch das »Handelsblatt« bereits von einer Sozialdemokratisierung der Wirtschaftspolitik der Bundesregierung.)

Mit letzterem Gesichtspunkt bin ich erneut dort angelangt, wo es um das Entwickeln von Fragestellungen geht, die es uns künftig erlauben könnten, genauere Schlüsse und Lehren aus der Epoche zwischen 1917 und 1989 zu ziehen. Denn schließlich sollte sich, so die Theoretiker von Marx über Lenin bis Bernstein, der Sozialismus gerade in der Ökonomie dem Kapitalismus als überlegen erweisen. Natürlich gab es im »realen Sozialismus« keine Wirtschaftsdemokratie. Aber reicht das als Erklärung aus? Muß da nicht neu nachgedacht werden, wenn die tagtäglich zu erlebenden Zerstörungen am Menschen wie in der Natur, die der Kapitalismus hervorbringt, auch nicht der Geschichte letztes Wort sein können?

Ich plädiere also für die Weiterarbeit an der kritischen Analyse beider Modelle: des Scheiterns des realen Sozialismus und des eben nicht folgenlosen Erfolges des realen Kapitalismus. Wir sollten uns dabei vor Schwarz/Weiß-Malerei hüten, den Blick für Differenzierungen nicht verlieren. Ich will das am Beispiel dessen verdeutlichen, was Peter Bender unter dem Begriff des Fürsorgestaates, den er als sozialen Ausgleich für Polizeistaat und Erziehungsdiktatur faßt, als Charakteristika der ehemaligen DDR nennt. Bender schreibt:

> Der Fürsorgestaat »... bestimmte, was die Leute zu tun hatten, aber sorgte auch für sie. Er beschränkte die Berufswahl, aber garantierte den Arbeitsplatz. Er hielt die Einkommen gering, aber auch die Kosten für Elementarbedürfnisse, Grundnahrungsmittel, Mieten, Bahn, Bus und Post. Er ließ, von relativ wenigen Privilegierten abgesehen, niemanden große Sprünge machen, aber auch niemanden in Existenznot geraten. Er zahlte kleine Renten, besonders kümmerliche Mindestrenten, aber die Gesundheitsversorgung war umsonst... Der Staat brauchte die Arbeitskraft der Frauen, aber er bot ihnen auch Hilfen, von den Kinderkrippen bis zum Babyjahr. Er unterwarf das Hochschulstudium ideologischer Einschränkung und in manchen Fächern ideologischer Entstellung, aber ließ jeden umsonst studieren und gab Arbeiter- und Bauernkindern Bildungsmöglichkeiten, die sie in der Bundesrepublik nicht bekommen hätten. Er schränkte Kunst und Künstler ein, nahm manchen die Luft zum Atmen und Arbeiten, aber wirkte zugleich als Mäzen.«

Nochmals: Nur wenn wir uns diesen Blickwinkel bewahren, der die Differenzierung ermöglicht, werden die 40 Jahre für die Menschen der ehemaligen DDR nicht zu etwas verkommen, was nur noch aus Vertanem und Vergeblichem besteht.

Ich komme zu meinen Fragen zurück. Der Eingangsteil meines Beitrages dürfte deutlich gemacht haben, daß ich eine Aufarbeitung für notwendig erachte, in der herausgefiltert und unterschieden wird, welche Deformationen im einzelnen den besonderen russischen Bedingungen, dem dort eingeschlagenen Weg, den nach 1945 zwangsweise auch die DDR und andere Staaten gehen mußten, geschuldet und welche auf Irrtümern und Fehleinschätzungen der sozialistischen Theorie zurückzuführen sind. Vielleicht sollte man letztere gleich als Deformation der sozialistischen Theorie selbst benennen. Diese Unterscheidung wird oft nicht leicht fallen, manchmal überhaupt nicht möglich sein, weil beides ineinander verwoben ist. Gleichwohl wird uns diese Arbeit nicht erspart bleiben, die Arbeit nämlich, mit schonungsloser Konsequenz nach dem systematischen Zusammenhang von sozialistischer Theorie und realsozialistischer Praxis zu fragen.

Müssen wir nicht gerade die Verwirklichungsgeschichte des Sozialismus als Anlaß dafür nehmen, für das Problem der Demokratie, oder anders gefaßt, der Zivilgesellschaft, wie für den Bereich der Ökonomie das sich ständig neu reproduzierende Problem des Zentralismus zu untersuchen, es zurückzuverfolgen bis zu den sogenannten »Klassikern« der sozialistischen Theorie? Auch dabei plädiere ich für schonungs- und vorurteilslose Konsequenz, d. h. es darf weder, wie z. T. noch in der wissenschaftlichen Diskussion der UdSSR feststellbar, vor Lenin Halt gemacht werden, in gleicher Weise nicht vor Marx, und umgekehrt darf es, dies an die sozialdemokratische, die eigene Adresse gerichtet, keine Kanonisierung von Kautsky, Bernstein oder wer immer einem noch einfällt, geben.

Es sind im Zusammenhang mit der Notwendigkeit, das Scheitern des realen Sozialismus zu verarbeiten, eine ganze Palette von mehr globalen Vorschlägen entwickelt worden. Ich möchte mich noch mit zweien von ihnen beschäftigen.

Für viele Sozialisten, Sozialdemokraten, andere Linke ist der Begriff des Sozialismus nunmehr so diskreditiert, daß sie auf ihn verzichten wollen. Ich möchte sie um etwas mehr Langsamkeit bitten. Sollten wir nicht zunächst versuchen, eine Reihe der Fragen zu beantworten, die ich aufgeworfen habe, bevor wir einen solchen Schritt tun? Es gibt ein sehr praktisches Argument dafür. Kulturelle Hegemonie, um diesen Begriff Antonio Gramscis zu gebrauchen, stellt sich auch als eine Hegemonie über Begriffe her, die Identitäten stiften. Geben wir diesen Begriff verloren, wird es die Konservativen nicht daran hindern, ihn in ihrem Sinne ab- und umzuarbeiten.

Der zweite Vorschlag stammt von Heiner Müller. Er stellt die Erwägung an, ob sich die Sozialisten nicht in einen Mönchsorden zurückziehen sollten, um zwei, drei Generationen lang ihre besudelte Idee zu reinigen. Sicherlich ist ihm zuzustimmen: Die Idee ist besudelt. Aber kann es das geben, Sozialisten in einem Mönchsorden? Ist es nicht gerade die sich an der Wirklichkeit erprobende und damit letztlich umwälzende Praxis, die für den Sozialisten zum Maßstab für seine Theorie wird? Wenn das stimmt, dann kann es keine solche Pause geben. Es wäre absurd, wollten die Sozialisten und Sozialdemokraten hier den Konservativen alleine das Feld überlassen. In unserem eigenen und im Interesse der Menschen müssen wir uns einmischen. Wir brauchen nicht den neuen schnellen, großen Wurf, sondern wir müssen lernen, unbeantwortete, offene Fragen auszuhalten.

Lassen Sie mich diese Aufgabenstellung, so wie ich sie sehe, nochmals in einem Satz zusammenfassen:

Aus der historischen Erfahrung, die gerade wir aus Ostdeutschland und Osteuropa mit diesem gescheiterten System gemacht haben, in das auch unsere Biographien hineinverwoben sind, erwächst die Verpflichtung einer radikalen Selbstkritik der Theorie- und Praxisgeschichte des Sozialismus insgesamt.

Dies ist eine Aufgabe, die wir als Ostdeutsche in das einige Deutschland, als Osteuropäer in das gemeinsame Europa mitbringen. Ich denke aber, daß mit dem Scheitern des »realen Sozialismus« in Mißwirtschaft und Unterdrückung noch nicht die Idee der sozialen Gerechtigkeit und wirklicher, auch sozial gestützter Freiheit und Toleranz historisch erledigt ist. Es gibt noch so viel Ungerechtigkeit auf der Welt, daß der Traum von der Verbindung von Freiheit und sozialer Gerechtigkeit noch nicht ausgeträumt ist.

Lassen Sie es mich am Schluß sehr persönlich sagen: Weil auch ich diesen Traum noch nicht ausgeträumt habe, wie ich fast bestürzt nach diesen leidenschaftlichen 20 Monaten des Aufbruches und Umbruches und trotz des Jahres der deutschen Einheit feststellte – weil also auch mir noch nicht alles, was da vergangen ist, erledigt zu sein scheint, habe ich das Bedürfnis nach Vergewisserung, nach Vergewisserung darüber, was eigentlich gescheitert und zu Ende ist. Gescheitert ist der Sozialismus als »ein Zustand, der hergestellt werden soll...« (Marx); als ein System, das den Vielen zu ihrem Glück von den Wenigen aufgezwungen wurde; als ein System, dessen Charakteristika zentralistische Planwirtschaft und Parteiherrschaft, ausgeübt in lautem oder leisem Terror, waren.

Als Versuch, soziale Gerechtigkeit *ohne* Demokratie, *ohne* Freiheit zu schaffen, ist der Sozialismus hoffentlich endgültig gescheitert. Das Lehrgeld, das die Russen, die anderen Völker der Sowjetunion, Osteuropas und auch die Deutschen Ost für diesen Versuch bezahlt haben, ist wahrhaftig immens: Es ist hoffentlich nicht umsonst bezahlt! Die Lehre darf deshalb nicht vergessen werden bei den künftigen, auch weiterhin *notwendigen* Versuchen zur Emanzipation. Deshalb also bedarf es der Vergewisserung dessen, was aus der Geschichte, die noch nicht vergangen ist, zu lernen ist, was die wirklichen Lehren sind. Die richtigen, die hartnäckigen Fragen sind notwendig, nicht die allzuschnellen Antworten. Von diesen fixen Antworten gibt es viele, ich erwähne nur drei:

1. Dies war kein »wirklicher«, sondern nur »realer« Sozialismus. Ein intellektueller Einwand, mit dem man sich als Linker zwar auf kritischer Distanz zum Geschehenen halten kann, mit dem man es sich allerdings auch allzuleicht macht bei der notwendigen Trauerarbeit.
2. »Marx ist tot, Jesus lebt.« So wenig ich früher geglaubt habe, daß Jesus tot sei, so wenig bin ich jetzt sicher, daß Marx tot ist. Es wird sich erst erweisen müssen, wie tot der Marxsche Denkansatz wirklich ist und ob er nicht jetzt wieder, gewissermaßen zu kritischer Theorie neu befreit, lebendiger zu werden vermag.
3. Die Ausrufung des Endes von Utopien, gar ein Utopieverbot. In mir wehrt sich einiges dagegen. Mir scheint, daß die künftige Entwicklung des Sozialismus in zwei Richtungen verlaufen könnte. Zum einen als Rückverwandlung des Sozialismus von falscher, ideologisierter Wissenschaft (und Praxis) zur Utopie. Zum anderen nach dem Wegfall der Systemalternative zwischen West und Ost als erneuertes Interesse für die Alternativen in dem einen System selbst, im Kapitalismus, als der lebendige Prozeß der Suche nach und der schrittweisen Verwirklichung von mehr Gerechtigkeit, mehr Freiheit, mehr Demokratie, also als soziale Demokratie.

(Es gibt, glaube ich, ein untergründiges Aufeinander-Verwiesen-Sein beider Tendenzen: Utopie wird leer, bestenfalls ästhetisch, wenn sie gänzlich ohne soziale Praxis bleibt. Die Suche nach Alternativen erlahmt ohne den Überschuß des Utopischen übers Bestehende.) Es kann allerdings auch nichts gelernt werden aus erfahrener Geschichte! Die einen im östlichen Deutschland freiwillig oder erzwungen damit beschäftigt, sich bewußtlos von ihrer eigenen Vergangenheit heftig abzuwenden; die anderen im westlichen Deutschland beschäftigt voller guten Gewissens mit ihrem Weiter-so-wie-bisher: Auf diese doppelte Weise kann man die geschichtliche Verpflichtung und Chance zum lernenden Neuanfang verpassen. Ich fürchte es, ich hoffe es nicht.

Nur wenn die Bundesrepublik Deutschland (West) nicht als etwas Endgültiges, als etwas Fertiges betrachtet und verteidigt wird, haben wir hinzugekommenen Ostdeutschen die Chance, als politische Subjekte (und nicht bloß als Konsumenten) im gemeinsamen Deutschland anzukommen, also gestaltend mitwirken zu können. Das ist für manche eine Zumutung – angesichts des so bewährten Grundgesetzes. Eine wirkliche Verfassungsdebatte zielt allerdings notwendigerweise auf mehr als nur kosmetische Veränderungen. Sie müßte zwei unterschiedliche kollektive Erfahrungen aus den vergangenen vierzig Jahren zusammenzuführen versuchen in einer gemeinsamen politischen Kultur.

Ist das Grundgesetz schon die Antwort auf alle Fragen?

Rede zur Einsetzung eines Verfassungsausschusses in der Bundestagssitzung am 14. Mai 1991

Herr Präsident! Meine Damen und Herren! Vor zwei Wochen habe ich an einer Fernsehdiskussion über die Hauptstadtfrage teilgenommen. Nachdem die Kameras abgeschaltet waren, ging die Diskussion hitzig weiter. Ein bekannter westdeutscher Fernsehjournalist warf mir, nein, den Ossis überhaupt moralische Arroganz vor und sagte dann wörtlich: Wir Westdeutschen haben 40 Jahre lang alles richtig gemacht; es gibt keinen Anlaß, irgend etwas Grundsätzliches zu ändern. (Heribert Scharrenbroich [CDU/CSU]: Nennen Sie Roß und Reiter! – Weitere Zurufe von der CDU/CSU: Wer war das?) – Herr Herles. – Ich glaube, ich fürchte, diese Haltung, die sich in einer solchen Äußerung verrät, ist weniger heftig, weniger drastisch, durchaus verbreitet. Ich bin sicher, nachdem ich Herrn Scholz und Herrn Kleinert und auch Sie, Herr Schäuble, gehört habe.

Was hat diese Beobachtung mit unserem heutigen Thema zu tun? Es geht darum, ob wir begreifen, daß die deutsche Einigung die Chance und die Verpflichtung zur demokratischen Selbstprüfung, zur Vergewisserung enthält und zu einem Neuanfang. (Beifall bei der SPD und dem Bündnis 90/GRÜNE)

Das Grundgesetz ist in den vergangenen 40 Jahren zahllos häufig mehr oder minder kleinen oder größeren Änderungen unterworfen worden. Wann, wenn nicht jetzt aus Anlaß der deutschen staatlichen Einigung, wäre der Anlaß, grundsätzlich darüber nachzudenken, wie dieses Deutschland, dieses nunmehr neu vereinigte Deutschland, verfaßt sein soll, welche gemeinsamen und welche in 40 Jahren getrennten geschichtlichen Erfahrungen in die Wertegrundordnung des gemeinsamen Staates einfließen sollen. Denn eine Verfassung ist auch eine Fixierung von Werten, auf die man sich einigt. Wann, wenn nicht jetzt, muß aus dem provisorischen Grundgesetz eine Verfassung werden?

Ich will darüber reden, warum für uns, die Hinzugekommenen, eine wirklich umgreifende Verfassungsdiskussion von geradezu existentieller demokratischer Bedeutung ist. Vorweg: Ich empfinde es als durchaus zynisch, wenn aus der Tatsache, daß die staatliche Einigung nach Art. 23 des Grundgesetzes vollzogen worden ist, abgeleitet wird, wir hätten den Anspruch auf eine Verfassungsdiskussion eben durch diesen Weg verwirkt. (Beifall bei der SPD und dem Bündnis 90/GRÜNE) Gewiß, wir haben diesen Weg als den realistischsten Weg angesehen und beschritten, nicht zuletzt aus Einsicht in die eigene Schwäche, d. h. die ökonomische und damit politische Schwäche des damals noch real existierenden Staates DDR, zumal gemessen an der Stärke der damals noch existierenden BRD. Aber damit haben wir doch nicht den Wunsch und den Anspruch aufgegeben, unsere Erfahrungen und Vorstellungen in den gemeinsamen Staat und seine Verfassung einzubringen, damit und weil diese Verfassung dann kein provisorisches Grundgesetz mehr sein kann und soll. Deshalb sind die entsprechenden Passagen im Art. 5 des Einigungsvertrages vereinbart worden, an denen nicht nur Sie, Herr Schäuble, sondern auch ein paar Sozialdemokraten, Herta Däubler-Gmelin und Hans-Jochen Vogel, mitgewirkt haben.

»Wir sind das Volk«, das war der wichtigste Ruf der Demonstranten im Herbst 1989, zumindest in den Monaten September bis November. Er artikulierte die Entschlossenheit, endlich, nach 40, nach 60 Jahren demokratische Selbstbestimmung erreichen zu wollen. In der späteren Losung »Wir sind ein Volk« ist diese Entschlossenheit zwar eher versteckt, aber doch nicht gänzlich verlorengegangen. Sie hat nur einen neuen Adressaten erhalten, in dem verzweifelt hoffnungsvollen Ruf nach *gesamtdeutscher Solidarität.* Dieser Ruf sollte nicht nur mit materiellen, mit sozialen Hilfeleistungen, mit Geld beantwortet werden, was ich wahrhaftig nicht geringschätze, im Gegenteil.

Ohne materiellen, sozialen Ausgleich in Deutschland wird die Einheit mißlingen, aber sie wird auch mißlingen ohne politischen Ausgleich, ohne *politische Gleichberechtigung*. Das heißt, wir, die Bürger aus dem östlichen Deutschland, wollen die Chance haben, unsere Erfahrungen, unsere Verzweiflungen und Hoffnungen aus den letzten 40 Jahren mitzubringen, vor allem das, was wir selbst daraus an politischen, auch verfassungspolitischen Konsequenzen ziehen zu müssen meinen. (Beifall bei der SPD und dem Bündnis 90/GRÜNE) Wir wollen nicht mehr nur bedauert, bemitleidet, gelobt und schulterklopfend behandelt werden, sondern wir wollen endlich gehört werden, nicht als an etwas Fertiges, so unendlich Gelungenes Angeschlossene, sondern als Gleichberechtigte, denen nicht etwas, sei es das Grundgesetz, geschenkt wird, sondern die am Werk der deutschen Einheit mitarbeiten wollen. Das heißt, eben auch an seiner Grundlage, der Verfassung. (Beifall bei der SPD und dem Bündnis 90/GRÜNE)

Was bringen wir mit in eine Verfassungsdebatte? –

Erstens. Einen großen – und dies nenne ich ausdrücklich am Anfang – *Respekt vor dem Grundgesetz*. Aus der Erfahrung von Unfreiheit, von politischer Unterdrückung und Rechtlosigkeit wissen wir, wie unendlich wichtig die Sicherung individueller Grundrechte ist, wie wichtig die *Verankerung der Menschenrechte* in der Verfassung ist. Ob eine Gesellschaft letztlich auf Recht aufgebaut ist oder politischer Willkür gehorchen muß – diesen gravierenden Unterschied haben wir am eigenen Leibe zur Genüge erfahren. Wir müssen darüber – auch nicht von Herrn Scholz – nicht belehrt werden. (Beifall bei der SPD, dem Bündnis 90/GRÜNE und der PDS/Linke Liste)

Gerade deshalb haben wir ja ein so leidenschaftliches Interesse an Fragen der politischen Kultur, an Verfassungsfragen. Daß wir ehemaligen DDR-Deutschen unter das Dach des Grundgesetzes gekommen sind, halte ich keineswegs für ein Unglück, im Gegenteil. Aber ist das Grundgesetz, so wie es ist, schon die Antwort auf alle unsere Fragen? Ist unsere Erfahrung mit dieser Ankunft schon vollständig abgegolten?

Zweitens. Diese Frage gilt auch für das, was ich als zweites Mitbringsel nennen möchte, nämlich unsere Erfahrung eines leidenschaftlichen Aufbruchs im Jahre 1989, einer Selbstbefreiung, ein Anlaß zu Selbstbewußtsein, den nicht nur ich, sondern eine nicht kleine, nicht unwichtige Minderheit in verschiedenen Parteien und in den Bürgerbewegungen in den neuen Ländern fast verzweifelt zu verteidigen versuchte. Es geht hier nicht so sehr um Emotionen, auch wenn es kostbare sind. Es geht auch nicht um Lyrik. Dabei füge ich nebenbei hinzu: Auch das Recht auf Eigentum kommt mir eigentümlich lyrisch vor; denn es sichert ja noch nicht jedem Eigentum. (Beifall bei der SPD, dem Bündnis 90/GRÜNE und der PDS/Linke Liste)

Es geht hier nicht so sehr um Emotionen, sondern es geht um Dinge von Gewicht, die wir mitbringen; das positive Erlebnis von unmittelbarer Demokratie, von *Basisdemokratie*, die Wertschätzung der Demokratie der Straße, wie das manche abschätzig nennen, und, als gewichtiges Dokument, in das diese unsere Erfahrungen und wohl auch unsere Illusionen eingeflossen sind, den Verfassungsentwurf des Runden Tisches. (Beifall bei der SPD und dem Bündnis 90/GRÜNE) Eine Diskussion darüber sollte – ich bitte Sie – nicht einfach mit dem Hinweis auf die wohlgeübte Praxis der repräsentativen Demokratie und das bewährte Grundgesetz abgelehnt werden. Insofern bin ich von dem Bundeskanzler, aber auch von Herrn Kleinert und von anderen enttäuscht, die immer nur von gewissen Änderungen, die jetzt erlaubt seien, sprechen. Mehr wird nicht zugestanden.

Drittens. Wir bringen auch ein schwieriges Erbe mit. Nach vierzig, nein nach sechzig Jahren Existenz in zwei unterschiedlichen Diktaturen, zuletzt in einem beängstigend vormundschaftlichen Staat, sind wir, sind viele Menschen im östlichen Deutschland auch innerlich vormundschaftlich geworden. Ich sage das ohne Vorwurf. Es gibt Demokratiedefizite. Es gibt Demokratieunsicherheiten. Es gibt Nachholbedarf und echten Lernbedarf, aber es gibt auch Hörigkeit, autoritäre Verhaltensweisen und Charaktere en masse bei uns.

Demokratie kann eben nur in und durch demokratische Praxis erlernt werden; durch die Erfahrung also, nicht mehr Objekt von Politik, sondern Subjekt von Politik sein zu können. Nicht diskussions- und revisionslose Überstülpung, sondern *selbstbewußte Annahme der neuen politischen Ordnung* ist deshalb die Aufgabe. (Beifall bei der SPD und dem Bündnis 90/GRÜNE)

Die Diskussion über die gemeinsame Verfassung ist eine entscheidende Bedingung genau für die selbstbewußte Annahme der neuen politischen Ordnung.

Viertens. Wir kommen aus einem System, das mit gutem Grund ökonomisch, politisch und ideologisch gescheitert ist. Viele empfinden sich deshalb auch selbst als Gescheiterte. Die gegenwärtige Situation in den neuen Bundesländern gibt nicht sehr viel Anlaß, daß sich die Ostdeutschen als wirklich Gleichberechtigte erfahren können. Das dürfte sich, realistisch betrachtet, so schnell nicht ändern. Der ökonomische und soziale Angleichungsprozeß wird lange dauern. Um so wichtiger ist es, in der politischen Kultur einen Raum der *Erfahrung von Gleichberechtigung* für uns, die

Ostdeutschen, zu schaffen. (Beifall bei der SPD und dem Bündnis 90/GRÜNE) Die Art und Weise, ob und wie wir uns in eine Verfassungsdiskussion einbringen können, wird dafür eine Schlüsselerfahrung von positiver oder negativer Wirkung für die demokratische Zukunft Gesamtdeutschlands sein.

Fünftens. Wir bringen die Erinnerung an eine auf gewiß problematische Weise erzeugte Erfahrung *sozialer Grundsicherheit* mit. Arbeitslosigkeit, Angst vor Mietsteigerung und Wohnungsverlust kannten wir nicht. Ich weiß: Der Preis dafür war sehr hoch. Aber trotzdem: Soziale Sicherheit hat als ein grundsätzlich positiver Wert bei uns einen ganz hohen Rang, ebenso die soziale und ökonomische Gleichberechtigung der Frau.

Deshalb streben wir die Aufnahme des Rechts auf Arbeit, auf menschenwürdigen Wohnraum und die Verwirklichung von Gleichberechtigung als Staatszielbestimmung in eine neue Verfassung an. Das sind nicht einfach unverbindliche Setzungen, sondern es sind Grundorientierungen, Vororientierungen für jede aktuelle Politik und insofern sinnvoll. (Beifall bei der SPD und dem Bündnis 90/GRÜNE)

Sechstens. Gelingende Demokratie, eine um unsere Erfahrungen bereicherte neue deutsche Demokratie, wird es nicht leicht haben angesichts der bedrückenden Tatsache, daß ihr Beginn im östlichen Deutschland begleitet, ja für viele geradezu verstellt ist von sozialen Umbrüchen und Zusammenbrüchen, von Ängsten und existentiellen Unsicherheiten. Vieles davon ist unvermeidlich, nicht alles.

Es bedarf aber einer besonderen Anstrengung, die im problemreichen Übergang die Chance zur Identifikation mit der Demokratie eröffnet und sichert. Eine *breite demokratische Verfassungsdiskussion* wäre eine unwiederbringliche deutsche Möglichkeit genau dafür. (Beifall bei der SPD und dem Bündnis 90/GRÜNE)

Wir dürfen diese Möglichkeit, die uns das Grundgesetz ja selbst anbietet, nicht ungenutzt lassen, damit der deutsche Einigungsprozeß, der ja noch lange nicht beendet ist, wie wir angesichts der erfahrenen Tiefe der ökonomischen, sozialen und menschlichen

Spaltung in Deutschland sehen, nicht nur von einer unendlichen Kostendebatte begleitet wird, sondern in eine wirklich politische, eine Wertedebatte eingebettet ist und in eine erneuerte, vertiefte Demokratie mündet, deren Grundlage, die erneuerte Verfassung, in einer Volksabstimmung vom Souverän angenommen wird. (Beifall bei der SPD und dem Bündnis 90/GRÜNE)

In der Losung: »Wir sind *ein* Volk« ist der Anspruch des trotzigen Rufs »*Wir* sind das Volk« nicht gänzlich ausgelöscht, hoffe ich. Dieser Anspruch ist noch nicht eingelöst. (Beifall bei der SPD und dem Bündnis 90/GRÜNE sowie bei Abgeordneten der PDS/Linke Liste)

Eine außerordentliche Debatte, eine Sternstunde des Parlaments, sagt man. Zwar bin ich gewiß parteiisch, aber ich meine doch, daß die Berlin-Anhänger am Schluß durch ihre Reden »gewonnen« haben. Für meinen Beitrag habe ich manches Lob, aber auch bittere Angriffe erfahren, die mir wehtaten, habe ich doch immer noch nicht die offensichtlich nötige »Hornhaut« ausgebildet.

Die Frage nach der Identität des gemeinsamen deutschen Staates

Rede zur Hauptstadtentscheidung im Deutschen Bundestag, 20. Juni 1991

Frau Präsidentin! Meine Damen und Herren! Liebe Kolleginnen und Kollegen! Wir haben heute eine wahrhaft wichtige Frage zu debattieren, und wir haben zu entscheiden. Nachdem sich gestern eine Mehrheit des Bundestages gegen einen Volksentscheid in der Hauptstadtfrage gewandt hat, kann sich dasselbe Parlament heute nicht weigern, selbst eine Entscheidung zu fällen. (Beifall bei Abgeordneten, der SPD, der CDU/CSU, der FDP, der PDS/Linke Liste und des Bündnisses 90/GRÜNE)

Berlin oder Bonn, Bonn oder Berlin oder beide – ein Streit voller Emotionen, mit Ängsten und Hoffnungen verbunden. Ich verstehe die Menschen, die sich gestern auf dem Bonner Marktplatz aus Sorge um ihre eigene Zukunft versammelt haben. Es müssen und sollten hier und heute nicht Hymnen auf die eine und Spottlieder auf die andere Stadt gesungen werden. (Beifall im ganzen Hause) Die Wirklichkeit beider Städte – so unterschiedlich sie sind – widerspricht solchen Versuchen, die allzuleicht zu Karikaturen geraten. Beide Städte sind in jedem Falle grauer oder vor allem bunter als ihre Verzeichnungen, und Bonn ist eine glückliche Stadt.

Nein, es geht heute nicht um einen Wettstreit zwischen zwei Städten. Es geht vielmehr um die zukünftige gesellschaftliche und politische Entwicklung, nämlich um einen entscheidenden Schritt bei der *Vollendung der Einheit Deutschlands*. (Beifall bei Abgeordneten der SPD, der CDU/CSU und der FDP)

Bei der Entscheidung, die wir heute zu treffen haben, kann es eigentlich, so glaube ich, keinen wirklichen Sieger geben, dafür aber Verlierer mit schwer zu heilenden Verletzungen. Es geht eben nicht nur um 100000 Menschen in der Region Bonn, sondern auch um ebenso viele oder mehr Menschen in Berlin. Die Stadt ist eben keine menschenleere Gegend. Berlin hat schon Hauptstadtfunktionen, Verwaltungsfunktionen verloren und kämpft auch deshalb mit großen ökonomischen und sozialen Problemen.

Darüber hinaus geht es generell um das *Verhältnis zwischen Ost und West in Deutschland*. Ebenso steht die Frage zur Debatte nach der *Identität des gemeinsamen deutschen Staates*, nach seiner Selbstdarstellung, nach seinem, unserem Verhältnis zur deutschen Geschichte, nach Kontinuität und geschichtlichem Neuanfang zugleich, nach unserem *Verständnis von Europa*, zu dem doch wohl wieder und endgültig das östliche Europa gehört. (Beifall bei Abgeordneten der SPD, der CDU/CSU, der FDP und des Bündnisses 90/GRÜNE)

Das sind Stichworte, die die Dimensionen der Entscheidung umreißen und die Schwierigkeiten eines überzeugenden Kompromisses verdeutlichen.

Wir Berlin-Befürworter haben in unserem Antrag Elemente eines solchen notwendigen Kompromisses zu formulieren versucht, die auch den Sorgen von Stadt und Region Bonn Rechnung tragen sollen, die zugleich aber die volle *Funktionsfähigkeit von Parlament und Regierung* garantieren. (Beifall bei Abgeordneten der SPD und des Bündnisses 90/GRÜNE)

Hauptstadt Berlin – das darf nicht ein bloßes Etikett sein, hinter dem sich nichts Substantielles verbirgt. (Beifall bei Abgeordneten der SPD, der CDU/CSU, der FDP und des Bündnisses 90/GRÜNE) Die Abfindung mit sogenannten Repräsentativfunktionen – Berlin als Ort für besondere Anlässe –, das wäre denn doch nicht nur eine Beleidigung für die Berliner, sondern auch eine Erniedrigung der Bürger im Osten Deutschlands. (Beifall bei Abgeordneten der SPD, der FDP und des Bündnisses 90/GRÜNE – Widerspruch bei Abgeordneten der CDU/CSU)

Wir halten den Parlamentssitz für das Herzstück einer wirklichen Hauptstadt. Deshalb sollte der Bundestag seinen Sitz in Berlin nehmen. Erst dann ist Berlin wirklich die Hauptstadt Deutschlands. (Beifall bei Abgeordneten der SPD, der CDU/CSU, der FDP und des Bündnisses 90/GRÜNE)

Wir wollen allerdings keinen Wanderzirkus, keine Scheinpräsenzen oder nur symbolische Sitzungen in Berlin. Deshalb soll der Bundestag erst nach Berlin umziehen, wenn dort seine volle Funktionsfähigkeit gesichert ist und wenn das Zusammenwirken von Parlament und Regierung möglich ist, wenn das Parlament also seiner Kontrollfunktion voll nachkommen kann.

Deshalb schlagen wir eine realistische Planung und einen vernünftigen *Realisierungszeitraum* für diesen Umzug vor.

Was spricht für Berlin?

Das erste Argument: *politische Glaubwürdigkeit.* (Beifall bei Abgordneten der SPD, der CDU/CSU, der FDP und des Bündnisses 90/GRÜNE) Wer sich 40 Jahre immer wieder feierlich zu Berlin bekannt hat, sollte jetzt nicht eine totale Kehrtwendung vornehmen nach dem Motto: Was schert mich mein Geschwätz von gestern! Wer so handelt, zerstört das Vertrauen in die Demokratie, mit dem wir Deutschen (Ost) in die Einheit gegangen sind. Bitte, man sage nicht, daß der Einigungsvertrag diese Kontinuität des Bekenntnisses zu Berlin einfach erledigt hat.

Das zweite Argument: *politische Gerechtigkeit.* Die deutsche Einigung ist unter unerhörtem Tempodruck vollzogen worden; sie verläuft unter extremem Problemdruck. Das hat zu Verletzungen, Ungleichgewichten, Verzerrungen und Benachteiligungen geführt. Ich sage das ohne jeden Vorwurf in irgendeine Richtung. Denn wir hatten im Grundsätzlichen keine Wahl. Die Chance mußte genutzt werden. Man konnte sie sich nicht aussuchen. Man kann eine Chance höchstens vertun.

Aber jetzt, im weiteren Fortgang der deutschen Einigung, müssen wir auf Ausgleich bedacht sein. (Beifall bei Abgeordneten der SPD, der CDU/CSU, der FDP und des Bündnisses 90/GRÜNE) Bisher ist nämlich zu vieles von Ost nach West gewandert: Arbeitsplätze, Arbeitskräfte, also Menschen, Gewinne und nicht zuletzt wirtschaftliche und politische Entscheidungskompetenzen. (Beifall bei Abgeordneten der SPD und des Bündnisses 90/GRÜNE) Das ist ein Prozeß, der bisher und wohl auf absehbare Zeit nicht so schnell und so wirksam, wie wir es uns alle wünschen müssen, umgekehrt werden kann, auch durch immense finanzielle Mittel nicht. Deshalb sind besondere politische Anstrengungen zur Herstellung von Gleichberechtigung nötig. Wie könnte das besser dargestellt und bewiesen werden als durch eine Hauptstadt, zu der Ost und West gleichrangig beisteuern, eben Berlin? (Beifall bei Abgeordneten der SPD, der CDU/CSU, der FDP und des Bündnisses 90/GRÜNE) Ob das vereinigte Deutschland im Gleichgewicht, im Einklang mit sich selbst sein wird, das wird vor allem in seinem problematischen, bisher benachteiligten, gedrückten Teil entschieden, im Osten.

Was ist das für ein Staatsschiff, in dem alle wirklichen Schwerpunkte im Westen liegen? Frankfurt bleibt Finanzzentrum, Rhein-Ruhr Wirtschaftszentrum, Hamburg-Bremen Handelszentrum, Stuttgart-München Zentrum technologischer Modernität. Was bleibt für den Osten Deutschlands? Das Problemgebiet? Der Sozialfall? Nein, hier muß eine politisch bewußte Entscheidung für ein Zentrum östlich der Elbe gegensteuern. (Beifall bei Abgeordneten der SPD, der CDU/CSU, der FDP und des Bündnisses 90/GRÜNE)

Das dritte Argument: der *Föderalismus*, jenes unersetzliche Element der gelungenen demokratischen Kultur der Bundesrepublik. Ich denke, wir stärken den Föderalismus eher dadurch, daß wir die Hauptstadt dorthin verlegen, wo sie inmitten der schwächeren

Länder liegt, und nicht dadurch, daß wir sie unbedingt im einwohnerstärksten und wirtschaftlich mächtigsten Land belassen.

Zudem, was ist das für ein Föderalismus, der meint nicht berücksichtigen zu müssen, daß sich zwölf – nachdem Baden-Württemberg gestern auch für Berlin gestimmt hat – der 16 Länder für Berlin ausgesprochen haben? (Beifall bei Abgeordneten der SPD, der CDU/CSU, der FDP, der PDS/Linke Liste und des Bündnisses 90/GRÜNE) Darunter sind alle neuen Ländern, weil sie der Überzeugung sind, daß die Entscheidung für Berlin in ihrem ureigenen Interesse liegt. Ich bitte die Bonn-Befürworter sehr, ihre Definitionsmacht nicht so weit zu treiben, daß sie dekretieren, was Interesse der neuen Länder ist oder nicht. Das können die schon selber tun, und das haben sie auch eindeutig getan! (Beifall bei Abgeordneten der SPD, der CDU/CSU, der FDP und des Bündnisses 90/GRÜNE)

Viertes Argument: *finanzielle Seriosität*. Es wird oft gegen eine Entscheidung für Bonn eingewandt, der Umzug sei zu teuer, die Kosten dafür würden dem Aufbau in den neuen Ländern fehlen. Ich will dazu nur drei Sätze sagen: Eine Entscheidung für Berlin wäre eine ökonomisch segensreiche Investition des Vertrauens in die Entwicklung der neuen Länder. Eine Entscheidung gegen Berlin könnte am Schluß vielleicht doch teurer sein als eine positive Entscheidung. Auch die Entscheidung für Bonn ist nicht kostenlos; sie kostet vielmehr viele Milliarden, weil auch hier gebaut werden muß und wird. Man sollte nicht mehr an der Behauptung festhalten, daß in Berlin alles neu geschaffen werden müsse, während in Bonn alles beim alten bleiben könne. (Beifall bei Abgeordneten der SPD und des Bündnisses 90/GRÜNE) Wer so denkt und redet, macht Bonn wirklich zum Symbol des »Weiter so«, als wäre in Deutschland durch die Wiedervereinigung nichts geschehen. (Beifall bei Abgeordneten der SPD, der CDU/CSU und der FDP)

Fünftes Argument: *gesamtdeutsche Solidarität*. Es ist meine Sorge – ich bitte um Entschuldigung –, daß die deutsche Einigung noch immer mißlingen könnte, daß jedenfalls die ökonomische, soziale und menschliche Spaltung nur allzu langsam und opferreich überwunden werden könnte, weil kollektive Besitzstandswahrung, die im einzelnen immer verständlich ist, im Wege steht. Auch ich erinnere mich an den wichtigsten Satz des vergangenen Jahres, den Lothar de Maizière in seiner Regierungserklärung für die große Koalition gesprochen hat: daß die Teilung nur durch Teilen überwunden werden kann.

Es geht bei der heutigen Entscheidung eben nicht nur um ein Symbol, wie die Bonn-Befürworter behaupten. Im Gegenteil. Berlin zum Ort der Repräsentation machen zu wollen, Berlin mit dem Hauptstadttitel nur zu schmücken, heißt, den Osten Deutschlands mit einem Symbol abzufinden. Es geht um wirkliche Solidarität, wenn sie anfängt, einerseits – in der Region Bonn – wehzutun und andererseits – in den neuen Ländern – wirksam zu sein.

Was wird uns im Osten Deutschlands nicht alles an grundlegenden, auch schmerzlichen Änderungen des Lebens abverlangt! Alles muß und wird bei uns anders werden. Das ist für sehr viele Menschen wahrhaftig nicht leicht. Ist demgegenüber die gewiß unbequeme Änderung, die mit der Verlegung des Parlamentssitzes verbunden ist, eine solch unanständige Zumutung?

Meine Damen und Herren, nicht der Umzug von Parlament und wichtigeren Regierungsfunktionen muß schnell vollzogen werden, sondern die Grundsatzentscheidung für Berlin muß jetzt erfolgen. Sie wäre ein Zeichen, ein wunderbarer Anlaß der Hoffnung auf wirkliche Gemeinsamkeit und Solidarität, einer Hoffnung, die uns, die Menschen im östlichen Deutschland, die großen Probleme der nächsten Jahre leichter überstehen ließe, die uns in Deutschland wirklich näher zusammenrücken ließe. (Beifall bei Abgeordneten der SPD, der CDU/CSU, der FDP und des Bündnisses 90/GRÜNE)

Die Entscheidung für Berlin wäre ein durch nichts – durch nichts! – zu ersetzender Schritt zur Verwirklichung der *politischen, sozialen, menschlichen Einheit Deutschlands*. Ich bitte Sie, ich appelliere an Sie, dieses Zeichen zu setzen, diesen Schritt zu tun. (Beifall bei Abgeordneten der SPD, der CDU/CSU, der FDP, der PDS/Linke Liste und des Bündnisses 90/GRÜNE)

Eine Lobrede anläßlich der Verleihung des Kulturpreises der Kulturpolitischen Gesellschaft – eine Rede zur Verteidigung eines Mediums des Übergangs, der Transformation der DDR-Gesellschaft, also des mir so wichtigen Versuchs, wie unbeholfen auch immer, mit der eigenen Stimme zu reden.

Von der Vergangenheit scheiden und trotzdem zu sich stehen

Laudatio auf den Deutschlandsender Kultur anläßlich der Verleihung des Kulturpreises der Kulturpolitischen Gesellschaft, 4. Oktober 1991

Sehr geehrte Damen und Herren,

gestern war der erste Staatsfeiertag des vereinigten Deutschland, nur vier Tage entfernt von dem Staatsfeiertag, der hierzulande begangen wurde bis zu jenem 7. Oktober 1989, der uns in bitterer Erinnerung bleiben wird in seiner Mischung von Irrealität und Brutalität, von Byzantinismus und Banalität.

Der Unterschied zum gestrigen Tag ist deutlich und soll deutlich bleiben. Gab es etwas zu feiern? Ist der 3. Oktober ein Anlaß zur Freude? Ich denke – ja; trotz allem. Gewiß, die Zeiten der Euphorie, des Aufbruchs sind vorbei. Enttäuschungen, Irritationen, Verletzungen, Lähmungen haben sich breitgemacht. Aber da ist viel – denke ich – notwendige Ernüchterung dabei angesichts der allzu großen, allzu naiven Erwartungen, die die Ex-DDR-Bürger mit der deutschen Einigung verbunden haben, die ihnen eingeredet wurden – auch dies –, aber auch angesichts vieler, mir sehr sympathischer Träume. In dem Konflikt zwischen der Poesie des Herzens und der entgegenstehenden Prosa der Verhältnisse, um mit Hegel zu reden, geht es immer auch um das Erwachsenwerden. Es hilft nichts, die Ex-DDR-Bürger müssen endlich erwachsen werden. Zwingen wir uns also zur Nüchternheit, zum Realismus.

Deutschland ist noch immer ein tief gespaltenes Land. Das gilt für die ökonomischen und sozialen Verhältnisse. Hier hat ein durchgreifender Umverteilungsprozeß von Ost nach West stattgefunden. Arbeitskräfte: 500000 sind von Ost nach West gewandert, ein unsichtbarer Flüchtlingsstrom; zum Glück keine Flüchtlinge mehr, aber Leute, die weggehen. Arbeitsplätze: im Westen eine Arbeitslosenquote von 5,6%, hier im Osten eine Arbeitslosigkeit von 12%, und nimmt man Kurzarbeit Null, Vorruhestand und Warteschleife hinzu, eine faktische Arbeitslosigkeit von 30%. Die westdeutsche Wirtschaft boomt. Die industrielle Basis bei uns bricht nach wie vor zusammen, auch wenn im Bereich von Bauwesen und Dienstleistungen positive Entwicklungen deutlich sichtbar sind.

Die Spaltung betrifft aber auch und bestürzenderweise die menschlichen Beziehungen. Die Fremdheit zwischen uns, zwischen den Deutschen Ost und zwischen Deutschen West ist größer, als wir vorher haben annehmen können. Die Mauer war eben nicht nur das Bauwerk der Teilung, sondern es hat offensichtlich auch die Tiefe der Teilung verborgen, und jetzt entdecken wir sie. Und diese Fremdheit wird verschärft durch etwas, das ich beiderseits beobachte und was ich mit dem Terminus Überforderungsängste bezeichnen will.

Überforderungsängste West: Angst davor, finanziell überfordert zu werden durch die Einheit, durch den Einigungsprozeß und seine Unkosten, in seinem materiellen, in seinem zivilisatorischen, in seinem politischen Standard gefährdet zu werden. Eine spezifische Angst vor dem Osten beobachte ich da, nicht zuletzt unter Intellektuellen. Ein bißchen bestürzend. Und ich beobachte eine ganz undeutliche Angst davor, daß etwas Wirkliches passiert ist, nämlich das Ende der Gemütlichkeit hinter der Mauer ist gekommen. Wir hatten uns ja beide eingerichtet in dieser bipolaren Welt. Im Westen war es sicher etwas gemütlicher als hier, wo wir gelebt haben.

Überforderungsängste Ost: Das sind die Ängste vor den Überforderungen, die die radikalen Änderungen unseres Lebens mit sich bringen, die Änderung unseres Alltags, die Änderung des Berufs, des politischen Systems und auch die auch von uns abverlangte Änderung unserer Identität, dessen, was uns bisher ausgemacht hat. Und wenn das verbunden ist mit einer für den einzelnen, nein, für die vielen einzelnen unsicheren, risikobesetzten Zukunft, dann sind die Ängste wirklich sehr stark. Und diese beiderseitigen Ängste, die Ängste Ost, die Ängste West, treiben jene Vorurteile hervor, mit denen wir es gegenwärtig zu tun haben. Da werden wirklich vorhandene Unterschiede zwischen den Deutschen Ost und West zu Karikaturen. Und diese Karikaturen, das müssen wir erkennen, so sehr wir uns gegen sie verwahren müssen (ich brauche sie nicht zu zitieren: »der faule Ossi«, »der Kolonialherr aus dem Westen« etc., etc.), diese Karikaturen spiegeln ja in einem Kern die wirklichen Ungleichgewichte zwischen den Deutschen West und den Deutschen Ost wieder. Machen wir uns nichts vor. Es gibt solche Ungleichgewichte. Wir sind halt – wir Ossis – weniger selbstbewußt, weniger clever, weniger selbstbestimmt – bisher – wie sollte es sein, wie sollte es anders sein nach 40 Jahren in dem einen autoritären Regime; und wenn man noch die Jahre der Nazi-Diktatur hinzunimmt, dann weiß man, daß diese fast 60 Jahre uns, um einen Terminus eines berühmten Buches aufzunehmen, innerlich vormundschaftlich gemacht haben. Und dies loszuwerden wird Jahre dauern und ist eines der wichtigen Themen unseres deutschen Prozesses. Und gerade deshalb sehe ich ja, wie wichtig es ist, daß eine Institution, die den Aufbruch begonnen hat aus der inneren Vormundschaftlichkeit, wie der DS-Kultur, erhalten bleibt. Da wird ja etwas vorgeführt, was unersetzlich ist, was die DDR-Bürger insgesamt zu erringen haben.

Es gibt gegenwärtig eine widersprüchliche Stimmungslage in

der ehemaligen DDR. Meinungsumfragen weisen das aus. Befragt nach der Einschätzung der gegenwärtigen Situation, sagt eine Mehrheit der Ostdeutschen, es gehe ihnen politisch besser. Eine ebenso große Mehrheit sagt, es gehe ihnen finanziell besser. Aber eine gleich große Mehrheit sagt, es gehe ihnen sozial schlechter. Das Gefühl der sozialen Unsicherheit sei das Beherrschende. Um diese widersprüchliche Stimmungslage zu erklären, muß man die DDR kennen. Und man muß die Kenntnis über diese ehemalige DDR in aller Differenziertheit verbreiten. Ich halte das gerade angesichts der umsichgreifenden Mystifizierungen, Dämonisierungen, Mythisierungen dessen, was die DDR war, für unerhört wichtig.

Denn was war die DDR? Sie war erstens als Produkt des Zweiten Weltkriegs und der Nachkriegszeit nicht nur ein sowjetisches Erzeugnis, sondern zugleich auch der aus der marxistischen-sozialistischen Tradition gespeiste Versuch eines sozialistischen *deutschen* Staates. Das Scheitern dieser Form der Realisierung einer Utopie ist erst noch wirklich aufzuarbeiten, und das ist Sache vor allem derer, die in diesem Staat gelebt haben.

Zweitens: die DDR war eben nicht nur ein Partei- und Stasi-Staat, ein Staat des leisen, des unauffälligen Terrors, sondern sie war zugleich auch eine Erziehungsdiktatur, ein vormundschaftlicher Staat eben. Nach insgesamt 60 Jahren zweier unterschiedlicher, autoritärer Regime sind viele Menschen auch innerlich autoritär geworden. Und der Prozeß der wirklichen Befreiung wird deshalb sehr viel länger dauern als wir uns das jetzt schon vorstellen können.

Drittens: Die DDR war nicht nur ein zentralistisches, ineffektives Wirtschaftssystem, das seine Wettbewerbsunfähigkeit bis zum Bruch der Schutzmauer kaschieren konnte, sondern sie war zugleich auch ein sozialer Fürsorgestaat, der in gewisser Weise seinen Bürgern das Gefühl sozialer Sicherheit, ja einer gewissen Bequemlichkeit auf niedrigem materiellen Niveau vermitteln konnte. Genau dieses Gefühl ist es, an das sich viele jetzt angesichts einer unsicheren und risikobesetzten Zukunft erinnern und was zu Anfällen einer gewissen DDR-Nostalgie führt.

Die DDR war schließlich, und das möchte ich am allerwenigsten vergessen, eine Notgemeinschaft ihrer Bürger gegen den Staat, eine Nischengesellschaft, wie die berühmte Beobachtung von Günther Gaus heißt, eine Nischengesellschaft, in der sich entpolitisiertes, alltäglich-menschliches Leben abspielte und sich zugleich auch eine, wie man verkürzt sagt, Oppositionskultur entfalten konnte. Sie war eine Notgemeinschaft, in der Werte wie alltägliche Solidarität, Verläßlichkeit, ein anderes Verhältnis zur Sprache, ein intensiveres Verhältnis zur Geschichte, übrigens auch zur Nation und zur nationalen Frage, eine größere Aufmerksamkeit für Kultur als Kommunikationsform wesentlich waren. Was bleibt von diesen Werten, nachdem ihre Bedingung, das System des Mangels und der alltäglichen Unterdrückung, glücklicherweise vergangen ist? Von alleine wird da nicht sehr viel bleiben. Auch deshalb brauchen wir ein solches Medium wie DS-Kultur.

Wie kommen wir aus dieser DDR heraus? Wie kommen wir in diesem Deutschland an? Was können, was sollen wir mitbringen? Können wir auf irgendeine Weise trotz allem als Selbstbewußte kommen oder nur als Gebückte, gar als Gebrochene? Der Bremer Politologe Claus Offe hat für die westdeutsche Bevölkerung zwei identitätsstiftende Unterscheidungen festgestellt, aus denen die Westdeutschen ihr doppeltes Überlegenheitsgefühl ziehen konnten und ziehen können. Ich zitiere: »Was ihre politsche Ordnung, die liberale Demokratie, angeht, so erstreckte sich das Gefühl der Überlegenheit auf die totalitäre Ordnung der Nazivergangenheit wie der realsozialistischen Gegenwart jenseits der Ostgrenzen. Was ihre wirtschaftliche Ordnung, die soziale Marktwirtschaft, angeht, so bietet die günstige Produktivitäts- und Wettbewerbsposition der Bundesrepublik gegenüber den meisten anderen Industrieländern die Grundlage für ein hochentwickeltes Selbstbewußtsein der Westdeutschen«. Zwei wahrhaftig indentitätsstiftende Momente. Und was haben wir Ossis?

Ich erinnere mich an eine berühmt gewordene Rede von Marin Walser, für die er sehr gescholten worden ist. In der sagte er, im Osten, fände er, sei etwas für uns – für die Westdeutschen – aufbewahrt. Und auch ich habe ja im Herbst '89 die Hoffnungen –

wie wir inzwischen fürchten müssen: die illusionären Hoffnungen – geteilt, daß da an uns etwas dran sei, was wir in dieses gemeinsame Deutschland einbringen könnten. Ich habe sie vorhin beschrieben, die Werte unserer Notgemeinschaft. Aber wir wissen doch, daß das politische und daß das ökonomische System der ehemaligen DDR mit Notwendigkeit zusammengebrochen ist. Ich betone das deshalb, weil es immer noch einen Teil der Bevölkerung in der ehemaligen DDR gibt, der das immer noch nicht wahrhaben will. Man muß diese Notwendigkeit im Kopf behalten, um trotzdem sagen und an einer Haltung festhalten zu können, die weder die einfache Negation dieser DDR-Vergangenheit meint, noch die einfache Affirmation dessen, was vergangen ist.

Ich plädiere also erstens für Trauerarbeit, für entschlossene Zuwendung zu unserer Geschichte. Das ist das Gegenteil von dem, was uns umgibt, die Haltung der Wendehälse. Ich plädiere für selbstkritische und differenzierte Betrachtung dessen, was die DDR in all ihren Bereichen und Facetten war, wie übrigens auch dafür, wirklich danach zu fragen, was aus den ursprünglichen Idealen geworden ist, die am Anfang des Sozialismus standen. Sind sie zu retten oder sind sie einfach verloren zu geben?

Und ich sage zweitens, wir selbst, wir Ostdeutschen müssen dies tun, dürfen uns darin nicht vertreten lassen, in der Aufarbeitung unserer Geschichte. Nicht erst unsere Kinder haben diese Aufgabe, und schon gar nicht diejenigen, die aus Westdeutschland aus guten Gründen oder aus weniger guten zu uns kommen, die jetzt Chefs werden, etwa beim Mitteldeutschen Rundfunk, oder bestimmte Journalisten bei Zeitungen, die ich nicht für Zeitungen halte, die um des Profits willen unsere Probleme mit der Vergangenheit zu widerlichen Sensationen verwandeln.

Drittens: Wir müssen, so schwierig das ist, an unserem Selbstwertgefühl und Selbstverständnis arbeiten, dafür streiten, und zwar miteinander streiten, was uns wertvoll bleiben soll, und wer denn das ist, wenn wir immerfort »wir« sagen, dieses alte DDR-Kollektiv »wir«, das es vielleicht nie gegeben hat, und jetzt noch viel weniger. Friedlicher Streit, intensive Debatte ist notwendig, sonst wird wahrhaftig nichts bleiben, was unsere Identität ausgemacht hat – ob zu Recht oder Unrecht, werden wir dann überhaupt nicht wissen.

Und viertens: Vermittlungsarbeit zwischen den Deutschen Ost und den Deutschen West, zwischen den Europäern Ost und den Europäern West ist nötig. Ich habe dafür eine Formel, die ich immer verwende. Es ist mir noch keine bessere eingefallen: Wir müssen uns wechselseitig unsere Biographien erzählen – und dann werden wir in Ost und West feststellen, daß die im Westen nicht nur lichte Heldengeschichten hinter sich haben und die im Osten nicht nur finstere Schurkengeschichten.

Und noch ein anderer Gesichtspunkt dieser Vermittlungsarbeit: Ich bestehe darauf, wir hier im Osten wollen beteiligt sein an einer Definition dessen, was künftig »der Westen« genannt wird – wir werden ja dazugehören – oder was »Europa« genannt wird. Havel spricht von unserer »Rückkehr nach Europa«. Ich hoffe, wir können künftig mitdefinieren, was dieses Europa ist oder die gemeinsame politische Kultur. Allerdings müßten unsere Intellektuellen wieder zur Sprache kommen, Sprachmöglichkeiten erhalten. Auch dazu braucht man eine Institution wie den DS-Kultur.

Wenn wir das könnten: Heiter und traurig, traurig und heiter von unserer Vergangenheit scheiden und trotzdem zu uns stehen, die Brüche, die wohl unausweichlich sind, menschenerträglich machen könnten! Wenn wir das fertig brächten: Miteinander zu reden, die Täter und die Opfer. Ich weiß, wie schwierig manchmal diese Unterscheidung ist, aber es gibt den Unterschied. Ich bestehe auf ihn. Er ist wichtig, nämlich für die wirklichen Opfer und für alle diejenigen, die etwas aus verfehlter Geschichte zu lernen versuchen. Wenn sie miteinander reden würden, die Hauptverantwortlichen und die Nebenverantwortlichen und die Schweigenden und die Duldenden. Es gab all diese, das weiß ich noch, auch in der SED selbst. Und es gab auch den Unterschied zwischen Genosse und Nicht-Genosse. So klein er manchmal war, so groß konnte er auch sein, fast immer zuungunsten des Nicht-Genossen. Auch dies ist aufzuarbeiten, wollen wir doch beide weiter miteinander in einer deutschen Gesellschaft leben.

Trauerarbeit und öffnendes Gespräch also tut not, genaue historische, ökonomische, sozialpsychologische Analyse gleichermaßen wie satirische Befreiungsschläge gegen die drückende, erdrückende Vergangenheit, die nicht vergehen will, Befreiung von Versteinerungen, von ideologischen Besitzständen und trotzdem auch Weiterarbeit an dem, was uns in dieser versteinerten realsozialistischen Gesellschaft und gegen sie umgetrieben hat. Eben kein bloßes, jähes Wendemanöver sondern harte Arbeit an einer mühsamen Kurskorrektur so vieler Leben, so vieler Biographien!

Dafür brauchen wir Räume, Orte, eben Medien, also Zeitungen und Zeitschriften, wie zum Beispiel »Die Andere« und »Construktiv«, den »Freitag« und »Sinn und Form« und eben einen Rundfunksender wie »DS-Kultur«.

Rolf Schneider hat vor kurzem diesen Sender sehr kritisch kommentiert. DS-Kultur spiegele haargenau das mürbe Kulturempfinden der verstorbenen DDR wieder. Er gebe sich betulich, risikoarm und setze auf personelle Kontinuität auch der zweifelhaften Art. Der Sender diene der Bewahrung dessen, was man die DDR-Identität nennen dürfe. Soweit Rolf Schneider, der, glaube ich, den Neuanfang, den dieser Sender, d. h. seine Mitarbeiter, im Jahre 1990 gewagt haben, übersieht. – Aber wenn Rolf Schneider doch recht hätte? Auch dann, fast bin ich versucht zu sagen, gerade dann, wäre DS-Kultur notwendig! Wie denn sollen diejenigen, die mit dem untergegangenen DDR-System identifiziert waren, aus dieser Vergangenheit den Weg finden? Das geht doch nicht nach Kehrt-marsch-Befehl und -Tempo. Jedenfalls wäre es nicht glaubwürdig. Ich finde die neuerliche DDR-Nostalgie, jene Trotz-Identität, und erst recht Larmoyanz, Weinerlichkeit oder wie immer man das freundlich oder unfreundlich nennt, nicht sonderlich sympathisch. Aber ich kann sie in Maßen verstehen. Sie können eine Form des Abschieds von der Vergangenheit sein. Sie sollten nur halt nicht überhandnehmen, weil die Nähe zur Unaufrichtigkeit zu groß ist! Es gibt eben durchaus verschiedene emotionale Weisen, sich der Vergangenheit zu stellen und sie zu verabschieden. All diese brauchen ihren Platz. Es darf niemanden geben, der dekretiert, diese ist erlaubt und jene nicht. Man mag sie besser oder schlechter finden und darüber streiten. Deswegen müssen die ganz unterschiedlichen Formen, von der DDR-Vergangenheit zu scheiden, immer auch ihre Artikulationsmöglichkeiten haben, weil es eben unterschiedliche Geschwindigkeiten des Umlernens gibt. Mein Begriff von Kultur und ihrer Funktion heute ist eben der, daß sie Ort für menschenerträgliche Ungleichzeitigkeiten sein müsse. (Übrigens auch für die Verabschiedung von Zynismus!)

Weil und insofern DS-Kultur ein eigener Anfang war im Jahr 1990 und ein Ort des Wandels ist, nicht bloß der Wende, ein Medium der Artikulation eigener Erfahrung Ost, Ausdruck – wie problematisch immer – einer DDR-Mentalität, die nicht auf Befehl zu verändern ist, deren einfache Unterdrückung den Menschen unangemessen wäre, ebenwo wie der Versuch, sie lächerlich zu machen; weil und insofern DS-Kultur ein Medium der Selbstkritik und des Austauschs unter uns ist; weil DS-Kultur dies ist und das Ende, die Überwindung von Zynismus und Schizophrenie, von Lüge und Lähmung, da, genau an dem Ort, wo Zynismus und Schizophrenie, Lüge und Lähmung herrschten, deshalb sind DS-Kultur und seine Mitarbeiter zu loben und deshalb wünsche ich Ihnen, daß Sie unseren gemeinsamen Prozeß der Befreiung – nicht nur des Befreitwerdens oder Befreitwordenseins, sondern des anhaltenden Prozesses der Befreiung – nicht nur authentisch dokumentieren – aber das wäre auch schon viel –, sondern in ihm mitwirken können. Versöhnung der Ostdeutschen, oder wie soll ich sie nennen, der »DDR-Deutschen« mit sich selbst und der Deutschen untereinander und mit ihren Nachbarn ist das Ziel, nicht der Anfang. Sie wird das Ergebnis eines langen und mühevollen Prozesses sein, einer harten Arbeit, die der Werkzeuge bedarf. Die öffentlichen Medien könnten, müssen solche Werkzeuge sein, wenn ihr Sinn nicht nur das Geschäft ist.

Manche Wunden bluten nurmehr nach innen, um frei aus einem der wichtigen und schönen Gedichte Stephan Hermlins zu zitieren. Der Schmerz ist deshalb nicht geringer. Und schmerzvoller noch: Wir werden manche sich schließenwollende Wunde offenhalten müssen um des Heilungsprozesses willen. Nicht der

Schmerz, die Heilung ist das Ziel, und der Schmerz ist ihr unausweichlicher Preis.

Ich wünsche den Mitarbeitern des DS-Kultur die Chance, diese schmerzende Arbeit bis zu unserer Heilung verrichten zu können. Dann erst wäre er überflüssig und wir könnten ganz heiter von ihm scheiden.

Danke fürs Zuhören.

Im ersten Jahr der deutschen Einheit nimmt der Fremdenhaß zu, breiten sich ausländerfeindliche Exzesse aus in Ost und West, Hoyerswerda war überall in Deutschland. Was geschieht da? Über das notwendige Entsetzen hinaus geht es um das Begreifen von Ursachen. Mir schien ein Zusammenhang zwischen Ausländerfeindlichkeit und den Problemen des deutschen Einigungsprozesses unübersehbar.

»Fremdenhaß, ein Menetekel viel tieferer Konflikte«

Zum Zusammenhang von Ausländerfeindlichkeit und Identitätskrise der Deutschen

Herr Thierse, wie viele Initiativen aus SPD-Ortsvereinen zum Schutz von Ausländern kennen Sie?

Ich sitze hier gerade nicht in der Parteizentrale und habe im Moment keine genauen Zahlen, es sind eine Menge. Ich weiß aber, daß eine Reihe von Landtagsfraktionen entsprechende Erklärungen abgegeben haben und daß sozialdemokratische Politiker – ich war einer von ihnen – in demonstrativer Absicht zu Asylbewerberunterkünften gegangen sind. Im übrigen halte ich das auch nicht für eine parteipolitische Aufgabe. Von wem eine solche Aktion gestartet wird, sollte ganz unwichtig sein.

Wenn man organisierte gesellschaftliche Gruppen ansprechen will, dann kommt man neben den Kirchen aber recht schnell auf Gewerkschaften und die Parteien links von der CDU.

Ich kann nur dazu aufrufen, daß sich die SPD-Mitglieder, wo immer es möglich ist, an solchen Aktionen des Schutzes für Ausländer ausdrücklich beteiligen.

Während des Golfkrieges haben Hunderte von Initiativen die taz bestürmt, ihre unzähligen Protestaktionen anzukündigen. Aktionen gegen Ausländerhaß, die in diesen Tagen stattfinden, müssen wir als Zeitung dagegen oft mühselig suchen. Wäre in einer solchen Situation nicht eine bundesweite Demonstration ein Mittel, um noch einmal Anlauf zu nehmen?

Ich halte das für denkbar. Aber wir wissen, daß solche großen Demonstrationen in der Vergangenheit einen Vorlauf von vier bis acht Wochen gebraucht haben. Da muß sich erst ein Ausschuß bilden, in dem die verschiedenen Träger sich einigen. Und es gibt noch andere Schwierigkeiten: Damals hatten die Demonstranten ein klares Feindbild – ob vor zehn Jahren gegen die Nachrüstung oder Anfang dieses Jahres gegen den Golfkrieg. Im heutigen Fall sind die rechtsradikalen Gruppierungen als Adressaten durch politisch-moralischen Protest nicht erreichbar. Und gegenüber der dumpfen Mehrheit muß es nicht eine Protestkundgebung sein, sondern eine Manifestation der Zuwendung zu Ausländern. Und die geschieht besser vielfältig vor Ort, was auch der Fall ist. Denkbar wäre, daß man Demonstrationen in Leipzig, Dresden, Potsdam macht – und erst recht in den Städten, wo es in besonderer Weise ausländerfeindliche Ausschreitungen gegeben hat.

Zentral oder dezentral – das sei dahingestellt. Aber es ist doch auch für die SPD ein Armutszeugnis, wenn ihr Parteichef Hans-Jochen Vogel öffentlich bezweifelt, daß überhaupt 3000 bis 5000 Leute kämen.

Ja, aber dahinter steckt die Skepsis, daß nicht so sehr viele Leute deswegen auf die Straße gehen. Weil eben die Frontlinie der Auseinandersetzung nicht so eindeutig ist. Sie geht quer durch die Bevölkerung, bei manchen vielleicht quer durch ihr Herz. Weshalb ich nicht glaube, daß die demonstrativen Akte mehr sein können als Initiationsriten für eine Auseinandersetzung, die wir jetzt über Monate und Jahre zu führen haben. Und das kann eine Auseinandersetzung sein zwischen den nüchternen Einsichten, die ich als Staatsbürger habe, und den Ängsten, die mein Herz bewegen. Über die Ursachen dieser Ängste zu reden und sie abzubauen – das scheint mir wichtig.

Welche Ängste?

Der Schlüsselbegriff ist für mich die Angst vor Überforderung – im Osten wie im Westen. Im Westen die vor finanzieller Überforderung durch die deutsche Einigung und die Umwälzung in Osteuropa. Wer weniger verdient, hat um so mehr Anlaß zu Angst, daß ihm jetzt viel mehr Geld weggenommen wird. Und in den Mittelschichten gibt es eine Angst, daß Lebensstandard, der zivilisatorische und liberale Standard, durch Osteuropa und Ostdeutschland gefährdet wird. Auf unterschiedlichem intellektuellem und sozialem Niveau haben die Menschen in Westdeutschland Angst vor der einfachen Tatsache, daß das Ende der Gemütlichkeit hinter der Mauer gekommen ist. Und im Osten, da sind die Überforderungsängste existentieller Art. Gerade junge Leute, deren Selbstwertgefühl zutiefst irritiert ist, suchen sich nach dem uralten Muster des Sündenbocks jemanden, der noch schwächer ist. Das ist diese fatale Einbildung, daß man dadurch stärker und wertvoller wird, daß man einen noch Schwächeren erniedrigen kann. Wie kann das abgebaut werden? Erstens müssen die Leute tägliche Solidarität dadurch erfahren, daß der Aufbauprozeß, die Angleichung der Lebensverhältnisse gelingt. Und zweitens müssen die Subjekte und ihre Handlungsmöglichkeiten wieder gestärkt werden, gegen die objektive Dominanz des Westens und die Naturwüchsigkeit des Prozesses. Das eigentliche Thema scheint mir dann die Frage, wie die unausweichlichen Verteilungskonflikte friedlich ausgetragen werden können. Die Verkürzung auf die Asyldebatte allein ist eine gefährliche Verfälschung der Realität.

In der Debatte um das Asylrecht ist wieder einmal stapelweise Papier produziert worden. Der Erfindungsreichtum in der Frage, wie man diese kommunikativen Kompetenzen stärkt, der tröpfelt dagegen nur spärlich. Selbst von Bürger- und Bürgerinnenforen oder Runden Tischen ist bislang kaum die Rede.

Das ist nicht nur ein Problem der Politiker. Da sind die Wissenschaftler, die Medien, die Leute aus Kultur und Kirchen gefordert, sich vom Vordergründigen, von diesen allmächtigen Aktualitäten zu lösen, die das politische Geschäft bestimmen, und nach den eigentlichen Gründen für die Konfliktkonstellation zu fragen. Ich halte die Ausländerfeindlichkeit für ein Menetekel dieser viel tiefer gehenden sozialen Konfliktpotentiale, die mit dem Umbruchprozeß in Deutschland und Europa zu tun haben. Wir müßten nach diesen zwei Jahren innehalten, um über Ziele zu reden. Es ist doch Einbildung, daß die Ziele klar seien – etwa in diesen billigen Losungen: Der Sozialismus ist gescheitert, also hat der Kapitalismus recht gehabt, und wir müssen weitermachen wie bisher, nur ein bißchen besser. Nein, wir müssen neu über demokratische Mitbeteiligungsmöglichkeiten reden, über Orientierungsfragen. Wir müssen Formen des Gesprächs und Austauschs entwickeln – zwischen den Deutschen aus Ost und West, zwischen unterschiedlichen sozialen Schichten. Wir müssen uns wechselseitig unsere Biographien erzählen, unsere Ängste, Hoffnungen, müssen an unserem Selbstverständnis und Selbstwertgefühl arbeiten.

Wer soll da wem erzählen, und wo? Ost und West stoßen doch fast nur indirekt aufeinander.

Die Kirchen, der Kulturbereich, die Massenmedien müssen Vermittlungsformen schaffen, möglichst dezentral – gerade weil die Politiker da nicht irgend etwas dekretieren können.

Auch wenn die Diskussion um den Umgang mit Ausländern unter uns nur ein Teil des Problems ist: Zivilität wird ja nur in der täglichen Erfahrung gelernt, und gerade das Zusammenleben mit Ausländern ist doch eine immense Möglichkeit dafür. Würden Sie mir zustimmen, daß schon deshalb Asylbewerber auch in die neuen Bundesländer müssen?

Im Grundsatz ja, aber die Quoten sollten hier zunächst etwas niedriger sein, um uns Lernschritte zu ermöglichen.

Hängt das Lernen wirklich von den Zahlen ab? In Hoyerswerda wäre es wohl kaum anders abgelaufen, wenn man statt 230 nur fünfzig Asylbewerber hätte vertreiben können. Der Antisemitismus nimmt ja auch nicht mit der Zahl der Juden ab.

Natürlich hört man die »Asylanten weg«-Parolen auch an Orten der ehemaligen DDR, wo noch nie ein Ausländer gesehen wurde. Da überträgt sich ein ideologisches Klima via Massenmedien. Aber das kann ich doch nicht dadurch abbauen, daß ich sage: Jetzt nichts wie hin und Asylbewerberheime einrichten! Sich multikulturell zu öffnen – das muß das Ziel sein, aber ich kann das nicht sofort haben. Bestimmte Identitätsängste müssen abgebaut werden und im gleichen Prozeß ein anderes Verhältnis zu kultureller Fremdheit erzeugt werden. Ich weiß, daß in Identität immer etwas Zanghaftes, etwas Ausgrenzendes liegt – und diese dialektische Spannung zwischen Identität und Fremdheit mag intellektuell heute leicht nachzuvollziehen sein. Aber wir können doch von den konkreten Menschen nicht verlangen, daß sie das, wofür die deutsche Philosophie 200 Jahre gebraucht hat, im gleichen Moment, in dem ihre Identität beruflich, weltanschaulich und sozial so angegriffen ist, begreifen, wie groß der Reichtum durch ein positives Verhältnis zur Nicht-Identität, zu kultureller Fremdheit ist.

die tageszeitung, 15. 10. 1991. (Das Gespräch führte Michael Rediske.)

Deutsch-deutsche Gewalt

Vereint in die Barbarei?

Was in den letzten Monaten im frisch vereinigten Deutschland geschehen ist, erinnert – ich kann und will mich gegen diesen Vergleich nicht wehren – an entsetzliche Bilder aus der Spätzeit der Weimarer Republik und aus dem faschistischen Deutschland: zerbrochene Fensterscheiben in Asylbewerberheimen – zerstörte Geschäfte jüdischer Nachbarn in der Pogromnacht des 9. November 1938; Aufmärsche von grölenden Skinheads und Faschos – SA-Umzüge mit Sieg-Heil-Parolen; Jagd auf Ausländer in U-Bahnen – Jagd auf Juden in den Städten Großdeutschlands.

Sind solcherart bedrängende Vergleiche erlaubt und angemessen? Wie ernst sind die Ausbrüche von Ausländerfeindlichkeit und Fremdenhaß zu nehmen? Man solle nicht dramatisieren, wird von konservativer Seite empfohlen. Wolfgang Schäuble, damals noch Bundesinnenminister, war sich in der Bundestagsdebatte am 18. Oktober 1991 sicher, daß das deutsche Volk nicht ausländerfeindlich sei, im Gegenteil: »Die Bundesrepulik ist ein ausländerfreundliches Land.« Das ist – bestenfalls – eine gutgemeinte Beschwörung. Die Realität der letzten Monate im geeinten Deutschland sieht anders aus! Denn entsetzlicherweise ist Deutschland, so gespalten es sonst noch ist, darin wirklich vereint: Ausländerfeindlichkeit und Fremdenhaß sind keine spezifisch ostdeutschen Phänomene. Die Tatsachen sprechen eine ganz eindeutige Sprache: Hoyerswerda ist furchtbarerweise überall in Deutschland. Intoleranz, Gewalttätigkeit, Rechtsradikalismus gibt es – wie man weiß – im schleswig-holsteinischen Bauerndorf wie im beschaulichen badischen Ländle, am benachteiligten Rand unserer Zweidrittel-Gesellschaft wie in der Villengegend von Berlin-Dahlem.

Das Thema, das Problem eignet sich also nicht, Ängste vor »dem Osten« zu bestätigen, Vorurteile nach dem schlimmen Muster zu verschärfen: »Jetzt schleppen die Ossis nicht nur ihren Stasi-Dreck hier herein, sondern überziehen uns auch noch mit ihrem Nationalismus.« Allerdings, die bestürzende Beobachtung, daß den verbrecherischen Tätern eine nicht unerhebliche Zahl von Menschen schweigend – ob angstvoll schweigend oder zustimmend schweigend – zuschaute und zuschaut, darf nicht dazu verleiten, die Ursache allzu schnell im deutschen Charakter, in deutscher Vor-Geschichte zu suchen. Derart monokausale und darin durchaus mystifizierende Klärung wird von der europäischen Realität widerlegt. Hoyerswerda gibt es nicht nur in Deutschland. Vergleichbares gibt es ebenso bei europäischen Nachbarn: Die Wiederkehr von Nationalismus und Rechtsradikalismus, die Zunahme von Fremdenhaß und Ausländerfeindlichkeit sind europäische Vorgänge. Das darf uns nicht entlasten und beruhigen. Deshalb möchte ich – frei nach dem Satz von Bertold Brecht: »Mögen andere von ihrer Schande reden, ich rede von der meinigen« – über die Ursachen von Ausländerfeindlichkeit und Fremdenhaß im neuen »Ostteil« Deutschlands nachdenken helfen.

Zur Vorgeschichte

Es hat in der DDR immer Ausländerfeindlichkeit gegeben, gewiß in sehr unterschiedlicher Intensität. Angst vor dem Fremden, Unsicherheit gegenüber dem Unvertrauten, kleinliche oder überhebliche Ablehnung des Andersartigen gehörten und gehören zum Typus des DDR-Bürgers.

Die DDR-typische Ausländerfeindlichkeit war zunächst und vor allem unreflektierte Tradierung von Ressentiments gegenüber den Nachbarvölkern, insbesondere gegenüber den Polen. In dieser Hinsicht gab es eine schlimme und ungebrochene Tradition aus unaufgearbeiteter, unverwandelter deutscher Mentalitätsgeschichte. Es ist vielfach festgestellt worden: Die DDR war eine kleinbürgerlich geprägte deutsche Gesellschaft. Diese DDR-typische Ausländerfeindlichkeit ist stets unter den Teppich gekehrt beziehungsweise – noch schlimmer – von Zeit zu Zeit von der ehemaligen SED-Führung instrumentalisiert worden. Ich erinnere daran, wie die latenten antipolnischen Gefühle eines Teils der ehemaligen DDR-Bevölkerung dazu mißbraucht wurden, um den »Solidarność«-Bazillus im Jahre 1981 abzuwehren. Der unterschwellige Hinweis auf die »typisch polnische« Faulheit und Unordnung sollte die DDR-Bürger immun machen gegen die politischen Einflüsse aus dem Osten.

Die DDR-typische Ausländerfeindlichkeit war und ist Ausdruck unseres Hospitalismus. Wir haben schlicht nicht gelernt, wie man mit dem Fremden, mit dem Ausland umgehen soll. Wie auch, da wir das Ausland 40 Jahre nicht erleben, nicht erfahren konnten! Wir waren eingeschlossen und reagierten deshalb – wenn der Vergleich erlaubt ist – wie hospitalisierte Kinder: autistisch, verschreckt, verunsichert, abwehrend, aggressiv. Außenkontakte waren verboten, reglementiert oder instrumentalisiert. Das »kapitalistische Ausland« – Ziel heimlicher Wünsche – lag außerhalb realisierbarer Möglichkeiten, jedenfalls für die meisten von uns. Aus Gründen der psychischen Hygiene versagte man es sich, seinen Träumen allzuoft nachzuhängen. Eine alltägliche, ja selbstverständliche Übung. Aber dort, wo die Träume amputiert wurden, gab es Phantomschmerzen.

Gleichermaßen schmerzhaft waren die später dann manchmal genehmigten Reisen, da das zugewiesene Stück Freiheit deren eigentliche Abwesenheit nur doppelt spürbar machte. Ambivalent war auch die Begegnung mit den Ausländern, den Fremden, die uns »auf unserem Territorium besichtigten«. Einerseits Interesse und Neugier, andererseits die zwanghafte Solidarisierung mit der Trabbi-Kultur, zu der man sich aus Beschämung und Stolz bekennen mußte, da es – trotz alledem – ein Stück Heimat war, in dem sich der einzelne tapfer eingerichtet hatte. Reisen in die sozialistsichen Bruderländer boten keinen Ausgleich für die Versagenskomplexe gegenüber dem reichen Westen.

Die DDR-typische Ausländerfeindlichkeit war Ausdruck des elementaren Mangels, alltäglich positive Erfahrungen mit Ausländern machen zu können, auf alltägliche Weise zu erlernen, daß Ausländer eine Bereicherung sein können. Wir haben ja nicht nur nicht sonderlich viel reisen können, auch mit den Ausländern, die in der DDR lebten, hatten wir kaum Kontakt. Die Vietnamesen, die Polen, die Afghanen, die Angolaner, die bei uns als Gastarbeiter – wie sie nicht heißen durften – lebten und arbeiteten, lebten und arbeiteten getrennt von uns: in abgetrennten Abteilungen in den Betrieben, in kasernenartigen Unterkünften. Wahrhaftig, der reale Sozialismus in der DDR hat so etwas Ähnliches entwickelt wie eine eigene Form der Apartheid! Die errichtete Barriere zwischen den Deutschen und den Ausländern im eigenen Land ist nur von sehr wenigen DDR-Deutschen übersprungen worden. Da wir in der ehemaligen DDR nicht auf alltägliche Weise positive Erfahrungen mit Ausländern machen konnten – es wäre so schön gewesen, heute vietnamesisch, morgen chinesisch, übermorgen afrikanisch essen zu gehen –, fehlt uns eine wichtige Erfahrung, die uns jetzt widerstandsfähiger gegen neuen Fremdenhaß machen könnte.

Die DDR-typische Ausländerfeindlichkeit war Ausdruck einer Ablehnung, einer Abwehr des übermächtigen politisch-ideologischen Zwangssystems. Ein geheimer, latenter, unausgesprochener Nationalismus, der um so widerständiger, haltbarer war, je mehr er tabuisiert wurde, grundierte die DDR-Existenz. Ein mehr oder minder unaufgeklärter Nationalismus war die zähe, fatale wie fast unausweichliche Antwort von unten auf einen diktierten Internationalismus von oben. Ein deklamatorischer Internationalismus, der das Gegenteil von dem erzeugte, was er vorgeblich – anfänglich wohl auch tatsächlich – wollte. Die immer byzantinistischer werdenden staatlichen Veranstaltungen, die Völkerfreundschaften, Städtepartnerschaften und Delegationen stießen schon deshalb auf Ablehnung, weil sie zu Weihespielen der »großen internationalistischen Idee« instrumentalisiert wurden, die nur zur Tarnung folkloristisch drapiert waren. Sie blieben leer, weil ihnen keine eigene alltägliche Erfahrung entsprechen konnte.

Die DDR-typische Ausländerfeindlichkeit war auch Ausdruck einer verqueren Art von Tabuverletzung. Weil Antifaschismus und Internationalismus als ideologische Staatsdoktirn autoritär dekretiert und durchgesetzt wurden, erschienen faschistische Symbole und Ideologeme als schärfste Form der Ablehnung – reizvoll gerade für Jugendliche. Naziparolen und Hakenkreuze an Schul- und Häuserwänden, Schändung von jüdischen Friedhöfen – das waren unterdrückte Fakten der DDR-Geschichte. Die Zahl solcher Ereignisse hat in den achtziger Jahren eher zugenommen; sie belegt, daß es eine ungute Tradition unverarbeiteter deutscher Ideologiegeschichte gab und gibt. In der Fortsetzung solcher Tabuverletzungen mag auch das Moment einer »antiautoritäten Revolte von rechts« (Michael Rutschky) enthalten sein, die sich ursprünglich der entsetzlichen Formen und Symbole der faschistischen Vergangenheit bediente. Inzwischen bekennen sich – so ist zu fürchten, ist zu beobachten – die ehemals Revoltierenden längst autoritär zu den entsetzlichen Werten jener entsetzlichen Vergangenheit. Dieser Vorgang ist nicht zu erklären ohne den Einfluß westdeutscher und österreichischer Ideologen und Organisatoren des Rechtsradikalismus. Er ist ihr Werk, aber die Werkzeuge sind – allzu viele – aus der ehemaligen DDR. Deutlich hörbar wurden die nationalistischen Töne schon gegen Ende der Leipziger Montagsdemonstrationen Ende 1989, als rechtsradikale Jugendliche, souffliert von angereisten Westdeutschen und Österreichern, den Ruf »Wir sind ein Volk« aus einem Ausdruck heftiger Hoffnung in eine Drohung verwandelten. Hier schon brach etwas auf, was in der Folgezeit durch soziale und kulturelle Einbrüche und Umbrüche verstärkt wurde.

Zur Gegenwart

Es gibt, glaube ich, einen inneren, wenn auch zwiespältigen Zusammenhang zwischen dem Wiedererstarken von Ausländerfeindlichkeit und Fremdenhaß in Deutschland und der Art und Weise, wie problematisch die deutsche Einigung in den vergangenen zwei Jahren verlaufen ist. Nicht um zu entschuldigen oder zu beschönigen, sondern um zu verstehen, sollte man sich vor Augen führen, welche negativen Erfahrungen dabei gemacht wurden, ohne die positiven Erfahrungen während des deutschen Einigungsprozesses damit gänzlich vergessen machen zu wollen.

Vor einigen Wochen war in den Zeitungen folgende Meldung zu lesen: »Jeder zweite Sozialhilfeempfänger in den neuen Bundesländern ist jünger als 25 Jahre.« – Eben noch Montagsdemonstrant, der persönlichen Mut und gemeinschaftliche Stärke erlebt und Geschichte geschrieben hatte, kurz darauf Objekt von Vereinigungstechnokraten, arbeitslos, von Existenzängsten geplagt: Vom Helden der Nation zum Sozialfall. Endlich aufgehoben in der starken, geeinten Nation und schon die Erfahrung, daß vom Lebensstandard bis zum Lebensgefühl alles »zweitklassig« geblieben ist. Die ersehnte Freiheit wird nun, da sie erreicht ist, nicht mehr nur als Glück empfunden, da ihre Möglichkeiten nicht finanzierbar sind. Sie stellt sogar eine Bedrohung dar. Die Zukunft ist nicht nur hoffnungsvoll offen, sondern zugleich depremierend riskant. Zum weder verarbeiteten noch eingebrachten Erbe und den Erlebnisdefiziten aus den vergangenen 40 Jahren kommen Existenzängste, Überforderungsängste, Konkurrenzängste: Was wird den Ostdeutschen nicht alles abverlangt! Eine radikale Änderung ihres Lebens vom Alltag, über den Beruf, das politische System und die eigenen Überzeugungen. Wer kann schon sicher sein, daß er das erfolgreich bewältigt. Daß er Zukunft gewinnt, daß er einen Platz im gemeinsamen Deutschland sicher hat. Das Erlebnis der Befreiung wird bei nicht wenigen überdeckt von Verunsicherungen, Verängstigungen, von Verlusten. Es sind durchaus auch soziale Nöte, aus denen heraus der nächst Schwächere mißhandelt wird. Es ist der Fremde, der Ausländer, der Asylsuchende, der für all diese Schwierigkeiten verantwortlich gemacht wird, der im Kampf um Arbeit und Wohnung als Konkurrent empfunden wird.

Diese Aufzählung erweckt den Anschein, als wären es zurechenbare Auswirkungen und rationale Prozesse, um die es hier geht. Dabei sind es Projektionen; es sind Erfahrungen der eigenen Unzulänglichkeit, der eigenen Bedrohung, die auf den Fremden abgewälzt werden.

Hinzu kommt, daß in Ostdeutschland sehr viele Menschen, zumal junge, ihre eigene Biographie neu interpretieren müssen. Alles was sie für wichtig, für wertvoll, für gut oder für schlecht gehalten haben, müssen sie politisch und weltanschaulich neu definieren. Dies ist ein sehr anstrengender Prozeß, gewissermaßen der Prozeß einer neuen Identitätsfindung. In einer Phase, in der es vielen schwerer fällt als zuvor, die eigene Identität positiv zu definieren, funktioniert ein uralter fataler Mechanismus: Man definiert sich durch Abgrenzung gegenüber anderen, durch Ausgrenzung, also negativ.

Es ist das Muster des Antisemitismus, das hier durchscheint. Besonders deutlich äußert sich dieser Mechanismus bei Jugendlichen. Der Ostberliner Sozialdiakon Michael Heinisch versteht die neonazistischen Übergriffe der Jugendlichen vor allem als unreflektierte Widerstandsaktion gegen die drohende Bedeutungslosigkeit des eigenen Lebens. Rechtsradikale Provokationen erscheinen in dieser Perspektive als ein Versuch, dem eigenen Leben Gewicht und Aufmerksamkeit zu verleihen.

Darin ist, denke ich, auch eine Aussage über den Zustand unserer Demokratie enthalten. Diejenigen, die da so aggressiv agieren, teilen uns etwas mit über die von ihnen empfundenen Handlungsblockaden, über Mitwirkungsdefizite, über ihre undeutliche Erfahrung, daß sie Objekte eines Prozesses sind, in den sie als Subjekte nicht eingreifen können. Berechtigt oder nicht, dieses Defizit an Handlungsmöglichkeiten, an demokratischer Einflußnahme, bewirkt jene Ersatzhandlungen, jene falschen und entfremdeten Formen von Aktivität, die sich als Aggressionen gegen die Schwächeren richten.

Zurück zur Vernunft

Wenn diese Beobachtungen über Zusammenhänge und Ursachen von Ausländerfeindlichkeit und Fremdenhaß im Osten Deutschlands in ihrer Tendenz zutreffen – es sind Hypothesen, es sind Annäherungsversuche –, dann sollte sich die demokratische Öffentlichkeit in Deutschland über einige Konsequenzen verständigen.

Erstens: Wir sollten uns – das ist von elementarer Selbstverständlichkeit – über das Ziel der Wiederherstellung eines gesellschaftlichen Klimas einig sein, in dem Aggressionen gegen Ausländer schlicht das sind, was sie sind, nämlich Verbrechen! Das schließt ein, daß der Rechtsstaat seine selbstverständliche Aufgabe erfüllt, ausländische Mitbürger zu schützen und Verbrechen zu ahnden.

Zweitens: Wir sollten uns darüber verständigen, wie wir Lernprozesse gerade im Osten Deutschlands organisieren können, die dazu führen, daß Fremdheit und Andersartigkeit positiv erfahren und bewertet, also nicht als beängstigend, nicht als die eigene Identität gefährdend empfunden werden. An der multikulturellen Gesellschaft als einem Ideal ist festzuhalten, aber dieses Ideal ist nicht von heute auf morgen zu verwirklichen, sondern nur über Zwischenschritte des Lernens, die gerade die Menschen im östlichen Deutschland nicht überfordern dürfen.

Drittens: Wir sollten darüber nachdenken, wie man vorhandene Ängste wirklich ernst nehmen kann, ohne sie zu verstärken und, vor allem, ohne sie parteipolitisch zu instrumentalisieren, um damit Wahlen gewinnen zu wollen.

Viertens: Wir sollten die demokratischen Mitwirkungs- und subjektiven Handlungsmöglichkeiten für die Individuen und vor allem für junge Leute stärken. Wir sollten darüber nachdenken, wie veraltet – wie veraltet! – den jungen Leuten unsere Parteiendemokratie vorkommen muß.

Fünftens: Wir sollten darüber nachdenken, wie die integrativen Kräfte der Gesellschaft gestärkt werden könnten, und zwar so, daß sie vom einzelnen nicht als Zwang erfahren werden. Es gilt, die Offenheit der demokratischen Gesellschaft zu verteidigen.

Sechstens: Wir müssen neu über friedliche Lösungen in sozialen Konflikten nachdenken, im Streit um das Teilen, im Verteilungskampf. Denn die Einheit Deutschlands, die Einheit Europas, das wird keine Idylle sein. Auch dafür ist die Ausländerfeindlichkeit ein Menetekel. Die erkennbare Mühe um soziale Gerechtigkeit – nicht erst ihr Gelingen – wird eine elementare Voraussetzung dafür sein, daß wir Konflikte in Zukunft friedlich austragen können.

Wir können durch eine Änderung unserer Asylgesetzgebung und der Asylrechtspraxis, so notwendig und sachgerecht diese im einzelnen sein können oder müssen, die Flüchtlingsproblematik der Welt nicht lösen. Das ist eine triviale Einsicht. Die Ursachen für Fluchtwellen – Armut und Unterdrückung – müssen vor Ort bekämpft werden. Aber wir können, indem wir uns der Aufgabe stellen, eine offene Gesellschaft, eine wirklich demokratische und nicht nur repräsentativ-demokratische Gesellschaft zu schaffen, einen Beitrag dazu leisten, daß die Probleme der Armut und der Unterdrückung anders gelöst werden als bisher.

Es wäre furchtbar, wenn die deutsche Einheit, das Wiedererstehen eines deutschen Nationalstaats, unabwendbar verbunden wäre mit Aggressivität, mit Ausgrenzung, mit dem Wiedererstehen eines deutschen Nationalismus. Dann wäre sie ein Irrtum, ein Fehler gewesen – aber nur dann!

Aus: *Angst vor den Deutschen*. Terror gegen Ausländer und der Zerfall des Rechtsstaates, hrsg. v. Bahman Nirumand, Reinbek 1992, S. 67–74.

Eine Jubiläumsrede ist eine Auftragsarbeit mit klaren Vorgaben: Rückblick, Aktualisierung, Vorausschau. Nun mach' was daraus, zumal für ein – ostdeutsches – Publikum, dem sozialdemokratische Geschichte nicht sehr präsent und politische Theorie eher noch fremd ist!

»Mit dem Berliner Programm ins Jahr 2000«

Rede auf der Festveranstaltung zum 100. Jahrestag des Erfurter Programms der SPD am 19. Oktober 1991 im Erfurter Rathaus

Meine Damen und Herren,

ich freue mich ganz besonders, heute hier in Erfurt aus Anlaß des 100jährigen Jubiläums des Erfurter Programms als Vertreter des Parteivorstandes der SPD zu Ihnen sprechen zu dürfen. Es ist eine Mischung aus Freude, Stolz und Genugtuung.

Freude – weil ich glaube, genügend Anlaß zu der Feststellung zu haben, daß die sozialdemokratische Partei Deutschlands, wie sie sich mit Erfurt 1891 endgültig nannte, trotz all der Stürme, Anfechtungen und Verfolgungen des vergangenen Jahrhunderts ein ganzes Stück ihrer Lebendigkeit bewahren konnte. Wie oft sind wir schon totgesagt worden! Vom Ende des sozialdemokratischen Jahrhunderts war die Rede. Doch wer wollte bestreiten, daß die

Aufgaben für Sozialdemokraten noch gewachsen sind und die Partei mit Kräften dabei ist, sich an ihnen abzuarbeiten?! Wir haben das Scheitern des kommunistischen Teils der Arbeiterbewegung erlebt, wir erleben das alltägliche Scheitern liberalistischer Wirtschaftskonzepte. Wo, wenn nicht auf Seiten der Sozialdemokratie, sollte das Hoffnungszeichen für eine bessere Zukunft gesetzt werden?

Ich sage Stolz, weil sich mit dem Erfurter Programm Namen verbinden – ich nenne nur fünf, die mehr oder weniger zu seiner Entstehung und Durchsetzung beigetragen haben: Karl Kautsky, Eduard Bernstein, August Bebel, Wilhelm Liebknecht und Friedrich Engels –, Namen, die aus der Geschichte der internationalen Arbeiterbewegung nicht hinwegzudenken sind. Welche Partei oder Bewegung – nenne sie sich konservativ oder liberal – kann auf solche Traditionen zurückblicken?

Schließlich Genugtuung – weil ich wenig Phantasie brauche, um mir vorzustellen, welche Art von Festveranstaltung hier in Erfurt stattgefunden hätte, hätte es die friedliche Revolution vom Herbst 1989 in der DDR nicht gegeben. Mit all dem Pathos, zu dem die SED-Führung fähig war, wenn es galt, sich selbst zu feiern, wäre die Linie vom Erfurter Parteitag zu den letzten »Planübererfüllungen« gezogen worden, hätten wir uns an der »unverbrüchlichen Treue« der SED zu den Traditionen der revolutionären Sozialdemokratie ergötzen können, wären uns Kurt Hager und Erich Honecker als die legitimen Erben der alten Sozialdemokratie präsentiert worden. Es wäre eine Orgie des zur Legitimationsideologie verkommenen Marxismus geworden. Eine tumbe Ideologie, nach der die deutsche Geschichte in der DDR und die deutsche Arbeiterbewegung in der SED unter Führung Erich Honeckers an ihr Ziel gekommen war, hätte sich selbst gefeiert. Es erfüllt mich mit Genugtuung, daß uns dieses Schauspiel erspart geblieben ist, daß es wieder eine sozialdemokratische Partei in Erfurt und in Thüringen gibt, die zu der heutigen Veranstaltung einladen konnte.

Bitte erlauben Sie mir – bevor ich den Bogen vom Erfurter zum Berliner Programm unserer Partei spannen möchte – noch einige bunte Streiflichter zum Erfurter Parteitag selbst. Wir Sozialdemokraten in der ehemaligen DDR, und das gilt für uns in Berlin wie für unsere Genossinnen und Genossen in Thüringen, haben es ja erst noch vor uns, unsere Geschichte wiederzuentdecken. Wer kennt schon heute noch die Namen von Paul Rosenthal, von Hermann-Paul Reißhaupt, beide aus Erfurt, und von Peter Schilling aus Suhl, die den Wahlbezirk Erfurt-Schleusingen-Ziegenrück auf dem Parteitag vertraten?

Reißhaupt, den das Protokoll fälschlicherweise Reißhaus nennt, gehörte sogar als Mitglied der Mandatsprüfungskommission dem Parteitagsbüro an.

Die Erfurter Parteiorganisation hatte viel Mühe in Vorbereitung und Durchführung des Parteitages gesteckt, wie der Vorsitzende Singer am Schluß noch einmal ausdrücklich dankend hervorhob. Sie hatten den Saal festlich geschmückt und mit roten Schildern dekoriert, von denen eines entsprechend der internationalistischen Ausrichtung der Partei lautete: »Proletarier aller Länder vereinigt Euch«. Das andere liest man heute mit Schmunzeln, aber auch mit etwas Befremdnis: »Die Arbeiter sind der Fels, auf dem die Kirche der Zukunft aufgebaut werden soll!« Dies hat die Arbeiterbewegung in ihrer längjährigen Geschichte mittlerweile schmerzlich gelernt, daß sie den Weg zu einer Ersatzreligion weder beschreiten kann noch darf.

Auf dem Parteitag selbst wurde übrigens daran erinnert, und auch das dürfte zu dem gehören, was die thüringischen und Erfurter Sozialdemokraten neu zu entdecken haben, daß in ihrer Stadt bereits 25 Jahre vorher eine bedeutende sozialdemokratische Zusammenkunft stattgefunden hatte. Ich möchte Ihnen auch diese amüsante Episode aus dem Debattenbeitrag eines ehemaligen Lassalle-Anhängers nicht vorenthalten:

> »Zur Schlichtung der zwischen dem Schweitzer'schen und Hatzfeld'schen Arbeitervereinen bestehenden Differenzen über die zu verfolgende Taktik und speziell zum Entscheid über jene Parole (gemeint war die Parole »Durch Einheit zur Freiheit«) wurde 1866 gerade hierher nach Erfurt eine Generalver-

sammlung berufen, bei welcher auch die beiden Präsidenten zugegen waren. Zunächst wurde bis in die Nacht hinein debattirt. Die Gräfin und Schweitzer statteten sich gegenseitig Besuche ab, aber die Majorität der Delegirten des Allgemeinen Deutschen Arbeitervereins war gegen diesen Grundsatz, und so ging das Verhandeln bis 2, 3 Uhr Nachts. Die Gräfin longirte hier im Gasthof, und es wurden immer Deputationen an sie abgesandt, und die wußte sie so zu fesseln, daß die Herren, es waren vielleicht 8 Delegirte, gar nicht wieder zurückkamen. (Das Protokoll vermerkt: Große Heiterkeit)

Da hieß es denn, wir müssen sie auffordern, sofort wieder zu erscheinen, widrigenfalls wir den ganzen Kram aufheben – und da blieben die Nachgesandten auch wieder aus (erneute Heiterkeit) und erst, als schließlich ein Ultimatum gestellt wurde, so daß die Betreffenden riskirten, in der nächsten Viertelstunde ausgeschlossen zu werden, da kam denn die ganze Sippschaft und berichtete, die Gräfin bestehe auf ihrem Willen. Wie so manche Intrigue da gespielt hat, erklärt sich auch dieser Vorgang aus der Absicht, die Marx'sche Richtung, die durch Liebknecht in Süddeutschland und besonders in Sachsen an Ausdehnung gewann, in Deutschland nicht aufkommen zu lassen.«

Aber die Marxsche Richtung, wie sie hier genannt wird, gewann in der Partei eben doch unaufhaltsam an Ausdehnung. Die Autorität, mit der der schließlich beschlossene Antragsentwurf (in seinem allgemeinen Teil aus der Feder Karl Kautskys stammend) auftrat, entlehnte sich gerade der Tatsache, daß er eine popularisierte Fassung eines Schlüsselkapitels aus Marxens »Kapital« enthielt.

Es sollte, so der Partei- und Parteitagsvorsitzende Singer, ein Programm sein, »welches wissenschaftlich unanfechtbar unsere Forderungen in klarer und allgemein verständlicher Form zum Ausdruck bringt und gleich dem bisherigen Programm uns ein Leitstern im Kampfe, ein Führer zum Siege sein wird«.

Nun, hinsichtlich der klaren und allgemein verständlichen Form ist das Erfurter Programm ein Vorbild geblieben (was man schon wegen seiner Länge vom Berliner Programm nicht immer sagen kann) – hinsichtlich des Anspruchs auf wissenschaftlich unanfechtbare Forderungen ist die Sozialdemokratie nach hundert Jahren doch etwas klüger – oder besser gesagt: weiser – geworden. Die Abschnitte über »Unser Bild vom Menschen« und »Unser Verständnis von Politik« im Berliner Programm ziehen die Lehren auch aus der leidvollen Erfahrung mit einem dogmatisierten Marxismus-Verständnis. Nicht uneinlösbare Wissenschafts- oder Wahrheitsansprüche, sondern eine entfaltete demokratische politische Kultur und der Bürgerdialog sind – so unser neues Programm – der Weg, auf dem Fehlentwicklungen immer aufs neue korrigiert werden können.

Wenn ich von einem dogmatisierten Marxismus-Verständnis spreche, dann ist natürlich zugleich die Frage berührt, wie sich das Erfurter Programm den Weg zu der neuen, der sozialistischen Gesellschaft vorstellte. Hier ist viel von »naturnothwendigen« Entwicklungen die Rede, dem Untergang des Kleinbetriebes, den sich immer mehr verschärfenden Klassengegensätzen und daraus folgend der Aufgabe der Sozialdemokratie – ich zitiere: »diesen Kampf der Arbeiterklasse zu einem bewußten und einheitlichen zu gestalten und ihm sein naturnothwendiges Ziel zu weisen«. Wer würde nicht spätestens nach dem Scheitern des sogenannten real existierenden Sozialismus zugeben wollen, daß dieser lineare Geschichtsoptimismus – neben all der Hoffnung, die er vermittelt hat – seine verhängnisvollen Seiten hat, einer deutlichen Revision bedarf. Hören wir dazu noch einmal Karl Kautsky, den Programmverfasser, in seinem viel gelesenen Kommentar:

> »Wenn wir die Aufhebung des Privateigentums an den Produktionsmitteln für unvermeidlich halten, so meinen wir damit nicht, daß den Ausgebeuteten eines schönen Tages ohne ihr Zuthun die gebratenen Tauben der sozialen Revolution in den Mund fliegen werden. Wir halten den Zusammenbruch der heutigen Gesellschaft für unvermeidlich, weil wir wissen, daß

die ökonomische Entwicklung mit Naturnothwendigkeit Zustände erzeugt, welche die Ausgebeuteten zwingen, gegen dies Privateigenthum anzukämpfen; daß sie die Zahl und Kraft der Ausgebeuteten vermehrt und die Zahl und Kraft der Ausbeuter vermindert, die an dem Bestehenden festhalten; daß sie endlich zu unerträglichen Zuständen für die Masse der Bevölkerung führt, welche dieser nur die Wahl lassen zwischen thatlosem Verkommen oder tathkräftigem Umsturz der bestehenden Eigenthumsordnung.«

Kautsky sah also durchaus die Notwendigkeit des tätigen Eingreifens der Menschen in den historischen Prozeß und verharrte gleichwohl in der widersprüchlichen Vision eines »naturnothwendigen« Zusammenbruchs.

Wenn ich darauf verweise, daß die Sozialdemokratie sich spätestens mit dem Godesberger Programm endgültig von solchen deterministischen Positionen gelöst hat, dann möchte ich damit zugleich an eine Person erinnern, für die die Formel vom »Sozialismus als einer dauernden Aufgabe« in diesem Programm von so unerhörter Wichtigkeit war, und dessen Name mit diesem Godesberger Programm unauflöslich verbunden ist. Ich denke an Willi Eichler, dessen Todestag sich am Donnerstag dieser Woche gerade zum zwanzigsten Male jährte.

Wenn wir diesem allzu früh Verstorbenen anläßlich unserer Tagung zur Programmgeschichte erneut gedenken, dann freue ich mich dabei um so mehr, daß seine – ich hoffe, ich darf es so nennen – Lebensgefährtin und -begleiterin, der wir ebenfalls so viele Anregungen und Beiträge zu unserer Parteigeschichte und Programmatik verdanken, Susanne Miller, heute bei uns ist und uns ihre Sicht des Erfurter Programms und seiner Wirkung vortragen konnte.

Liebe Susanne, ich hoffe, daß wir auf deinen kritischen Verstand noch lange zählen können!

Und wenn ich Willi Eichler erwähnt habe, dann möchte ich nicht versäumen, Ihnen seinen Beitrag zu der immer wieder erörterten Frage zur Kenntnis zu geben, ob denn nun das Erfurter

Programm in geradezu idealtypischer Weise das Dilemma der Sozialdemokratie widerspiegelt, nämlich einer radikalen (oder revolutionären) Theorie bzw. Analyse bloß reformerische, das System letztlich nicht in Frage stellende Forderungen (und also eine bloß reformerische Praxis) gegenüberzustellen. Es geht um das Verhältnis des allgemeinen, von Kautsky formulierten Teils zu dem, den Eduard Bernstein hinsichtlich der aktuellen Forderungen verfaßt hat. Eichler schreibt dazu 1963 in einem bemerkenswerten Einleitungsbeitrag zu einer Wiederveröffentlichung sozialdemokratischer Programmtexte:

> »Richtig ist an der Kritik der ›Widersprüchlichkeit‹ des Programms, daß es nach seinem ersten Teil so scheinen kann, als ob nur die Vergesellschaftung der Produktionsmittel die Lage der Arbeiterschaft wirklich bessern könnte, als ob nur Propaganda dafür einen Sinn hätte; während der zweite Teil nur von Maßnahmen spricht, die für wesentlich gehalten werden, ohne die Vergesellschaftung der Produktionsmittel einzuschließen.«

Er fährt dann unter Bezugnahme auf die Kritik von Friedrich Engels am ersten Programmentwurf fort:

> »So gesehen kann man wohl den ersten Teil des Programms sehen als das Bekenntnis zur ›wissenschaftlichen‹ Grundlage der Politik der Partei, zu ihrem ›Endziel‹, und den zweiten Teil als Forderung, mit deren Verwirklichung man zwar ›diverse Mittel mehr hat, um die politische Hauptsache durchzusetzen, aber keineswegs die Hauptsache selbst‹, wie Engels sagte. Die Hauptsache: die demokratische Republik, die Majorität der Arbeiterschaft in ihr, die Vergesellschaftung der Produktionsmittel, die freie Assoziation blieb draußen; sie zu fordern war gesetzlich nicht erlaubt.
>
> Diese Forderungen mußten zwischen den Zeilen gelesen werden. Dann läßt sich das Programm durchaus als widerspruchsfrei sehen. Allerdings hat der unvermeidliche Mangel an Offenheit verschiedene Haltungen inspiriert. Man konnte

vom grundsätzlichen Teil her das Endziel anvisieren und ›revolutionäre‹ Forderungen erheben, die die Staatsgewalt reizen und die Partei gefährden würden . . ., man konnte aus dem zweiten Teil ›schließen‹, daß man sich auch mit der kapitalistischen Gesellschaft ›aussöhnen‹ könnte, wenn sie zu genügenden Konzessionen bereit sei.«

Eichlers hier wiedergegebene Sichtweise hat einen starken Vorteil auf ihrer Seite: Das Erfurter Programm wird nicht im Rückblick rein ideengeschichtlich auf seine innere Konsistenz abgeklopft, sondern er stellt es in den Bezugsrahmen der historisch-gesellschaftlichen Gesamtkonstellation. So wird der Charakter dieses Programms verständlich. Aber er verschweigt auch nicht, daß damit ein Spannungsverhältnis angelegt ist, das die sozialdemokratische Theorie und Praxis bis 1963, als er seinen Beitrag schrieb, und ich kann hinzufügen: bis heute, prägt.

Damit kann ich nun auch nochmals den Bogen spannen zu unserer aktuellen Programmatik, dem Berliner Programm. Es verzichtet auf den Erfurter historischen Optimismus und Determinismus, aber es hält gleichwohl – in Fortsetzung der Godesberger Grundwerteorientierung – fest:

»Die bürgerlichen Revolutionen der Neuzeit haben Freiheit, Gleichheit und Brüderlichkeit mehr beschworen als verwirklicht. Deshalb hat die Arbeiterbewegung die Ideale dieser Revolutionen eingeklagt: eine solidarische Gesellschaft mit gleicher Freiheit für alle Menschen. Es ist ihre historische Grunderfahrung, daß Reparaturen am Kapitalismus nicht genügen. Eine neue Ordnung von Wirtschaft und Gesellschaft ist nötig. Die Sozialdemokratie führt die Tradition der demokratischen Volksbewegungen des neunzehnten Jahrhunderts fort und will daher beides: Demokratie und Sozialismus, Selbstbestimmung der Menschen in Politik und Arbeitswelt.«

Die SPD ist mit einem gewissen Recht stolz auf ihr Berliner Programm. Will man seinen *besonderen* Charakter – ich maße mir diese Kennzeichnung schon heute an, obwohl die Wirkungsgeschichte eines Programms wohl erst nach einer längeren Frist abgewogen werden kann –, will man also das Besondere am Berliner Programm angemessen würdigen, sind zwei Momente bedeutsam. Zum einen ist – auch in der sozialdemokratischen Programmgeschichte in Deutschland – wohl selten ein Programm so ausgiebig diskutiert, beraten und schließlich auch umgearbeitet worden wie dieses. Und es hat ebenfalls selten bereits im Prozeß der Entstehungsgeschichte eines Programms ein solches Interesse von außen, die Arbeiterbewegung im Ausland eingeschlossen, gegeben. Steht dazu nicht im Widerspruch, daß vielerorts angemerkt wird, es sei seltsam ruhig geworden um dieses Programm? Ist es womöglich bereits überholt, da sich seit seiner Verabschiedung im Herbst 1989 die Welt in einer geradezu dramatischen Weise verändert hat? Ist es damit ein Programm geworden, das zwar für einen kurzen Moment auf der Höhe der Zeit zu sein schien, über das aber nun der berühmte Mantel der Geschichte hinweggeweht ist?

Ich will meine Antwort vorwegnehmen.

Die atemberaubenden Veränderungen der beiden letzten Jahre, die Europa und der Welt ein völlig neues Gesicht gegeben haben, haben uns unausweichlich eine veränderte Prioritätensetzung auf die Tagesordnung gesetzt. Aber die Zielvorstellungen, die das Berliner Programm entwickelt, sind damit nicht obsolet geworden, sondern sie bilden gleichsam den Kompaß, mit Hilfe dessen die neuen Probleme, die neuen Herausforderungen zielgerichtet angepackt werden können und müssen.

Wir haben gewissermaßen eine Überwölbung der im Programm dargelegten Situationsanalyse sowie seiner Forderungen durch den Prozeß der deutschen Einigung und die Veränderungen in Osteuropa und der Sowjetunion festzustellen. Das Berliner Programm ist insofern noch ein Programm der 80er Jahre, als es in seinen außen- und sicherheitspolitischen Teilen geprägt ist durch den Blickwinkel der geteilten Welt. Im Jahre 1991 ist die prägende Kraft des Ost-West-Gegensatzes verschwunden, während die Auseinandersetzungen auf der Achse Nord-Süd an Schärfe gewinnen.

Das Berliner Programm ist zudem in vielen Teilen noch ein weithin *west*deutsches Programm. Die innenpolitische Hauptaufgabe mindestens des nächsten Jahrzehnts, die Angleichung der Lebensbedingungen in Ost- und Westdeutschland, findet darin – wie könnte es angesichts des Entstehungszeitpunktes auch anders sein – noch keine Antwort. Während das Programm detaillierte strategische Vorstellungen für den ökologischen und sozial verträglichen Umbau einer Industriegesellschaft entwickelt, geht es hier und jetzt um eine aktive Industriepolitik zunächst zum Erhalt von – zum Teil nur mit großer Mühe sanierungsfähigen – Industriestrukturen, die drohen, vollständig zerschlagen zu werden. Deutschland wäre dann auf mittlere Sicht – ähnlich Italiens Norden und Süden – in einen reichen industriellen Westen und einen entindustrialisierten ärmeren Osten geteilt.

Das Programm ist auch deswegen ein westdeutsches Programm, weil es die realhistorischen, lebensgeschichtlichen, politischen und kulturellen Erfahrungen der Menschen wie der Gesellschaft des Westens zu seiner Grundlage hat. Die Befindlichkeiten unserer ostdeutschen Landsleute können damit nur unzulänglich erreicht werden. Hier wird vielleicht eine unserer größten innerparteilichen Aufgaben für die nähere Zukunft liegen, das Zusammenwachsen zweier Parteien aus unterschiedlichen Gesellschaften bzw. Erfahrungszusammenhängen wenigstens als nachholenden Prozeß Wirklichkeit werden zu lassen.

Aufgrund dieses allgemeinen Befundes, und weil ich dazu sprechen will, wie wir Sozialdemokraten mit dem Berliner Programm den Weg ins Jahr 2000 und darüber hinaus bewältigen können, möchte ich Ihnen im folgenden auch nicht die zentralen Programmkapitel noch einmal referieren – ich hoffe, den meisten sind sie sowieso bekannt –, sondern etwas zu den neuen Bedingungen sagen, auf die sich unsere Politik einzustellen hat, und welche Aufgaben sich daraus ergeben. Dabei wird es nicht um die Notwendigkeit eines neuen Programms gehen, sondern um seine Fortentwicklung angesichts neuer Problemkonstellationen. Ich spreche zunächst zur Situation.

1. Die deutsche, aber auch die europäische Einigung vollzieht sich

– berechtigterweise und unausweichlich – unter der absoluten Dominanz des Westens. Teile der Linken, die dies beklagen, haben nicht begriffen, daß die Systeme des Ostens ökonomisch wie politisch an ihr Ende angelangt waren. Diese Dominanz hat eine ökonomische Seite: Es gibt offensichtlich keine erfolgreiche Alternative zum Markt als regulierendem Instrument. Und die politische Seite: Es gibt offensichtlich keine erfolgreiche Alternative zum gewachsenen System der politischen Demokratie in seiner parlamentarischen Form.

Aber diese Dominanz verwirklicht sich auch – und dies ist der eigentlich beklagenswerte Faktor – in einem ungeheuren Tempo und Problemdruck, der eine faktische, aber eben nur scheinbare Alternativlosigkeit der getroffenen Entscheidungen suggeriert. Es gibt nahezu keine Zeit und keinen Raum für notwendigen Streit über Alternativen *in* diesem Prozeß der Selbst- und/oder Fremdtransformation der Gesellschaften des Ostens. Und genau dies vermittelt ein sich tief eingrabendes Gefühl der Niederlage in den Menschen. Ich habe von Alternativen *im* Prozeß gesprochen, weil ich die vielfach auch anzutreffende Haltung, sich nun einfach zu verweigern, aus dem Prozeß aussteigen zu wollen, für keine Alternative halte. Ich spreche von Alternativen im Prozeß, sonst gibt es nur das Aussteigen als Alternative.

2. Die hier beschriebene Dominanz hat auch eine ihrer Wurzeln in der elementaren Gewalt des ökonomisch-sozialen Nachholbedürfnisses des Ostens, das im übrigen alle gängigen »linken« Zweifel und Einwände mit einigem oder beträchtlichem Recht hinwegfegt und damit den realen Kapitalismus zu bestätigen scheint. Auch hier mag man versucht sein, an den Menschen zu verzweifeln, wissen wir doch, wie janusköpfig dieser »Fortschritt« im Osten bleiben wird. Wie leicht fällt das Urteil, die Menschen hätten eben mit Kohl nur das Geld und den Konsum gewählt, und wie schwer fällt es, den Menschen im Osten beharrlich die selbstkritische Sicht des Westens aus der Perspektive der Linken aufzuzeigen. Das bleibt notwendig auf eine Weise, die das Nachholbedürfnis selbst weder denunziert oder verteufelt.

3. Dem Zusammenbruch des realen Sozialismus, dem elementaren Aufholdruck aus dem »Osten« entspricht – zeitlich gesehen – eine Erschöpfung bzw. eine Krise des Sozialstaates im Westen. Manchem mag der knappe Verweis auf Schweden nicht reichen. Ich nenne als Beispiel für die Probleme vor der eigenen Haustür die schwindende Fähigkeit, integrative Kräfte zur Lösung sozialer Konflikte zu entwickeln. Ist die Politik dazu nicht mehr in der Lage – Stichwort Arbeitsplätze, Stichwort Wohnraum –, so suchen sich die Potentiale von Frustration und Empörung ihre Ventile, etwa in wachsender Ausländerfeindlichkeit. Zur Klarstellung: Ich rede weder einer verständnisvollen Beschwichtigung noch einem Automatismus des Zusammenhangs von sozialen Problemen und Rechtsextremismus das Wort. Aber wir müssen uns der Suche nach den Ursachen stellen. Dieses Schwinden der Integrativkraft des Sozialstaats wirft gleich mehrere Fragen auf.

   Stehen wir vor einer zunehmenden Amerikanisierung unserer Gesellschaft als dominierender Tendenz? Gibt es ein unausweichliches Anwachsen der Akzeptanz einer Zwei-Drittel-Gesellschaft? Wie steht es unter derartigen Bedingungen mit einer strukturellen Mehrheitsfähigkeit der Sozialdemokratie in Europa?
4. Die realen Umwälzungen und die ideologischen Erschütterungen haben die Linke, die Sozialdemokratie eingeschlossen, in eine ideologische, in eine mentale Defensive gebracht. Viele begreifen noch nicht, daß wir das Ende einer eingerichteten Gemütlichkeit in der bipolaren Welt erreicht haben. Ebenso viele fühlen undeutlich, daß das Ende der »Gemütlichkeit hinter der Mauer« gekommen ist. Das Zeitalter der Systemalternative liegt endgültig hinter uns (?!). Hinzu kommt, daß sich in den Ländern des Ostens die Befreiung von der diktatorischen politischen und ökonomischen Herrschaft im wesentlichen in der *Form* des Nationalismus, der Rückkehr zum Nationalstaat, vollzogen hat und wohl auch vollziehen mußte. Der Nationalismus, der Nationalstaat war die *Form* der Befreiung von der realsozialistischen Diktatur; es ist Aufgabe einer vernünftigen

linken Politik, daß er nicht zum *Inhalt* des emanzipatorischen Prozesses selbst wird! Diese Gefahr ist sehr groß. Die Grenzen zwischen Wiedererwachen eines einigenden Nationalgefühls, der Renaisssance des Anspruchs auf ein Selbstbestimmungsrecht der Völker auf der einen und einem chauvinistischen Nationalismus auf der anderen Seite sind fließend. Die Linke im Westen setzt dem vielfach ihre *Ideologie* vom Ende des Nationalstaats entgegen und dokumentiert damit häufig nur – mehr unbewußt als bewußt – ihre Ängste vor den Unwägbarkeiten der Veränderungen in Osteuropa. Politikfähigkeit ist damit aber noch nicht erreicht.

Die Defensivsituation bezieht sich ferner darauf, daß allenthalben vom Utopiezerfall die Rede ist. Konzepte, die auf Zukunftsfähigkeit orientiert sind, werden als nicht mehrheitsfähig erfahren und empfunden. Ihre Abwehr verschärft den Druck hin zu einem atemlosen Aktualismus in der Politik. Schließlich haben viele innerhalb der gesellschaftlichen Linken, ob in der Sozialdemokratie oder in den Gewerkschaften, noch nicht verarbeitet, daß sie selbst nun – gegenüber dem Osten und dem Süden – zum habenden Teil der Welt gehören, an den sich die Forderung des Teilens richtet.

5. Ich beobachte einen massiven und massenhaften Widerspruch zwischen Wissen und Handeln in der Politik. Die Einsicht in die Notwendigkeit solidarischen Teilens ist als verbales Bekenntnis weit verbreitet, das Handeln zur Durchsetzung individueller Interessen bestimmt jedoch wie eh und je das öffentliche Bild. Unser Wissen über ökologische Zusammenhänge, über globale Bedrohungen steht in überhaupt keinem Verhältnis zu unserem Handeln, das weiterhin von einer Ideologie des hemmungslosen Konsumismus geprägt ist.
6. Wir nehmen weiterhin den Sieg des Industrialismus und des Konsumismus billigend in Kauf, und dabei wissen wir doch, daß unser heutiges System des industriewirtschaftlichen Wachstums nicht beliebig expandierbar ist, daß wir eine Politk und ein Wirtschaften des selektiven bzw. qualitativen Wachstums brauchen (das Schrumpfen ökologisch unverträglicher Sektoren

eingeschlossen). Wir wissen, daß diese Industriegesellschaft in ihrer jetzigen Form des Produzierens nicht zukunftsverträglich ist. Auch wenn es manchem so scheinen mag: Die Niederlage bzw. das Scheitern des realen Sozialismus hat diese Einsichten nicht widerlegt, sie wurden nur verdrängt. Denn mit seinem (mißlungenen) Versuch des Einholens und Überholens war dieses System in der genannten Hinsicht überhaupt keine Alternative. Die katastrophale ökologische Altlastenhinterlassenschaft spricht da eine beredte Sprache.

7. Die durch die Art der Organisation unserer Gesellschaften in Ost und West erzeugten Fehlentwicklungen, hervorgerufen durch den immanenten Zwang zu ungehemmter Akkumulation und maßlosem Wachstum sowie die Abhängigkeit der politischen Legitimationssysteme bzw. der sozialen Sicherungssysteme von dieser Systemlogik produzieren jene globalen Probleme, vor denen wir nun erst recht stehen (ich sage erst recht, weil nicht mehr »abgelenkt« durch die »Systemalternative«):
   - die globale soziale Ungerechtigkeit, d. h. die Zunahme von Armut bzw. der Wohlstandsunterschied zwischen Industriestaaten und Entwicklungsländern,
   - die rasante weltweite Zunahme der Umweltzerstörung.

Die hier knapp zitierten Beschreibungen von neuen Problemfeldern, die sich im einzelnen mehr oder weniger mit dem überlagern, was bereits die Grundlage der Programmforderungen von Berlin bildet, erfordern neues Nachdenken und neue Anstrengungen für die Politik der Sozialdemokratie in den kommenden Jahren. Ich beharre darauf, daß diese Arbeit nicht nur um unserer selbst willen zu leisten ist, sondern um der Perspektive unserer gesamten Gesellschaften und der Menschheit als Gesamtheit willen. Ich möchte dazu in nochmals fünf Punkten Aufgaben benennen.

1. Notwendig ist sozialistische und ökologische Trauerarbeit zugleich. Wir brauchen eine differenzierte Analyse des Scheiterns des realen Sozialismus, bezogen auf seine Theorie- wie seine

Verwirklichungsgeschichte bzw. ihre jeweilige Verschränkung. Dazu gehört die Analyse der Ursachen von Handlungsunfähigkeit auf beiden Seiten (Ost wie West), der Ursachen der Trennung von Wissen und Handeln, verbunden mit einer Analyse der dafür verantwortlichen ökonomischen und politischen Zwänge. Und wir brauchen eine Analyse der Mechanismen von Verdrängung und Verarbeitung – ich nenne als Stichworte für den Osten das »Wendehals-Syndrom« und für den Westen die entsprechenden Entschuldigungsriten.

2. Wir brauchen Konzepte für eine neue Form der innergesellschaftlichen Meinungsbildung, der Entwicklung von Problembewußtsein und von Bereitschaft zum Teilen. Dies sind die Voraussetzungen einer Mehrheitsfähigkeit für eine soziale und ökologische Erneuerung. Eingeschlossen ist bei dieser konzeptionellen Suche die Notwendigkeit der beständigen Selbstvergewisserung hinsichtlich unserer traditionellen sozialdemokratischen Werte. Um es in eine Frage zu kleiden: Wie weit trägt noch in einer Gesellschaft mit zunehmenden Tendenzen der Individualisierung unser Einfordern von Solidarität als handlungsleitendem Begriff?
3. Wir benötigen realistische und attraktive Handlungskonzepte, die den einzelnen erreichen. Wenn es richtig ist, daß mit dem genannten Individualisierungstrend Entsolidarisierungsprozesse verbunden sind, dann ist die Sozialdemokratie überlebensnotwendig auf Reformstrategien angewiesen, die auf die Förderung von individueller Vielfalt in solidarischen Zusammenhängen gerichtet sind. Wir brauchen Phantasie für neue Formen demokratischer Entscheidungsprozesse, die verständigungsorientiert zu organisieren sind und auf die Subjekthaftigkeit der Individuen zielen, also ihren gewachsenen Ansprüchen gerecht werden.
4. Sozialdemokratische emanzipatorische Konzepte und Strategien werden also von Offenheit und Pluralität geprägt sein müssen. Diese Anforderung ergibt sich von zwei Seiten her. Es ist die Antwort auf den ideologischen Allmachtsanspruch der Gesellschaften des Marxismus/Leninismus im Osten, und es ist

das Resultat der sich stärker differenzierenden gesellschaftlichen Binnenstruktur im Westen.

5. Schließlich müssen wir lernen, unseren Grundwert der Solidarität künftig in zwei Dimensionen zu denken und zu praktizieren: einmal als soziale, als Dimension des Teilens in Richtung Ostdeutschland, Osteuropa und Dritte Welt. Das heißt, erforderlich sind Konzepte für nationale, für europäische, für globale Solidarität. Heinz-Werner Meyer, Vorsitzender des Deutschen Gewerkschaftsbundes, hat es kürzlich treffend so ausgedrückt: Bisher war die Bundesrepublik »Mitglied eines Bündnisses der Reichen gegen die Armen«. Da Teilen kein idyllischer Vorgang ist, sondern Verteilungskampf, brauchen wir Konzepte für die friedlichen Regeln dieses Verteilungskampfes.

   Und wir werden künftig Solidarität als ökologische Solidarität zu denken und zu praktizieren haben. Das heißt, wir müssen Konzepte für die demokratisch vermittelte Einsicht in die Bedingungen von Freiheit und Zukunft entwickeln und praktizieren. Dies ist im übrigen notwendiger Bestandteil einer qualitativen Bestimmung dessen, was im Nachholprozeß der Gesellschaften des Ostens von *vornherein* mitgedacht und mitpraktiziert werden muß, sollen nicht alle Fehler des Westens im Wege einer nachholenden und nachahmenden Industrialisierung und Restrukturierung wiederholt werden.

Ich bin damit am Ende meines Streifzuges durch eine Reihe neuer Problemfelder und Aufgaben angelangt. Und ich stelle nochmals fest: Im Vergleich mit allen anderen Parteien oder gesellschaftlichen Gruppen ist die SPD mit ihrem Berliner Programm gut gerüstet, diese Herausforderungen zu bestehen. In den Zielvorgaben dieses Programms, dem Umbau der Industriegesellschaft hin zu einer ökologisch ausgerichteten Wirtschaftsdemokratie, in der die »gesellschaftlichen Ziele Vorrang vor den Zielen privatwirtschaftlicher Kapitalverwertung« haben, liegt auch der Kompaß für die anstehenden Aufgaben im Übergang zum nächsten Jahrtausend.

Mit dem Berliner Programm hat die Sozialdemokratische Partei

Deutschlands erneut den Anspruch eingelöst, der spätestens seit dem Erfurter Programm von 1891 zu ihren unverwechselbaren Merkmalen gehört: *die* Programmpartei zu sein, die den Menschen über den Tag hinaus die konkrete Utopie einer besseren, einer menschenwürdigeren Gesellschaft anzubieten hat.

Ich danke Ihnen für Ihre Aufmerksamkeit.

Die brandenburgische SPD hatte eingeladen zu einer Gedenkveranstaltung für Rosa Luxemburg. Ein schwieriges Unterfangen nach 40 Jahren SED-Apologetik und Verfälschung! Aber wer sonst als Rosa Luxemburg wäre von den Säulenheiligen der SED zurückzugewinnen für soziale Demokraten, für eine freiheitliche Tradition des Sozialismus, die sie eben trotz allem repräsentiert?

»Zur Bedeutung von Rosa Luxemburg für die Theorie und Praxis der Sozialdemokratie«

Referat auf der Gedenkveranstaltung am 15. Januar 1992 in Potsdam

Meine Damen und Herren,

der Tag für die heutige Veranstaltung ist mit Bedacht gewählt. Wir haben der bestialischen Ermordung Rosa Luxemburgs und auch ihres politischen Gefährten, Karl Liebknechts, zu gedenken. Und wenn wir dies tun, 4 Tage nach der üblichen, seit über 40 Jahren üblichen SED-verordneten, nunmehr wohl eher PDS-inspirierten, vielleicht auch nostalgisch-trotzigen Demonstration in Berlin – dann müssen wir uns des Zwiespalts der Erinnerung bewußt sein: Ist die Würdigung Rosa Luxemburgs nur die Würdigung einer geschichtlichen Gestalt? Geht es um Erinnerung – zwar voller Respekt, aber doch an etwas endgültig Vergangenes, Verbrauchtes, Mißbrauchtes vor allem, oder doch an etwas noch Aktuelles, uns notwendig Interessierendes? Ich denke, letzteres ist der Fall trotz SED-Schindluderei. Wir erinnern uns einer menschlichen, sehr menschlichen Frau, die als Politikerin und Theoretikerin am Anfang des Scheidewegs zur gescheiterten realkommunistischen Verwirklichung der sozialistischen Ideen stand, einer Verwirklichung, die sie reflektierte und *kritisierte* schon in ihrem Anfangsstadium. Wegen dieser ihrer historischen Stellung und moralisch-theoretischen Leistung ist sie von besonderer Aktualität für uns. Und darüber möchte ich sprechen (etwas ausführlich und vielleicht umständlich, ich bitte um Geduld). Und ich tue es im Ton einer Trauer, in der ich zu vergegenwärtigen versuche, was Erfahrung meiner, unserer Lektüre war in den Zeiten der DDR: die Differenz zwischen dem, was unerträgliche, erstickende realsozialistische Wirklichkeit und ideologische Doktrin war, einerseits und dem, was hätte sein sollen, können, müssen... Vorbei, vorbei! Aber welche Opfer...! Umsonst. Umsonst?

Wenn wir uns also am heutigen Tag, 73 Jahre danach, die Bedeutung von Rosa Luxemburgs Wirken für die deutsche Sozialdemokratie vergegenwärtigen wollen, dann ist es schon notwendig, einen Moment bei den Umständen ihres Todes zu verweilen, wenige Monate nach der erfolgreichen deutschen Novemberrevolution, um uns etwas von dem politischen Klima zu vergegenwärtigen, in dem sie und andere politisch handelten. Trotz sozialdemokratisch geführter Reichsregierung herrschte der individuelle Terror. Wilhelm Pieck, späteres Staatsoberhaupt der DDR (man darf ihn doch wohl trotzdem zitieren), beschrieb die Stunden vor der Ermordung so:

> »Ich war in der Wohnung von Marcussohn gemeinsam mit Liebknecht und Rosa Luxemburg verhaftet und per Auto nach dem Eden-Hotel gebracht worden. Beim Betreten des Hotels waren im Vorraum eine Menge Soldaten und Offiziere. Die Offiziere beschimpften Frau Luxemburg ganz flegelhaft, etwa: ›Röschen, da kommt die alte Hure!‹ Ich erhob dagegen Protest. Da

erklärte ein Offizier: ›Was will der Kerl, ist wohl ihr Kavalier, haut ihm in die Fresse!‹ Dann wurde Rose Luxemburg die Treppe hinaufgeführt. Ich wurde daneben an einen Pfeiler gestellt. Ich sah dann, daß ein Offizier, der von den anderen als Hauptmann angeredet wurde, herumlief, den Soldaten Zigaretten anbot und sagte: ›Die Bande darf nicht mehr lebend das Eden-Hotel verlassen!‹ Nach einer Viertelstunde erhielten zwei Soldaten den Auftrag, mich die Treppe hinaufzuführen. Ich wurde den Korridor hinaufgeführt und sah im Vorbeigehen an einer Tür das Schild ›Hauptmann Pabst‹... Kurze Zeit [danach] kam ein Dienstmädchen hinauf, fiel einer Kollegin in die Arme und rief: ›Ich werde den Eindruck nicht los, wie man die arme Frau niedergeschlagen und herumgeschleift hat.‹«

Die Presse hatte das ihre zu der aufgeputschten Stimmung beigetragen. Selbst im sozialdemokratischen »Vorwärts« wurde wenige Tage zuvor in einem Gedicht das Blut der in den Revolutionswirren gefallenen Arbeiter beklagt und scheinheilig gefragt, was denn nun mit Karl und Rosa sei. Der »Kladderadatsch« brachte am 12. Januar eine Karikatur, die Friedrich Ebert mit dem Schwert vor einem verknoteten Seil mit den Köpfen der beiden zeigte und zum Durchschlagen des gordischen Knotens aufforderte. Und die gutbürgerliche »Tägliche Rundschau« kommentierte die Ermordung Luxemburgs so:

> »Blut schrie nach Blut! Das Blutbad, das Liebknecht und Rosa Luxemburg angerichtet, verlangte Sühne. Sie ist schnell eingetreten und war bei Rosa Luxemburg grausam, aber gerecht, man schlug die Galizierin tot. Der Volkszorn, übermächtig und ungeheuerlich geworden, verlangte die Rache.«

Wir wissen, daß es nicht der Volkszorn war, der Rosa Luxemburg das Leben kostete, die reaktionären Täter sind bekannt.

Rosa Luxemburgs Bild ist mühsam wiederzugewinnen (Margarethe von Trottas Film ist ein wichtiger Beitrag dazu) gegen reaktionäre wie »progressive« Legenden.

Für uns Ostdeutsche z. B. war Rosa Luxemburg nicht aus unserer alltäglichen Wirklichkeit wegzudenken. Was wurde nicht alles nach ihr benannt: Straßen, Plätze, Schulen, Brigaden, NVA-Kasernen. Und natürlich die alljährlichen Feiern und Aufmärsche! Und das alles war verknüpft mit einer Verfälschung ihres theoretischen Erbes, durch die sie zur Kampfgefährtin Lenins werden sollte. Rosa Luxemburg erschien uns so – im offiziell vermittelten Bild – als die erste konsequente Kommunistin und Bolschewistin in Deutschland.

Aber viele wußten doch, daß es sich hier um ein geschöntes und gefälschtes Bild handelte. Bezeichnenderweise regten sich oppositionelle Kräfte in der DDR immer wieder gerade im Namen Rosa Luxemburgs, selbst wenn sich deren Ziel zunächst auf eine konsequente Reformierung der Einheitspartei beschränkte. Robert Havemann formulierte es 1965 so:

> »Die Erneuerung der Partei, die heute unausweichlich auf der Tagesordnung steht, kann und muß sich in vielen entscheidenden Punkten gerade auf Liebknecht und ganz besonders auf Rosa Luxemburg gründen, deren Schriften seit Jahrzehnten von den Stalinisten unterdrückt worden sind. Sie wurden unterdrückt, weil Rosa Luxemburg mit prophetischer Klarheit bereits die ersten gefährlichen Schritte zur Beseitigung der innerparteilichen Demokratie, die später zum Stalinismus führten, erkannt und schärfstens kritisiert hatte.«

Selbst die parteioffiziellen Januar-Demonstrationen zum Gedenken an die Ermordung von Karl und Rosa boten schließlich die ersten wichtigen Ansatzpunkte öffentlichkeitswirksamen Protestes. Wer erinnert sich nicht an die Fernsehbilder, als zum erstenmal Oppositionsgruppen die Parole von der »Freiheit, die immer nur die Freiheit des Andersdenkenden ist« mit sich führten und an die sich anschließenden Repressalien des Staatsapparats und der Staatssicherheit? So hat Rosa Luxemburg gerade für uns, die junge Sozialdemokratie im Osten Deutschlands, die aus den Bürgerbewegungen hervorgegangen ist, eine besondere Bedeutung.

Ich möchte an dieser Stelle noch auf eine interessante, aber wohl nicht zufällige Beobachtung verweisen. Rosa Luxemburg gewinnt immer dann an Aktualität, wenn es um – zunächst unorganisierte – Massenaktivitäten geht. Dies war in der Frühphase des Protestes der Bürgerbewegungen in der DDR der Fall, und dies gilt in gleichem Maße für die Studentenbewegung in der Bundesrepublik der späten 60er Jahre. Ich meine, daß dies deshalb nicht zufällig ist, weil ihr gesamtes praktisches wie theoretisches Wirken ein ausgesprochen aktivistisches und aktivierendes Element enthält. Es ist ihre hoffnungsvolle Betonung der »Reife der Massen«, der Möglichkeit der Menschen, in besonderen Situationen ihre Geschicke selbst in die Hand zu nehmen, ohne die Voraussetzungen eines anleitenden oder gar gängelnden Parteiapparats. Dies machte ihre Originalität und Aktualität für Umbruchsituationen aus, sei es 1968 in West- oder 1989 in Ostdeutschland.

Die Sozialdemokratie hatte in den vergangenen Jahrzehnten ein eher distanziert-problematisches Verhältnis zu Rosa Luxemburg. Wie ist dies zu erklären? Nun, Rosa Luxemburg nahm schon früh in den entscheidenden innerparteilichen Auseinandersetzungen einen Standpunkt auf dem linken Flügel ein, der für die heutige SPD kaum noch als Bezugspunkt gilt. Sie focht mit ihrer Schrift »Sozialreform oder Revolution?«, heftig unterstützt vom Parteivorsitzenden August Bebel, gegen die revisionistischen Bestrebungen Eduard Bernsteins. Wenn es heute einen dominierenden ideologischen Ziehvater für die deutsche Sozialdemokratie gibt, dann ist dies sicher dieser Eduard Bernstein. Gegen Kautsky und Bebel, denen sie eine zu große Laschheit vorwarf, stritt sie 1910/11 für eine aktivistische Politik des Einsatzes des Massenstreikinstruments zur Durchsetzung der sozialdemokratischen Ziele. Nach dem August 1914 schließlich gehörte sie zu der kleinen Gruppe um die Zeitschrift »Internationale«, die einer Zustimmung zu Kriegskrediten und jedweder Unterstützung der nationalen Regierung eine konsequente Abfuhr erteilte. All dies und die kurzen Erfahrungen mit dem Verhalten der Mehrheitssozialdemokratie wie der USPD in der deutschen Revolution brachte sie an die Seite derer, die zum Jahreswechsel 1918/19 eine neue, die Kommunistische Partei gründeten.

Für die sozialdemokratische Bewegung wurde sie so zur Gegnerin, mit der ein anderes Umgehen erst wieder möglich wurde, als Paul Levi, ihr Nachfolger als Vorsitzender der KPD, nach seiner Rückkehr zur Sozialdemokratie Rosa Luxemburgs Manuskript »Die russische Revolution« aus dem Jahre 1918 posthum 1922 veröffentlichte und deutlich wurde, daß sie ihre Vorstellungen von der notwendigen Einheit von Demokratie und Sozialismus nicht revidiert, sondern anhand der Ereignisse der russischen Revolution sogar entscheidend konkretisiert hatte. Gleichwohl blieb auch auf dieser Seite partiell ein schiefes Bild, bezog man sich schließlich allzugern auf die bolschewikikritischen Passagen, um zugleich dem Rest des theoretischen Erbes Rosa Luxemburgs, ihre prinzipielle Solidarität mit der russsischen Revolution eingeschlossen, zu verschweigen oder zu ignorieren.

In der DDR bot sich nahezu ein spiegelverkehrtes Bild. Die »linke Flügelfrau« in der alten deutschen Sozialdemokratie galt hier als das große Vorbild, allerdings um den Preis ihrer Verfälschung, ihrer einseitigen Interpretation. In der Beurteilung ihrer Schrift »Die russische Revolution« wechselten sich Ignorierung, Aburteilung und ideologisches Umbiegen miteinander ab. Insgesamt gesehen dominierte die Orientierung an der ideologischen Übergestalt Lenin, wobei in der freundlicheren Variante Luxemburgs Übereinstimmungen mit Lenin herausgearbeitet wurden.

Insbesondere für uns »neue« Sozialdemokraten im Osten Deutschlands gilt es, Rosa Luxemburg also erst richtig wiederzuentdecken, wobei wir uns vor Vereinseitigungen hüten sollten. So wie die Kommunisten der SED aus Rosa Luxemburg eine lupenreine, linientreue Bolschewistin machen wollten, sollten wir nicht der Versuchung erliegen, sie nun zur lupenreinen Sozialdemokratin zu erklären, alle Differenzen und Probleme wegzuwaschen und womöglich ihren letzten politischen Schritt, die Mitgründung der KPD, als vernachlässigenswerten Irrtum zu behandeln.

Bevor wir also zu dieser eigenartigen Zwitterstellung kommen, die Rosa Luxemburg 1918/19 in der deutschen und internationalen Arbeiterbewegung einnahm, lohnt es sich, einen Blick auf den Werdegang des kommunistischen Luxemburgbildes zu werfen, weil wir dabei schon einen Teil der Antworten finden werden. Annelies Laschitza, ehemalige SED-Historikerin und als Expertin für Rosa Luxemburg selbst an der Produktion derartiger Bilder beteiligt, faßt ihre heutigen selbstkritischen Erkenntnisse dazu wie folgt zusammen:

> »Der Kampf gegen den ›Luxemburgismus‹ wurzelte in der Verachtung der Sozialdemokratie und deren Traditionen, in einem undemokratischen Parteiverständnis, in der Unfähigkeit zu freimütiger Theoriediskussion und realistischer Gesellschaftsanalyse. Er lebte von der Unterstellung von Fehlinterpretationen und bewußten Mißbrauchs Luxemburgscher Äußerungen, womit die von der Linie abweichenden Kräfte angeblich ihre antibolschewistischen und antisowjetischen Positionen historisch und marxistisch legitimieren wollten.«

Alle zukünftigen Varianten des Umgehens mit Rosa Luxemburg finden sich bereits fokusartig in einer Bemerkung Lenins wieder, der – nach Lektüre der von Paul Levi 1922 herausgegebenen Fragmentschrift »Die russische Revolution« – auf subtile Weise sachliche Kritik und persönliche Glorifizierung miteinander verband:

> »Ein Adler kann wohl manchmal auch tiefer hinabsteigen als das Huhn, aber nie kann ein Huhn in solche Höhen steigen wie ein Adler. Rosa Luxemburg irrte in der Frage der Unabhängigkeit Polens; sie irrte 1903 in der Theorie der Akkumulation des Kapitals; sie irrte, als sie im Juli 1914 neben Plechanow, Vandervelde, Kautsky und anderen für die Vereinigung der Bolschewiki mit den Menschewiki eintrat; sie irrte in ihren Gefängnisschriften von 1918 (wobei sie selbst beim Verlassen des Gefängnisses Ende 1918 und Anfang 1919 ihre Fehler zum großen Teil korrigierte): Aber trotz aller dieser Fehler war sie und bleibt sie ein Adler.«

Diese kurze Passage stellt im Prinzip das Raster dar, anhand dessen die Klassifizierungen von und die Auseinandersetzungen mit Rosa Luxemburg in der kommunistischen Bewegung stattfanden. Je schärfer die innerparteilichen Auseinandersetzungen wurden, um so heftiger wurde auch die Kritik am theoretischen Erbe Rosa Luxemburgs und ihrer Person. So entstand das bösartige Theorem vom »Luxemburgismus«, dem bereits 1925 in »Thesen über die Aufgaben der Propagandaarbeit« der Kommunistischen Internationale der Kampf angesagt wurde. Rosa Luxemburg habe zwar mit der deutschen Sozialdemokratie gebrochen, dennoch aber eine ganze Reihe von Überbleibseln der sozialdemokratischen Ideologie beibehalten. Josef Stalin gab diesem Kampf 1931 die offiziellen Weihen – wer die Geschichte der stalinistischen Schauprozesse kennt, weiß, mit welchen Folgen –, als er den Kampf gegen den Luxemburgismus als unausweichlichen Kampf gegen Halbmenschewismus und Trotzkismus erklärte. Ernst Thälmann, KP-Vorsitzender in Deutschland, selbst nun wahrlich kein »Adler« am Himmel der Theoriebildung, assistierte:

> »Heute... würde jeder Versuch zur Erneuerung des Luxemburgismus und jeder Überrest des Luxemburgismus niemals eine Brücke zum Marxismus-Leninismus bilden können, sondern stets einen Übergang zum Sozialfaschismus, zur Ideologie der Bourgeoisie...«

Diese eherne Logik machte also aus der Begründerin der KPD eine Vorbereiterin des Sozialfaschismus oder – wie es der Bolschewist Kaganowitsch ausdrückte – der Konterrevolution. Dieser theoretische Schutt erwies sich in der jungen DDR zunächst als zählebiger als der kurze Frühling eines »besonderen deutschen Weges zum Sozialismus«, den Anton Ackermann auch mit Blick auf Rosa Luxemburg formulierte. Fred Oelßners parteioffiziöse Biographie von 1951 war ganz im Stile der Stalin und Thälmann geschrieben. Es dauerte bis Anfang der 70er Jahre, bis die Schrift »Die russische Revolution« überhaupt in der DDR publiziert werden konnte.

Man lese heute noch einmal das Vorwort zu diesem vierten Band der »Gesammelten Werke«. Die Erläuterungen dazu, warum diese Schrift eigentlich gar nicht zur Veröffentlichung bestimmt war, eine Auffassung, die auf Clara Zetkin zurückgeht und immer weiter transportiert wurde, warum Rosa Luxemburg ihre Auffassung später wieder revidiert habe und warum sie dennoch an welchen Stellen – gemessen an Lenin – heftig geirrt habe, nehmen fast mehr Raum ein als die Schrift selbst. Nun, die Legende, diese Schrift sei nur zum internen Gebrauch geschrieben gewesen, die Luxemburgs enge Freunde Levi und Mathilde Jacob von Anfang an heftig bestritten haben, kann nun als erledigt gelten. Ein kürzlich aufgefundener Brief Rosa Luxemburgs an einen polnischen Freund vom 3. September 1918 läßt den sicheren Schluß zu, daß sie ihre Streitschrift zu publizieren beabsichtigte.

Wie eine der damaligen Editoren der »Gesammelten Werke« heute selbst zugesteht, versperrte sowohl bei dieser Edition wie bei allen weiteren Publikationen über Rosa Luxemburg das »maßstabsetzende Kriterium des Leninismus« an allen neuralgischen Punkten (Imperialismustheorie, Parteiverständnis, Diktatur des Proletariats) den Weg zu weitergehender Objektivität.

So ist in der ehemaligen DDR ein Bild von Rosa Luxemburg entstanden, das einer etwas ramponierten Ikone gleicht. Ihr wurde keine wirkliche wissenschaftliche, ihrer eigenständigen theoretischen Leistung gerecht werdende Würdigung zuteil. Gradmesser blieb das Maß der Übereinstimmung mit bzw. der Abweichung von Lenin, und zwar immer unter der Fragestellung, ob sie sich bereits zu den jeweiligen Leninschen Erkenntnissen *empor*gearbeitet hatte.

Rosa Luxemburg wirklich zu würdigen müßte meines Erachtens bedeuten, ihren theoretischen und praktischen Beitrag innerhalb der internationalen Arbeiterbewegung (denn sie gehörte ja nicht etwa nur der deutschen, sondern ebenso der polnischen und der russischen Arbeiterbewegung an) quasi noch einmal zu untersuchen, was im Jahre 1992 nicht mehr ohne gleichzeitigen Blick auf das Scheitern des sowjetischen Weges geschehen kann.

Ausgangspunkt muß die von Rosa Luxemburg selbst aktiv und

bewußt mitvollzogene Trennung von der alten Sozialdemokratie nach dem 8. August 1914 sein, die an der Jahreswende 1918/19 in der Gründung der KPD gipfelte. Was sie etwa mit dem Bolschewismus teilte, war die Auffassung, daß die *alte* Sozialdemokratie tot sei. Aber was bedeutete das?

Für sie war – bildlich gesprochen – die Sozialdemokratie des Erfurter Programms gestorben. Eine Partei mit revolutionärem Programm und pragmatischer Tagespolitik. Mit der Zustimmung zu den Kriegskrediten, mit der Burgfriedenspolitik im Weltkrieg, mit der Zögerlichkeit in der Novemberrevolution, ja, der – wie sie es nannte – konterrevolutionären Verhinderungspolitik der Regierung Ebert/Haase gegenüber ihren Forderungen nach einem Weitertreiben der Revolution, nach der endgültigen Entmachtung der alten herrschenden Klassen, mit all dem war für sie die Sozialdemokratie praktisch wie konzeptionell als Partei des Klassenkampfs, als Partei des Sozialismus am Ende.

Bis zu diesem Punkt kann man sicher von einer weitgehenden Übereinstimmung ihrer Vorstellungen mit denen Lenins und der Bolschewiki sprechen. Allerdings teilte sie bei weitem nicht alle Konsequenzen, die diese und die ihnen in Deutschland näherstehenden Gruppen – etwa die Hamburger und Bremer Linksradikalen – aus diesem Befund zogen. Sicher, auch Rosa Luxemburg ging zu einer Position über – endgültig, nachdem sie aus der Gefängnishaft entlassen war –, den Räten Vorrang vor den Parlamenten einzuräumen. Daß sie an diesem Punkt gleichwohl skeptisch blieb, zeigen ihre skizzenartigen Bemerkungen in der Schrift »Die russische Revolution«, wo sie für eine Verbindung von Rätesystem und Parlamentarismus plädierte, eine Position, wie sie am ausgeprägtesten in der USPD vertreten wurde.

Aber bezogen auf die Sozialdemokratie als Partei läßt sich die Differenz knapp so charakterisieren: Für Rosa Luxemburg war es ein *Zuwenig* an innerparteilicher Demokratie, das zu den aus ihrer Sicht fatalen Konsequenzen des 8. August geführt hatte, eine Verbürokratisierung und Verparlamentarisierung der sozialdemokratischen Politik, die sie durch ein *Mehr* an Demokratie aufzubrechen gedachte. In diesem Sinne focht sie gewissermaßen für eine

Wiederherstellung der »klassischen« deutschen Sozialdemokratie im Sinne ihres konsequenten Antikapitalismus und Antimilitarismus.

Für Lenin hingegen war es ein *Zuviel* an – wie er es nannte – Demokratismus, der aus seiner Sicht immer mit Opportunismus gekoppelt war. Deshalb verfocht er die Ausweitung der Rechte der Zentrale gegenüber den Basisinstanzen. Aus Widerstand gegen diese kommunistischen Parteiorganisationsprinzipien wehrte sich Rosa Luxemburg gegen den Namen Kommunistische Partei, wollte die neue Partei – wie ihr enger Freund Leo Jogiches – Sozialistische Partei genannt wissen. Beide wenden sich ferner gegen die schnelle Gründung einer neuen Internationale, weil sie darin den dominierenden Einfluß der Bolschewiki fürchteten und daß auf diese Weise die Verbindung zu den westeuropäischen sozialistischen Massenparteien abreißen würde.

Wollen wir also Rosa Luxemburg heute gerecht werden, so kann sie in ihrer letzten Phase 1918/19 durchaus als diejenige Schlüsselfigur angesehen werden, die in Deutschland den *Versuch eines »dritten Weges«* zwischen bolschewistischem Zentralismus und sozialdemokratischem Reformismus anstrebte. Es ist mehr eine Frage des eigenen Standorts, ob man dies eher in der Terminologie des Austromarxisten Max Adler als konsequenten Linkssozialismus oder in der des bundesdeutschen Kommunismusforschers Hermann Weber als demokratischen Kommunismus und damit Rosa Luxemburg als Vorläuferin des Prager Frühlings bzw. der westeuropäischen Eurokommunisten definiert.

Worin besteht nun aus sozialdemokratischer Sicht des Jahres 1992 die besondere Aktualität der Politikerin und Denkerin Rosa Luxemburg?

Ich möchte hierzu abschließend in sieben Punkten Stellung nehmen:

1. Die Frage von Demokratie und Sozialismus

Es gehört ja mittlerweile zum Standardrepertoire eines jeden Linken, auf Rosa Luxemburgs geradezu prophetische Kritik an den ersten Maßnahmen der russischen Revolutionsregierung hinzuweisen. Ich möchte dabei hinzufügen, daß dies natürlich kein exklusives Verdienst ihrer Person allein ist, sondern daß es eine ganze Reihe anderer scharfsinniger sozialistischer und sozialdemokratischer Theoretiker gab, die in eine ähnliche Richtung argumentiert haben. Für die Person Rosa Luxemburgs bleibt jedoch festzuhalten, daß sie trotz ihrer organisatorischen Trennung von der Sozialdemokratie an der unumstößlichen Verbindung von Demokratie und Sozialismus festhielt. Die demokratischen Formen des politischen Lebens in jedem Land, so schrieb sie, sind »*unentbehrliche* Grundlagen der sozialistischen Politik«. Und an anderer Stelle der gleichen Schrift – und hier fragt man sich wirklich, wie es möglich sein kann, daß sich jemand schon 1918 im Detail den Alltag des realen Sozialismus auch in der DDR, wie wir ihn nur allzugut kennengelernt haben, vorstellen konnte –:

> »Ohne allgemeine Wahlen, ungehemmte Presse- und Versammlungsfreiheit, freien Meinungskampf erstirbt das Leben in jeder öffentlichen Institution, wird zum Scheinleben, in der die Bürokratie allein das tätige Element bleibt. Das öffentliche Leben schläft allmählich ein, einige Dutzend Parteiführer von scheinbar unerschöpflicher Energie und grenzenlosem Idealismus dirigieren und regieren, unter ihnen leitet in Wirklichkeit ein Dutzend hervorragender Köpfe, und eine Elite der Arbeiterschaft wird von Zeit zu Zeit zu Versammlungen aufgeboten, um den Reden der Führer Beifall zu klatschen, vorgelegten Resolutionen einstimmig zuzustimmen, im Grunde also eine Cliquenwirtschaft – eine Diktatur allerdings, aber nicht die Diktatur des Proletariats, sondern die Diktatur einer Handvoll Politiker, d.h. Diktatur im bürgerlichen Sinne, im Sinne der Jakobiner-Herrschaft...«

Ich will es bei dieser für sich sprechenden Beschreibung bewenden lassen und nur darauf hinweisen, daß in der Wirklichkeit der DDR der 60er bis 80er Jahre weder von hervorragenden Köpfen noch von grenzenlosem Idealismus die Rede sein konnte.

2. Freiheitsrechte im Sozialismus

Wenn ich davon gesprochen habe, daß die Luxemburgischen Passagen über Demokratie und Sozialismus zum Standardvokabular der meisten Linken geworden sind, so ist eine andere von ihr geprägte Formulierung zum Standardvokabular für sehr viele, weit über die Linke hinaus, avanciert. Bekannt ist meist allerdings nur die knappe Formel: »Freiheit ist immer nur Freiheit des Andersdenkenden.« Kann man das Verwobensein des einzelnen in die Gemeinschaft, die Sozial-Verantwortlichkeit der Wahrnehmung von Freiheitsrechten knapper, klarer und besser ausdrücken? Ich glaube nicht. Ihre Begründung, die weniger bekannt ist, unterstreicht das noch einmal eindrucksvoll:

> »Nicht wegen des Fanatismus der ›Gerechtigkeit‹, sondern weil all das Belehrende, Heilsame und Reinigende der politischen Freiheit an diesem Wesen hängt und seine Wirkung versagt, wenn die ›Freiheit‹ zum Privilegium wird.«

Es hieße Eulen nach Athen tragen, wollte ich hier in Potsdam oder in einer anderen Stadt der ehemaligen DDR Näheres darüber ausführen, wie sehr wir unter dem Mangel an Freiheit gelitten haben, welch schalen Geschmack für jeden mündigen Staatsbürger der DDR das Gerede vom entwickelten Sozialismus hinterließ, der diese Freiheit zu gewähren nicht imstande war.

Es gehört durchaus zur Tragik der sozialistischen Bewegung, daß in ihren Reihen, durch die Denkerin Rosa Luxemburg, die knappste und prägnanteste Formel für sozial verstandene Freiheitsrechte geprägt wurde, und diese gleichzeitig zu einer immer neu gebrauchten Waffe konservativer Politik gegen sozialistische

Bestrebungen werden konnte. Der Entzug von Freiheitsrechten in Ländern wie der DDR und die oft verharmlosend-ausweichende Umgehensweise der westlichen Linken damit machte es erst möglich, daß Rosa Luxemburgs Satz zum Standardrepertoire Kohlscher Wahlkampfreden werden konnte.

Vielleicht ist erst jetzt die Zeit gekommen, wo es für die Linke möglich geworden ist, an den Zusammenhang zu erinnern, innerhalb dessen dieser Gedankengang von Rosa Luxemburg entwikkelt worden ist. Denn dieses soziale Verständnis von Freiheit ist in letzter Konsequenz keineswegs vereinbar mit der gesellschaftlichen Wirklichkeit eines Wirtschaftsliberalismus, die die Wahrnehmung von Freiheitsrechten durch Ausbeutungsverhältnisse und krasseste Unterschiede des Lebensstandards beschneidet und beschränkt. Für Rosa Luxemburg war dieser Freiheitsbegriff verknüpft mit einer sozialistischen Gesellschaft ohne Ausbeutung und Unterdrückung, eine Vision, die viele, die sich allzuschnell auf sie berufen, nicht mit zu erstreben bereit sind. Sie schrieb dazu:

> »Wir sind nie Götzendiener der formalen Demokratie gewesen, das heißt nur: Wir unterscheiden stets den sozialen Kern von der politischen Form der *bürgerlichen* Demokratie, wir enthüllten stets den herben Kern der sozialen Ungleichheit und Unfreiheit unter der süßen Schale der formalen Gleichheit und Freiheit – nicht um diese zu verwerfen, sondern um die Arbeiterklasse dabei anzustacheln, sich nicht mit der Schale zu begnügen, vielmehr die politische Macht zu erobern, um sie mit neuem sozialen Inhalt zu füllen.«

3. Beurteilungskriterien für den sowjetischen Weg

Es gibt einen weiteren Grund, warum Rosa Luxemburgs Schrift »Die russische Revolution« weit aus dem Kreis all der Schriften und Kommentare herausreicht, die in den ersten Jahren nach der Oktoberrevolution veröffentlicht worden sind. Rosa Luxemburg verbindet zwei Elemente: zum einen ihre prinzipielle Solidarität mit der russischen Revolution und deren Schicksal, zum anderen eine scharfe und ungeschminkte Kritik der konkreten, praktischen Politik der Revolutionsregierung. Und sie verfällt dabei nicht in den Fehler anderer sozialistischer Theoretiker – ich denke etwa an Karl Kautsky –, die schlechte sowjetrussische Wirklichkeit einfach an den entwickeltsten Formen der sozialistischen oder marxistischen Theorie zu messen, und zwar mit einem Ergebnis, das dann bereits vorher als feststehend gelten kann, daß nämlich die schnöde Wirklichkeit weit hinter die sozialistischen Utopien einer ausbeutungsfreien solidarischen Gesellschaft zurückfällt. Sie wägt und prüft die besonderen innen- wie außenpolitischen Bedingungen und gesteht den Bolschewiki diese Schwierigkeiten zu. Hören wir sie selbst:

> »Alles, was in Rußland vorgeht, ist begreiflich und eine unvermeidliche Kette von Ursachen und Wirkungen, deren Ausgangspunkte und Schlußsteine das Versagen des deutschen Proletariats und die Okkupation Rußlands durch den deutschen Imperialismus. Es hieße, von Lenin und Genossen Übermenschliches verlangen, wollte man ihnen auch noch zumuten, unter solchen Umständen die schönste Demokratie, die vorbildlichste Diktatur des Proletariats und eine blühende sozialistische Wirtschaft hervorzuzaubern.«

Wir sollten daraus die Schlußfolgerung ziehen, daß es nicht reicht, nun aus der Retrospektive des Jahres 1992, aus dem festgestellten Scheitern des sowjetischen Weges einfach den Schluß zu ziehen, daß eben von Anfang an alles falsch war. Die russische Revolution war ein Versuch – und sei es ein noch so deformierter, und zwar unter den zurückgebliebensten Ausgangsbedingungen –, sie war ein Versuch zur Öffnung des Weges hin zum Sozialismus, allerdings verstanden als revolutionäre Umwälzung des *ganzen* Europa und nicht nur des alten russischen Reiches. Rosa Luxemburgs verständnisvoller und dennoch kritischer Umgang zeigt den Weg für eine Neubewertung der Verschränkung von Verwirklichungs- und Theoriegeschichte des Sozialismus unter den konkreten Bedingungen einer isoliert bleibenden russischen Revolution.

Dazu hat sie Lenin und Trotzki bereits 1918 ins Stammbuch geschrieben, was die kommunistische Weltbewegung bis in die 80er Jahre hinein leider nicht wirklich hatte begreifen wollen und woraus sie keine positiven Konsequenzen gezogen hat:

> »Das Gefährliche beginnt dort, wo sie aus der Not die Tugend machen, ihre von diesen fatalen Bedingungen aufgezwungene Taktik nunmehr theoretisch in allen Stücken fixieren und dem internationalen Proletariat als das Muster der sozialistischen Taktik zur Nachahmung empfehlen wollen.«

Was dies heißt, das haben die Staaten Mittel- und Südosteuropas erfahren, die DDR eingeschlossen. Hier erwies sich *Stalin* als der Vollender eines schon bei Lenin in widerspruchsvoller Form angelegten Weges: nicht durch Empfehlung, sondern durch gewaltsame Überstülpung der Sowjetform mit all ihren Begleiterscheinungen für die verschiedenen gesellschaftlichen Bereiche auf die unter dem Einfluß der Roten Armee stehenden Staaten.

4. Ein undogmatisches, offenes Sozialismusverständnis

Der Zerfall des »realen Sozialismus« hat zu einer Krise der sozialistischen Bewegung insgesamt geführt, die auch vor der Sozialdemokratie nicht haltmachen konnte. Natürlich ist es leicht, einer wirklichen Aufarbeitung aller damit zusammenhängenden Probleme dadurch aus dem Wege zu gehen, daß man darauf verweist, daß man selbst immer nur für einen demokratischen Sozialismus gestritten hat, daß die Sozialdemokratie schon deshalb immer bestritten hat, daß der »reale Sozialismus« auch ein wirklicher sei. Aber es geht um mehr. Es geht unter anderem darum, ob etwa die Formel, Sozialismus ist Sozialisierung plus Planwirtschaft, die in der sozialistischen Bewegung weiter getragen wurde als nur von den Bolschewiki, so heute noch aufrechterhalten werden kann.

Wie sollen sich marktwirtschaftliche Strukturen und Prozesse gesellschaftlicher Steuerung, wie es unser Berliner Programm nennt, im einzelnen zueinander verhalten? Rosa Luxemburg gibt, dies muß ausdrücklich gesagt werden, dafür keinerlei Denkanleitung. Wie könnte sie auch, schließlich bestanden die Probleme in dieser Weise noch nicht. Aber sie hat uns Überlegungen hinterlassen, die sich wohltuend von einem dogmatisierten Sozialismusverständnis unterscheiden, wie es in dieser Zeit für viele Sektoren der sozialistischen und kommunistischen Bewegung galt:

> »Weit entfernt, eine Summe fertiger Vorschriften zu sein, die man nur anzuwenden hätte, ist die praktische Verwirklichung des Sozialismus als eines wirtschaftlichen, sozialen und rechtlichen Systems eine Sache, die völlig im Nebel der Zukunft liegt. Was wir in unserem Programm besitzen, sind nur wenige große Wegweiser, die die Richtung anzeigen, in der die Maßnahmen gesucht werden müssen, dazu vorwiegend negativen Charakters. Wir wissen so ungefähr, was wir zuallererst zu beseitigen haben, um der sozialistischen Wirtschaft die Bahn frei zu machen, welcher Art hingegen die tausend konkreten praktischen großen und kleinen Maßnahmen sind, um die sozialistischen Grundsätze in die Wirtschaft, in das Recht, in alle gesellschaftlichen Beziehungen einzuführen, darüber gibt kein sozialistisches Parteiprogramm und kein sozialistisches Lehrbuch Aufschluß. Das ist kein Mangel, sondern gerade der Vorzug des wissenschaftlichen Sozialismus vor dem utopischen. Das sozialistische Gesellschaftssystem soll und kann nur ein geschichtliches Produkt sein, geboren aus der eigenen Schule der Erfahrung, in der Stunde der Erfüllung, aus dem Werden der lebendigen Geschichte, die genau wie die organische Natur, deren Teil sie letzten Endes ist, die schöne Gepflogenheit hat, zusammen mit einem wirklichen gesellschaftlichen Bedürfnis stets auch die Mittel zu seiner Befriedigung, mit der Aufgabe zugleich die Lösung hervorzubringen. Ist dem aber so, dann ist es klar, daß der Sozialismus sich seiner Natur nach nicht oktroyieren läßt, durch Ukase einführen.«

Ich will diese Passage in ihrer Bedeutung nicht überhöhen, zumal sich kritische Einwände vorbringen lassen, etwa gegen den heute wohl nicht mehr angemessenen Optimismus, daß die Geschichte die Gepflogenheit habe, mit den Bedürfnissen die Lösungen hervorzubringen, oder gegen das, was sie als Vorzug des wissenschaftlichen gegenüber dem utopischen Sozialismus nennt. Denn nach dem Scheitern des »realen Sozialismus« kann die sozialistische Bewegung nicht mehr an diesem Punkt stehenbleiben, sie muß sich mit dem Gewesenen schonungslos auseinandersetzen, aus der Kritik des Alten auch eine Vorstellung für das Neue entwickeln. Was Rosa Luxemburg uns aber aufgibt, ist die Offenheit des Prozesses, eine Offenheit, die auch bedeutet, daß diejenigen, die an einer sozialistischen Utopie festhalten wollen, zur Zeit mehr offene Fragen auszuhalten lernen müssen, als daß sie schon wieder schlüssige Antworten hätten.

5. Organisationsfragen

Ich betone zunächst, daß ich mich nicht in den Streit um Rosa Luxemburg als Spontaneitätstheoretikerin einzumischen gedenke. Aber auch außerhalb dieses Gelehrtenstreits gibt es gleichwohl die Möglichkeit einer Reihe von Anknüpfungspunkten in ihren Beiträgen zu Fragen der Parteiorganisation. Die wichtigste Lehre scheint mir zunächst zu sein, und ich glaube, die ist selbst bei den meisten der Nachfolgeparteien der ehemaligen kommunistischen Staatsparteien des Ostens mittlerweile begriffen, daß der Leninsche demokratische Zentralismus, den sie selbst einen bürokratischen nannte, *unwiederbringlich* der Vergangenheit anzugehören hat. Rosa Luxemburg hat dies schon 1904 so ausgedrückt:

> »Daraus ergibt sich schon, daß die sozialdemokratische Zentralisation nicht auf blindem Gehorsam, nicht auf der mechanischen Unterordnung der Parteikämpfer ihrer Zentralgewalt basieren kann und daß andererseits zwischen dem bereits in feste Parteikadres organisierten Kern des klassenbewußten Proleta-

riats und den vom Klassenkampf bereits ergriffenen, im Prozeß der Klassenaufklärung befindlichen umliegenden Schicht nie eine absolute Scheidewand aufgerichtet werden kann. Die Aufrichtung der Zentralisation in der Sozialdemokratie auf diesen zwei Grundsätzen – auf der blinden Unterordnung aller Parteiorganisationen mit ihrer Tätigkeit bis ins kleinste Detail unter eine Zentralgewalt, die allein für alle denkt, schafft und entscheidet sowie auf der schroffen Abgrenzung des organisierten Kerns der Partei von dem sie umgebenden revolutionären Milieu, wie sie von Lenin verfochten wird, erscheint uns deshalb als eine mechanische Übertragung der Organisationsprinzipien der blanquistischen Bewegung von Verschwörerzirkeln auf die solzialdemokratische Bewegung der Arbeitermassen.«

Sicher würden wir begrifflich heute einiges anders ausdrücken, aber dieser Gedankengang ist zugleich etwas, womit sich auch die Sozialdemokratie der 90er Jahre zu beschäftigen hat. Denn natürlich hat das, was wir unter dem Stichwort »SPD 2000« zur Zeit verstärkt in der Partei diskutieren wollen, auch etwas mit Verkrustungen, Bürokratisierungstendenzen, Parteiverdrossenheit, Undurchlässigkeit von unten nach oben zu tun. Rosa Luxemburg hat vor diesen Tendenzen gewarnt, auch davor, daß die Parlamentsfraktionen die Willensbildung der Partei selbst dominieren und unterbinden. Wer wollte bestreiten, daß wir es heute mit ähnlichen Problemen zu tun haben, dazu noch verwoben mit sozialstrukturellen Veränderungen, wie sie unter dem Stichwort »Individualisierung« diskutiert werden.

Es gibt Kräfte in der CDU (kürzlich in einem Grundsatzbeitrag des ehemaligen Bundesgeschäftsführers Peter Radunski), aber auch in der SPD, die aufgrund dessen für die »amerikanische« Flucht nach vorn, für den Übergang von der Mitglieder- zur Wählerpartei plädieren. Die Perspektive heißt hier: »Alle Macht den Profis«. Mit Verlaub, dies ließe sich auch als Leninismus unter umgekehrten Vorzeichen klassifizieren. Unser Bundesgeschäftsführer Karlheinz Blessing hat dem eine Absage erteilt und betont, die SPD müsse Mitgliederpartei bleiben, das einzelne Mitglied müsse im Mittelpunkt stehen. Bis letzteres wieder erreicht ist, wird es noch intensiverer Überlegungen bedürfen. Ich erinnere in diesem Zusammenhang daran, daß die Organisationsprinzipien unseres sozialdemokratischen Neuanfangs, der SPD, wie sie Konrad Elmer entworfen hatte, stark geprägt waren von basisdemokratischen Vorstellungen im Sinne Rosa Luxemburgs. Ist es nicht eine bemerkenswerte Vision, auch für uns in der Sozialdemokratischen Partei heute, wenn sie schreibt:

> »Die sozialdemokratische Disziplin kann also niemals bedeuten, daß sich die achthunderttausend organisierten Parteimitglieder dem Willen und den Bestimmungen einer Zentralbehörde, eines Parteivorstandes zu fügen haben, sondern umgekehrt, daß alle Zentralorgane der Partei den Willen der achthunderttausend organisierten Sozialdemokraten auszuführen haben.«

6. Internationalismus und nationale Frage

Rosa Luxemburg war – so ist es zu Recht immer ausgedrückt worden – eine glühende Internationalistin. Wir sollten uns dessen bewußt sein, daß ein solches Denken, das die Probleme unserer Zeit in ihrem universalen Zusammenhang zu begreifen versucht und für unser Handeln im Sinne von Solidarität daraus Kosequenzen ableitet, aktueller ist denn je. Wir im Osten Deutschlands spüren es Tag für Tag, daß ohne ein solidarisches Eintreten des Westens für den Osten unsere Probleme nicht zu bewältigen sind. Das solidarische Handeln im Sinne des Teilens im Westen für den Osten, aber noch wichtiger, gemeinsam mit dem Osten für den Süden, werden wir alle erst noch lernen müssen. Aber es steht auf der Tagesordnung, wollen wir die globalen Bedrohungen für unseren Planeten aufhalten, ein menschenwürdiges Leben auf allen Kontinenten als Ziel anstreben.

Rosa Luxemburg hatte ein solches Denken aus der Perspektive der gesamten Welt bereits begriffen – wie sich an ihren Beschreibungen der Auswirkungen von Imperialismus und Kolonialismus anschaulich nachlesen läßt –, als andere in der deutschen Sozialdemokratie noch einer – heute würden wir sagen: eurozentristischen – Sichtweise anhingen. Da war es ja durchaus noch gang und gäbe, auch dem Kolonialismus eine segensreiche Wirkung für die kulturlosen Länder und Nationen zuzuschreiben. Sie hingegen schrieb in einem Brief an Mathilde Wurm im Februar 1917:

»Was willst Du mit den speziellen Judenschmerzen? Mir sind die armen Opfer der Gummiplantagen in Putumayo, die Neger in Afrika, mit deren Körper die Europäer Fangball spielen, ebenso nahe.«

In diesem Sinne kann Rosa Luxemburg also durchaus Vorbildcharakter behalten.

Ihr konsequenter Internationalismus führte sie allerdings zugleich dazu, dem Problem der Nationen, insbesondere der Fragestellung des Selbstbestimmungsrechts der Nationen, keine positive Bedeutung zuzumessen. In der Kontroverse mit Lenin lehnte sie dessen Proklamierung des Selbstbestimmungsrechts ab, kritisierte, daß er die russischen Randstaaten, die dem alten Reich angehört hatten, nun dem deutschen Imperialismus ausliefere. Hier kann Rosa Luxemburg keinesfalls gefolgt werden. Schon ihre eigene Argumentation war inkonsequent. Sie hielt den Bolschewiki zurecht den Widerspruch vor, die demokratischen Grundfreiheiten des einzelnen geringzuschätzen, dagegen das demokratische Recht auf Selbstbestimmung der Nationen hochzuhalten, wobei sie nicht mehr erleben sollte, daß auch diese Praxis bald der Vergangenheit angehören sollte, etwa in Bezug auf Georgien 1921. Konsequent wäre es gewesen, auf der Einhaltung *beider* demokratischer Grundprinzipien zu bestehen, so wie es die Sozialdemokraten Karl Kautsky und Otto Bauer taten. Aber eigenartigerweise vollzog Rosa Luxemburg diesen Schritt nicht.

Welche Konsequenzen eine Unterschätzung der nationalen Frage haben kann, d. h. insbesondere die Nichtbeachtung traditioneller, kultureller, ethnischer, religiöser und anderer Besonderheiten in Vielvölkerstaaten, das erleben wir zur Zeit schmerzlich in Jugoslawien und der ehemaligen UdSSR. In dem Moment, wo kein sozial fundierter ideologischer Kitt mehr die Menschen zusammenhalten konnte, mußte die nationale Frage zum einigenden Moment werden, mit Hilfe dessen die Menschen die Fesseln der alten Systeme abstreiften. Die Befreiung nahm also die *Form* der nationalen Erhebung an. Ob ein neuer Nationalismus zu ihrem *Inhalt* wird, ist noch nicht endgültig ausgemacht, wird Gegenstand der politischen Auseinandersetzungen und Einflußnahmen sein. Sozialdemokratische Politik, auch wenn sie den Internationalismus einer Rosa Luxemburg auf ihre Fahnen schreibt, kann gleichwohl heute nicht bedeuten, das Verständnis für diese nationalen Prozesse durch den Appell an einen abstrakten Internationalismus zu ersetzen.

7. Sozialistische Prinzipien und visionäre Ziele

Von Rosa Luxemburg ist ein weiteres Diktum weltberühmt geworden, das von der Alternative Sozialismus oder Untergang in der Barbarei. Wer wollte bestreiten, daß sich die Menschheit mit ihrem industriekapitalistischen System, dem der »reale Sozialismus« vergeblich und mit ähnlichen, ja zum Teil schlimmeren Umweltschäden nacheiferte, selbst an den Rand des Abgrunds manövriert hat. Wer vermag schon gesichert zu sagen, ob klimatische Veränderungen, Bodenbelastungen und -erosionen, die Ozonlöcher, das angehäufte Nuklearpotential und anderes mehr einen Zeitpunkt markieren, der mit fünf vor zwölf oder fünf nach zwölf anzugeben ist. Erst in einigen Jahrzehnten, so ist leider die Realität im Bereich ökologischer Kreisläufe, werden wir wissen, welche endgültigen Schäden von den Faktoren angerichtet sein werden, deren erste Auswirkungen wir bereits heute mit bloßem Auge sehen können.

So berechtigt also Rosa Luxemburgs Diktum insofern ist, als sie das Umsteuern zu einer anderen Logik des Wirtschaftens, zu gesellschaftlicher Verantwortlichkeit gerade für den Umgang mit der Natur einfordert, so sehr verbirgt sich dahinter auch eine zwar nicht zwingende, aber doch mögliche fatale Konsequenz. Wir haben nämlich – wie beschrieben – keine Zeit, darauf zu warten, bis ein neuer großer gesamtgesellschaftlicher Alternativentwurf des Sozialismus gelingt, um *erst dann* den genannten Gefährdungen begegnen zu können. Wir werden also Wege finden müssen, schon jetzt ein Umsteuern zu erreichen in den Schritten, die auch das jetzige System zuläßt. Das macht Rosa Luxemburgs perspektivische Vision nicht falsch, aber es nimmt ihr die Schärfe des Entweder-Oder, die angesichts der heutigen Probleme allzuleicht in Fatalismus enden kann.

Ich bin damit am Ende meiner Punkte angelangt, in denen ich etwas von der Aktualität Rosa Luxemburgs vorstellen wollte. Wir sollten sie nicht heroisieren, sondern als jemanden akzeptieren, der sie war: eine widerspruchsvolle Persönlichkeit, von der die internationale Arbeiterbewegung dennoch mit Hochachtung sprach. Sie ist keine Heldin, die uns die Rezepte für unsere politische Tagesarbeit liefert, und dennoch hat sie uns noch eine Menge zu sagen. Wir werden erst noch lernen müssen, mit Rosa Luxemburg und ihrer historischen Entwicklung angemessen umzugehen. Sie wird dabei die linke Sozialdemokratin sowie die Gründerin der KPD bleiben, sie gehört weder den einen noch den anderen. Und was bleibt, ist eine warmherzige Persönlichkeit, die nicht auf das Geschäft der Politik und der Theorie zu reduzieren ist. Ich würde mir wünschen, es gäbe auch heute noch das eine oder andere Exemplar dieser seltenen Spezies in der Gattung der Politik. Helmut Hirsch hat in seiner lebendigen Luxemburg-Biographie die Person Rosa Luxemburg anhand ihrer Briefe aus dem Gefängnis so beschrieben:

> »Während der Justizminister, der Düsseldorfer Regierungspräsident, der Berliner Polizeipräsident, der Oberstaatsanwalt, der Oberreichsanwalt, das Kammergericht in Berlin, das Landgericht in Frankfurt, die Münsteraner und die Breslauer Kammandantur, das Oberkommando in den Marken sowie der 1. und 2. Senat des Reichsmilitärgerichts drei Aktenbände mit der

›Strafsache Rosa Luxemburg und Genossen‹ füllen und ihr mit Vorladungen, Verhören und Anklageschriften zusetzen, pflegt sie eine Korrespondenz, in der ein ganzer Mikrokosmos seine Bahnen zieht.

Klassische und zeitgenössische, wissenschaftliche und schöngeistige Literatur, Partei- und Weltpolitik, Bulletins über ihr physisches und psychisches Befinden, Aufzeichnungen über ihre Träume, Nachrichten (und ein wenig Klatsch) über Verwandte und Bekannte, Angaben über die äußeren Verhältnisse ihrer Gefangenschaft und das in ihrem Umkreis vor sich gehende Leben, Erinnerungen und Zukunftsbilder, die Erörterung aller erdenklicher Anfragen und Antworten, persönlicher Rat, persönliches Lob und persönlichster Tadel: das alles trifft man dort an, zumeist sorgfältig ziseliert und dennoch lebendig. Ein Gebiet für sich bilden die Beobachtungen von Tieren, Pflanzen und Landschaftselementen. Am bekanntesten ist wohl Rosas Schilderung der mißhandelten rumänischen Büffel geworden. Doch auch manche Skizze der als Botschafter ihrer Stimmungen dienenden beflügelten Wesen, der Amseln, Meisen, Elstern, Lerchen, Rotkehlchen, Tauben, Schwalben, Spatzen und Zugvögel, der Falter, Hummeln und Wespen, dazu das, was sie von Birken und Pappeln, Fichten und Rüstern, Flieder, Taubnesseln, Hyazinthen und Akazien, von Früchten und Wintersaaten zu schreiben weiß, lebt im Gedächtnis der ungezählten Leser ihrer veröffentlichten Briefe weiter.«

Ich schließe mit einem Gedicht aus dem Jahr 1960 von Johannes Bobrowski, einem der bedeutendsten Lyriker deutscher Sprache, der in der DDR gelebt hat:

»Rosa Luxemburg

Schmerz
wie ein Vogel singt.
Mauer, Lüfte, hörbar
über der Angst.

Wer verschließt deinen Mund,
Lerche? Du fliegst
auf vom Wiesenstädtchen,
in die Verwüstung, vorüber
Türmen, atemlos, dort:

Lerche, sing deinem Volk,
sing der Schläfen
Gewalt. Ich hör einen Alten
reden von finsteren Jahren.
Zärtlichkeit, eine Träne,
sagt deinen Namen.«

Aufgefordert, mich grundsätzlich zu äußern, sind mir doch nur einige subjektive Beobachtungen, durchaus persönliche Anmerkungen zu einem mich bedrängenden Thema gelungen. Aber was hätte Abstraktes, Prinzipielles schon besagt. Wenn politisches Reden nicht erfahrungsgesättigt ist und bis zur persönlichen Kenntlichkeit des Redenden gerät, wird es hohl, unglaubwürdig und – mir jedenfalls – unerträglich.

Politik und Moral

Unordentliche Gedanken zu einem ordentlichen Thema

Die Vorwürfe gegen Politik und Politiker sind altbekannt und tun mir dennoch weh. Politik sei ein schmutziges Geschäft, es habe wenig mit Moral, wenig mit Aufrichtigkeit und Bescheidenheit zu tun, dafür um so mehr mit Lüge und Eigennutz. Der flüchtige Blick scheint diese Vorurteile zu bestätigen, jedem fallen genügend problematische Beispiele ein: nicht gehaltene Wahlversprechen (z. B. die »Steuerlüge«), eingegangene Kompromisse (die ja immer als »faul« gelten), die unmöglichen Diäten-Debatten (jede Diätenerhöhung gilt ja als Skandal), der fortgesetzte, wahrhaftig nicht immer feine Streit zwischen den Politikern ... Die Vorwürfe tun mir weh, bin ich doch plötzlich einer von den Beschimpften. Es hilft nichts, ich habe mir einzugestehen, daß ich die Rolle gewechselt habe. Vom problematisierenden Beobachter bin ich zum problematischen Akteur geworden. Ich gehöre zur politischen

Klasse, ohne mich bisher daran gewöhnen zu können und zu wollen. Das Neuartige, das Fremde, das Befremdende meiner Rolle – ich empfinde es noch stark, es macht mich klarsichtig, empfindlich – hoffe ich. Aber tut es das wirklich? Ist das nicht bloß Koketterie, die sich des moralischen Arguments nur bedient?

Wie ich in die Politik geraten bin, weiß ich ziemlich genau. Das hat eine lange Vorgeschichte – meine 45jährige Biographie, die ich hier nicht erzählen will – und ein kurzes Aufbruchsmoment: Wäre ich im Herbst 1989 nicht – wie so viele andere – auf die Straße gegangen, hätte ich mich nicht – endlich – öffentlich einzumischen versucht und die Chance zur politischen Mitwirkung (die ich vorher nie gesehen, die es nie wirklich gegeben hatte, wollte man sich und seinen Überzeugungen treu bleiben) genutzt – mein ganzes weiteres Leben hätte ich mich geschämt, vor meinen Kindern und vor mir selbst. Ein moralisches Motiv also war es. Wie weit kann es tragen in der politischen Alltagsarbeit?

In Bonn mache ich die befremdliche Erfahrung, daß es fast eine Beschimpfung ist, wenn mal als »Moralist« bezeichnet wird. Auf andere Weise war das in der DDR nicht ganz unähnlich: Wer den Totalitätsanspruch der jeweils gerade gültigen politischen Doktrin und Praxis durch die Frage nach deren nicht selbst politischen, sondern eben ethischen Fundamenten zu relativieren suchte, wurde einer »kleinbürgerlichen Moral« geziehen. In Bonn allerdings bezeichnet das Abschätzige, mit dem die Vokabeln »Moralist«, »Moralisieren« versehen sind, wohl eher das Hilflose, Unerfahrene, Sachunkundige, insgesamt das nicht Realpolitische und vertraut Professionelle einer Argumentation und Position. Solcherart Bewertung vergißt einen wichtigen Tatbestand: Wer aus der Position des Schwächeren argumentiert, kann niemals nur realpolitisch argumentieren (wenigstens subjektiv nicht), er bedarf immer des moralischen (schlimmer noch: des moralisch überhöhten) Arguments. Das wirkt peinlich und abstoßend, es erzeugt Abwehr. Ich habe es erfahren.

Bei einer abendlichen Bonner Gesprächsrunde von Politikern und Theologen zum Thema »Politik und Gewissen« ist mir ein bemerkenswerter (ich weiß nicht, ob verallgemeinerbarer) West-

Ost-Unterschied aufgefallen: Für westdeutsche Politiker sind Gewissensentscheidungen nur sehr wenigen grundsätzlichen und/oder persönlichen Fragen vorbehalten, so z. B. der § 218, die Zulässigkeit der Gen-Technologie, die Entscheidung über Wehrdienstverweigerung (die Hauptstadtentscheidung zählte irgendwie auch dazu). Polemisch wollte ich solch sparsamen Gebrauch des eigenen Gewissens in der Politik mit einem der berühmten Aphorismen von Stefan Jerzy Lec kommentieren: »Sein Gewissen war rein, er benutzte es nie«. Das wäre grob ungerecht gewesen. Denn daß nicht jede politische Frage eine zuerst moralische Frage ist, sondern zunächst und vor allem eine sachliche Frage, das ist ja zutreffend. Moral in der Politik ist nicht identisch mit moralischem Überschwang, sondern sie erscheint in der sachpolitischen Vermittlung, in der Angemessenheit von Lösungen für ein Problem, in einer stimmigen Zweck-Mittel-Relation, in der Fundierung politischer Entscheidungen auf ein vorgängiges Recht. Das war es, was mir vor allem auffiel: Verrechtlichung des politischen Denkens! Dagegen meine, unsere ostdeutsche Erfahrung: Gewissensentscheidungen erschienen mir als etwas durchaus Alltägliches, nämlich als der immer wieder neu zu unternehmende Versuch, sich gegen eine politisch-ideologische Übermacht zu behaupten, bei sich und der eigenen Vernunft, dem eigenen Anstand zu bleiben, sich nicht korrumpieren zu lassen (jedenfalls nicht über den überlebensnotwendigen und deshalb gerade noch vertretbaren Kompromiß hinaus)... Der Versuch des kleinen anständigen Lebens geriet in der Diktatur – ist das eine Selbsttäuschung? – zu einer Folge von kleinen und großen, mehr oder minder folgenreichen Gewissensentscheidungen. Wie anders hätte man manchmal nein sagen und oft schweigen, jedenfalls nicht ja sagen können! Dies Verhalten und Denken ist als Übermoralisierung der DDR-Opposition bezeichnet worden. Wohl zu recht. Es gab da unter uns nicht recht angepaßten DDR-Deutschen einen Überhang an Gesinnung – aus Mangel an Macht, an Möglichkeiten, Verantwortung gesellschaftlich realisieren zu können, deswegen wurde der private Anstand so wichtig. Unser Moralismus war lebensnotwendiges Gegengewicht zu unerträglicher, zwanghafter politisch-ideologischer Überdeterminierung. Unser Moralismus war Selbstverteidigung gegen den zynischen Relativismus und die Lüge, war Selbstrechtfertigung angesichts aufgenötigter öffentlicher Tatenlosigkeit, angesichts von Handlungsverboten. Im Rückblick läßt sich skeptisch sagen, daß unser Moralismus auch Verklärung eines Mangels gewesen sein kann. Jedenfalls erscheint er heute manchem scharfsinnigen und scharfzüngigen Wessi als pathetischer Zierrat, als Pathos, das die Unschärfe des Denkens und die Unfähigkeit sachadäquaten Handelns in einer offenen, demokratischen Gesellschaft verdeckt und verrät zugleich. Irgendwie unzeitgemäß und unangemessen veraltet, dieser Moralismus!

Vielleicht ist es also das, was wir – Ossis, Neupolitiker, Altmoralisten – begreifen müssen, was ich lernen muß: das Realisierbare zu schätzen (gegen den Überhang des Utopischen, dem wir angehangen haben), die politischen Techniken von Strategie und Taktik (eine Relation, die wir in ihrer leninistischen Perversion gehaßt haben) nicht mehr zu verabscheuen, in die »Sachen« sich zu vertiefen, die Träume zu erden, bei den Eigeninteressen anzuknüpfen, überhaupt Politik als Interessenausgleich zu verstehen... – und dabei doch tatenlose Gesinnung nun nicht gegen gesinnungslose Tat auszuwechseln!

Natürlich weiß ich, daß – systematisch betrachtet – Moral und Politik durchaus unterschiedliche Denkweisen darstellen, »normativ« die eine und »relativ« die andere. Aber in ihrer Praxis müssen sich Moral und Politik überschneiden, sonst wird Moral abstrakt und folgenlos und Politik barbarisch. Das sind triviale Einsichten. Und jeder Politiker, jede Politik wird für sich Moralität in Anspruch nehmen. Woher dann die sich verstärkenden Klagen über den Immoralismus von Politik und die mangelnde Glaubwürdigkeit der Politiker? Es gibt die Krise des Vertrauens in die Politik, die großen Gegenwartsprobleme lösen zu können, auf die neuen globalen wie nationalen, ökonomischen wie sozialen wie ökologischen Herausforderungen mit angemessenen Antworten zu reagieren. Weder hohles Pathos noch das einfache Weiter-so-wie-bisher, weder taktische parteipolitische Finessen noch eilfertige Versprechen sind erwünscht. Eher wohl Glaubwürdigkeit, Unterscheidbarkeit, Kompetenz. Moralität in der Politik muß sich – selbstverständlich – in der Bewältigung sehr unterschiedlicher politischer Sachaufgaben bewähren. Nicht Rhetorik (die ist ein Mittel nur), sondern Gestaltung ist ihr Ziel.

Wie könnte eine moralisch gerechtfertigte Politik aussehen? Ich wähle ein paar disparate Beispiele. Einer anständigen Ausländer- und Asylpolitik muß es – gerade angesichts massiver Ausländerfeindlichkeit und grassierender Überforderungsängste in Deutschland – darum gehen, praktische Lösungen zu finden, die sowohl die elementaren Nöte und die unbedingt zu verteidigenden Menschenrechte der Ausländer und Asylbewerber berücksichtigen als auch die Leistungsfähigkeit der eigenen Gesellschaft wie die Ängste der Menschen, ohne letztere zu bestärken oder gar parteipolitisch zu mißbrauchen. Solidarität ist dem Menschen zumutbar.

In der aktuellen Debatte um die Stasi-Vergangenheit geht es gerade angesichts täglich neuer entsetzlicher Enthüllungen um den Mut und die Leidenschaft zur Differenzierung ohne Beschönigung, um Recht ohne Rache, um einen mühevollen, vorher unwägbaren, nicht recht steuerbaren Prozeß des konfliktreichen mehr oder minder öffentlichen Gesprächs, der Verständigung über unterschiedlich schuldhafte Vergangenheit mit dem Ziel – am Schluß, trotz allem – der Versöhnung. Die Wahrheit ist dem Menschen zumutbar.

Im Prozeß der deutschen Einigung geht es – wenn diese Einigung denn glücken soll – um eine Politik wirklichen Teilens: Einheit ohne Gerechtigkeit wird mißlingen. Also brauchen wir eine solidarische Finanz-, Lohn- und Vermögens-Politik. Wenn wir nicht einmal gewissermaßen in der Familie (also in Deutschland) teilen lernen (die Bereitschaft und die Formen, die vernünftigen Instrumente), wie wollen wir dann in Europa (also mit Osteuropa) und in der Welt (der Norden mit dem Süden) teilen können?

Eine Politik nationaler wie europäischer wie globaler Solidarität ist notwendig. Ihre Voraussetzungen, ihre Strategien sind erst in Umrissen bekannt. Die Schwierigkeiten, sie zu verwirklichen –

man braucht dazu Mehrheiten, will man nicht die nächste »moralische« Diktatur – sind enorm. Der – blinde – Aktualismus der Politik ist eine der Schwierigkeiten, die drastische Diskrepanz zwischen Wissen und Handeln die andere, schlimmere Schwierigkeit. Sie erscheint mir als das eigentliche Grundproblem des Verhältnisses von Politik und Moral: Folgenlosigkeit unserer Einsichten, Besitzstandswahrung als zentraler Politikinhalt, Eigeninteressen und Befindlichkeiten als Anknüpfungspunkte und Argumente – unter solchen Bedingungen ist heute (zumindestens in den reichen Staaten) Politik zu machen. Es geht also um Bewußtsein und Bewußtseinswandel. Wir erlauben uns eine »Seelenhaltung« voller Abwehr, Angst und Neid und sind erschrocken über die Verteilungskämpfe, die eine Gesellschaft von Menschen dieser Seelenhaltung produziert (vgl. C. F. von Weizsäcker, s. u.).

Carl-Friedrich von Weizsäcker hat schon 1979 (»Wege in der Gefahr«) geschrieben: »Dabei ist der eigentliche Fehler nicht, daß die erkannten Notwendigkeiten nicht durchgesetzt werden können. Ihre Undurchsetzbarkeit liegt gerade darin, daß sie von den mächtigsten Gruppen nicht als notwendig erkannt werden. Machtkampf und Herrschaftserhaltung machen im hohen Grade aufmerksam für die eigenen, zumal kurzfristigen Interessen, sie machen blind für die allgemeinen und damit für die eigenen langfristigen Interessen. Ein Bewußtseinswandel müßte nicht unsere Meinungen, sondern *unser Wahrnehmungsvermögen ändern*. Dies ist möglich, aber der Weg dazu ist fast unerträglich schmerzhaft. Das Opfer – nicht das Brandopfer von Kälbern oder caritative Spende, sondern das Opfer dessen, was man für unerläßlich zum Lebensglück hält – ist der symbolische Ausdruck der Bereitschaft, diesen Schmerz auf sich zu nehmen«.

Publik-Forum, Februar 1992

Darf man den freiwilligen Tod eines Menschen als Argument verwenden? Wie weit weg liegt Bonn von den ostdeutschen Problemen? – Da stirbt ein Mensch, demonstrativ, in politischer Absicht und aus Verzweiflung. Aber in Bonn wiegelt man ganz schnell ab.

Erbarmungslose Ansprüche

Ein Plädoyer für Entschädigung vor Rückgabe

Ein Mensch ist gestorben. Detlef Dalk aus Zepernick bei Berlin, Fraktionsvorsitzender vom Bündnis 90 im Bernauer Kreistag, hat sich das Leben genommen. Dies ist kein privater Tod! »Ich bin soweit, ich werde mein Leben opfern, damit meine Familie und andere Familien in den sogenannten Beitrittsgebieten ihr Leben friedlich dort verbringen, wo sie heute leben« – so beginnt ein offener Brief an den Bundeskanzler, den er hinterlassen hat.

Ein demonstrativer Tod, ein verzweifeltes Opfer für die Lebensinteressen vieler anderer, ein Zeichen von – wahrhaftig nicht nur seiner – Ohnmacht! Wie ich das traurig verstehe! Werden wir es verstehen? Wer alles wird es verstehen? Aus Bonn läßt sich eilig Herr Bohl, seines Zeichens Kanzleramtsminister, abwiegelnd vernehmen: Es handele sich um einen Einzelfall – traurig zwar, aber nicht bedeutungsvoll, nicht verallgemeinerbar. Frau Schwaetzer, die Wohnungsbauministerin, beeilt sich mitzuteilen, nicht der gute (Bonner) Grundsatz »Rückgabe vor Entschädigung« sei es, sondern die schlechte (ostdeutsche) Verwaltungspraxis. Alles klar – aus Bonner Sicht. Kein Anlaß zur Aufregung.

Aber ich rege mich auf: Seit fast zwei Jahren fordere ich, fordern wir, daß bei der sogenannten »Regelung offener Vermögensfragen« in den Fällen, wo es um die so notwendigen Investitionen zugunsten Ostdeutschlands und die so schützenswerten Lebensinteressen der ostdeutschen Bürger geht, der Grundsatz gelten muß: »Entschädigung statt Rückgabe«. Die große Koalition von Lothar de Maizière und den Sozialdemokraten in Ostberlin war sich darin bis zum Schluß (und noch nach dem Ende der Koalition) einig. Aber die Bonner waren stärker, natürlich und unübersehbar. Die CDU-FDP-Regierung setzte im Einigungsvertrag ihre Erfahrungen und Überzeugungen, ihre »Sicht der Welt« durch: die Unantastbarkeit des Rechts auf Eigentum. Sie erweist sich in der rücksichtslos-erbarmungslosen Art, wie viele – gewiß nicht alle – westdeutsche Eigentumsberechtigte ihre Ansprüche gegen Ostdeutsche durchsetzen, als bornierte Eigentumsideologie mit unmenschlichen Wirkungen. Wer redet noch von der, wer praktiziert wirklich die »Sozialpflichtigkeit des Eigentums«, von der das Grundgesetz spricht! Wenn sie in Ostdeutschland gälte, wer würde das Recht auf Eigentum in Zweifel ziehen?

So aber erzeugen der Grundsatz »Rückgabe vor Entschädigung« und die durch ihn erzwungene Rechts- und Verwaltungspraxis geradezu existentielle Ängste. In vielen Fällen haben ostdeutsche Bürger zu DDR-Zeiten Grundstücke und Immobilien nicht als Eigentum, sondern zur Nutzung übertragen bekommen; aber sie haben unendlich viel Lebenszeit und Kraft und Geld in sie hineingesteckt; sie sind ihre Lebensgrundlage geworden, von der sie von heute auf morgen durch westdeutsche Ansprüche, durch wiederauferstandene Eigentümer vertrieben werden sollen.

Die Bundesregierung muß endlich die unmenschlichen Wirkungen ihrer dogmatischen Eigentumspolitik erkennen und den Grundsatz »Entschädigung anstelle von Rückgabe« in all den Fällen gelten lassen, wo Lebensinteressen ostdeutscher Bürger dramatisch betroffen sind. Das mindeste ist die Verlängerung des Mieterschutzes (also des Kündigungsschutzes) um wenigstens fünf Jahre und die Verlängerung des Zeitraums für die Regelung strittiger Eigentumsfragen, um einen fairen Ausgleich zwischen alten

Eigentumsansprüchen und gegenwärtigen Lebensansprüchen zu ermöglichen. Altes Unrecht darf nicht durch neues ersetzt werden.

Gibt es dafür eine Chance? Oder wird die neue, die staatliche Einheit der Deutschen unausweichlich begleitet, unterlaufen von einer tiefen ökonomischen und sozialen Spaltung: in Unternehmer-West und Unternommene-Ost, in Eigentümer-West und Eigentumslose-Ost? Die Zeichen genau dafür sind unübersehbar. Man braucht nur die Privatisierungspolitik der Treuhand, die sie im Auftrage der Bundesregierung betreibt, zu besichtigen. Und eben den sogenannten Wohnungs- und Immobilien-»Markt«. Und den seit Sommer 1990 laufenden Umverteilungsprozeß von Ost nach West: Arbeitsplätze, Arbeitskräfte, Entscheidungsinstanzen und -kompetenzen, Gewinne, Gewinne, Gewinne – sie alle sind gen Westen »gewandert«.

In Bremen kann man, vor dem wunderbaren Rathaus stehend und den Blick nach links wendend, eine Inschrift lesen des Inhalts: Gedenket der Schwestern und Brüder, die für uns das Los der Teilung tragen. Vor über dreißig Jahren ist sie dort angebracht worden.

Wir Ostdeutschen sind in unserem müden und einsichtsvollen Realismus zu vielem bereit: selbstverständlich zu Geduld und Fleiß, gewiß auch zu Opfern und Anstrengungen. Wunder gibt es nicht, oder sie dauern – wie wir früher immer gesagt haben – etwas länger. Aber wird es, muß es so sein, daß uns, nachdem vor allem wir Ostdeutschen die Last der Teilung zu tragen hatten, auch die größere Last der Einigung aufgetragen wird? Könnten Gewinner und Verlierer, Gewinne und Verluste nicht anders verteilt werden? Ein deutsch-deutscher Lastenausgleich – wie wär's damit! Die (meisten) Westdeutschen würden dadurch nicht arm, die (meisten) Ostdeutschen dadurch nicht reich. Aber sie würden dadurch, so hoffe ich, verwandter.

Wochenpost, 12.3. 1992

III.

Kann man die DDR-Vergangenheit »bewältigen«?

Der folgende Text war – absichtsvoll – die Eröffnung einer öffentlichen Diskussion, nicht zuletzt verursacht durch die Verwendung des höchst mißverständlichen Begriffs »Tribunal«. (Friedrich Schorlemmer hat zur gleichen Zeit, aber unabhängig von mir, den gleichen Vorschlag gemacht.) Aus der Beobachtung des Unangemessenen der bis dahin erfolgten Versuche juristischer »Bewältigung« der DDR-Vergangenheit war der Vorschlag motiviert, die Rechtsmetapher »Tribunal« zielte auf Öffentlichkeit und Strenge des Versuchs, ein Forum der Aufklärung war schon damals von mir gemeint. Auf ehrliche und dadurch erst befreiende Weise mit der Vergangenheit umgehen, das ist die Aufgabe, deren Lösung uns wohl noch lange beschäftigen wird. Die Debatte darüber hält an, sie ist heftig und manchmal ungerecht, wen wundert's. Sie bewegt sich zwischen Aufklärung und Vermarktung, zwischen Beschönigung und Vernichtung. Ich habe mich immer wieder eingemischt und werde es weiter tun, aus Sorge um das, was von uns, den geschlagenen DDR-Bürger, überhaupt wird bleiben können, wenn nicht Differenzierung, Genauigkeit, Wahrhaftigkeit, Gerechtigkeit die Oberhand gewinnen, sondern Pauschalurteile und Fanatismus, Geschäftsinteressen oder parteipolitisches Kalkül.

Schuld sind immer die anderen

Ein Plädoyer für die selbstkritische Bewältigung der eigenen Geschichte

Unzufriedenheit, Enttäuschung, Verbitterung machen sich breit: Die moralische und juristische Aufarbeitung der Stasi- und SED-Vergangenheit der Ex-DDR will nicht recht in Gang kommen, ja es gibt vielfältige Anzeichen, daß sie mißlingen könnte. Sind wir verurteilt, eine – andere – Geschichte zu wiederholen: das Scheitern der kritischen politisch-moralischen und juristischen Auseinandersetzung mit dem Unrechtssystem des Faschismus und seinen verbrecherischen Tätern nach 1945?

Wird die »Bewältigung« auch im Falle des realsozialistischen Unrechtsregimes erst mit einer Verspätung (von wieder zwanzig Jahren) erfolgen? Bedarf es dazu erst wieder des politisch-moralischen Rigorismus einer nachfolgenden Generation (wie der 68er)? Muß sich Geschichte wirklich auf so blamable, quälende Weise wiederholen?

Es sieht so aus, die Zeichen dafür mehren sich (und wem eigentlich will man dafür wirklich Vorwürfe machen): Honecker, der kleine realsozialistisch-absolutistische Landesfürst, ist vorerst weg, unerreichbar für die deutsche Justiz, er sitzt in Moskau und zeigt sich uneinsichtig. Die Mielkes, Stophs, Mittags, nicht weniger uneinsichtig, sitzen zwar im deutschen Gefängnis – aber berechtigte Zweifel werden laut, ob der Herrschaftskriminalität des SED-Regimes überhaupt rechtsstaatlich beizukommen ist; Zweifel, die genährt werden durch die lächerlich-peinigenden Urteile gegen Tisch und Götting, deren kläglicher Mittelmäßigkeit zwar angemessen, nicht aber ihrer politischen Verantwortung und Schuld. Schalck-Golodkowski, der Pate der realsozialistischen Wirtschaftskriminalität, läßt es sich ungestört und wohlbehütet am Tegernsee gut sein im – sicheren? – Gefühl, daß das Geheimnis seines Imperiums nicht aufgedeckt werden kann.

Ein Gutteil der anderen realsozialistischen Wirtschaftsführer hat sich untergebracht in »Seilschaften«, wie man das ostzulande nennt; ihre alten Verbindungen, ihre Wendigkeit und Cleverneß ließ sie schnell zu Managern mutieren, die, wie wir ja wissen, unersetzlich, unabkömmlich sind. Und selbstverständlich sind sie schuldlos am wirtschaftlichen Zusammenbruch der DDR und für die Folgen nicht verantwortbar. So schuldlos und nicht haftbar wie die PDS, die Nachfolgepartei der SED, die um der Eigentumsnachfolge und um ihrer sozialen Basis willen beschäftigt ist mit

Rechtfertigung, Verharmlosung (genannt »Differenzierung«) und mit dem Versuch, aus der ehemaligen Rolle des Verfolgers in die Rolle des zu Unrecht Verfolgten zu schlüpfen – nach dem Motto: »Haltet den Dieb«, der ja immer der andere ist. (Dazu passen die wiederholten Übungen der ehemaligen Blockparteien, zum Schlemihl zu werden: Sie versuchen, schattenlos aus der Vergangenheit in die Gegenwart zu gelangen. Vergeblich.)

Überhaupt: Schuld sind und waren immer die anderen. Das trübsinnige Wort »Wende« hat darin seine Richtigkeit, daß es die massenhafte Abwendung von der eigenen Vergangenheit mit bezeichnet – eine Abwendung, die man doch lieber mit gutem als mit schlechtem Gewissen vollführen will. Entlastung ist dafür Voraussetzung, Befreiung von der Beschämung, diese DDR-Vergangenheit mit verschuldet oder doch wenigstens mit erduldet zu haben.

Rührt etwa von daher der heftige Wunsch nach exemplarischen Bestrafungen? Nicht nur, denn es gibt auch ein elementares Gerechtigkeitsbedürfnis, das um unserer Zukunft willen gerade an einem Neubeginn nicht enttäuscht werden darf! Es gibt eben den berechtigten Wunsch, daß Recht und Unrecht, Gut und Böse sortiert werde, damit man mit der Vergangenheit umgehen kann, ohne von ihr erdrückt zu werden. Schulderkenntnis, Strafe und Reue bei den Tätern, Verständnis, Achtung und Wiedergutmachung für die Opfer – das würde es erleichtern, mit der eigenen zwiespältig-leidvollen Erfahrung fertig zu werden und die eigene Biographie anzunehmen.

Wer aber soll Recht sprechen? Wer darf moralische Urteile fällen? Wie organisieren wir Ostdeutschen selbst die Aneignung unserer Vergangenheit, also eines Erbes, das viele ausschlagen möchten, ohne es so recht zu schaffen? Die Gauck-Behörde ist – noch – überfordert, da bisher die ausreichende Rechtsgrundlage fehlt, da ihre Struktur und personelle Besetzung noch nicht der gigantischen Aufgabe adäquat ist. Wir brauchen dieses Instrument eines unabhängigen, rechtlich starken Instituts zur Aneignung der Hinterlassenschaft des MfS im Dienste der Opfer. Der vom Justizministerium vorgelegte Entwurf eines »Unrechtsbereinigungsgesetzes« ist nicht wirklich großzügig, sondern eher kleinlich gegenüber den Opfern.

Strafverfolgung und Rechtsprechung müssen auf absehbare Zeit von Juristen vorgenommen werden, die aus der alten Bundesrepublik zu uns in den Osten kommen: Angesichts der Unrechtsjustiz der DDR ist personelle Kontinuität schlichtweg nicht erlaubt, der Rechtsstaat muß gewissermaßen über Personen importiert werden. Schleicht sich da wieder einmal das Gefühl ein, hier würde »Siegerjustiz« ausgeübt? Der Eindruck, daß die Wessis das Recht machen und dann auch noch unbeholfen und unvollständig, scheint dies Gefühl zu bestätigen. Der Vergleich mit den Nürnberger Prozessen und der Entnazifizierung ist – so nahe er liegt – trotzdem falsch! Zu reden ist aber über die Schwierigkeit, eine Enteignung von der eigenen Vergangenheit – im guten wie im schlechten – zu verhindern, deren Aufarbeitung wir eben nicht anderen überlassen dürfen!

Was ist zu tun?

Erstens und selbstverständlich muß die Strafjustiz das Ihre tun, so präzise und rechtsstaatlich wie überhaupt möglich. Sie darf nicht in vorauseilender Resignation vor der anstehenden Sisyphusarbeit die Hände in den Schoß legen. Die Grundsätze des Rechtsstaates dürfen auch angesichts der Herrschaftskriminalität des SED-Staates nicht verbogen werden. Die Strafjustiz kann und darf nur über individuelle Schuld urteilen, die Kriminalität eines Staates ist nicht ihr Objekt. Die Geschichte ist nicht die Angeklagte, auch nicht personifiziert in solchen mediokren Gestalten wie Harry Tisch und Gerald Götting. Und vor allem – die Berliner Justizsenatorin Jutta Limbach hat es treffend formuliert –: »Volkszorn ist kein Haftgrund«!

Zweitens und ebenso selbstverständlich muß mindestens den Opfern Gerechtigkeit widerfahren, wenn schon nicht den Tätern. Auf dem Unterschied ist zu bestehen: Wiewohl wir alle, wenngleich auf höchst verschiedene Weise, in das vergangene System hineinverwickelt waren, sind doch nicht alle Täter und Opfer zugleich. Es gibt wirkliche Täter und wirkliche Opfer, Schuldige und Unschuldige, und dann auch noch und dazwischen die vielen anderen – wir, die darin gelebt haben, beschäftigt mit unserem Überleben, mehr oder minder anständig, mehr oder minder klug, mehr oder minder feige oder mutig.

Drittens – und das wird länger dauern – bedarf es der historischen, wissenschaftlichen Aufarbeitung der DDR-Vergangenheit, die in der kritischen Analyse nicht nur ihre Vor-Urteile bestätigt, sondern die Maßstäbe ihrer Bewertung am Material immer neu gewinnt. Dazu ist der freie Zugang zu den Archiven und Aktenbeständen ebenso nötig wie die Pluralität des historisch-politischen Herangehens. Das heißt für mich auch, daß es die Chance geben muß, die Geschichte der DDR aus der Sicht der Betroffenen schreiben zu können, also mit den Augen derer, die sie gelebt haben.

»Wir werden die Geschichte nicht dadurch los, daß wir sie an die Justiz delegieren«, habe ich im *Spandauer Volksblatt* gelesen. Wahrhaftig, die Aufgabe bleibt an uns haften: Es geht um die politisch-moralische Aufarbeitung unserer Vergangenheit vornehmlich durch uns und an uns selber, uns, den ehemaligen DDR-Bürgern – nicht stellvertretend durch westdeutsche Richter und westdeutsche Historiker, aber mit deren Hilfe.

Mein Vorschlag, meine Hoffnung, meine Bitte ist deshalb: Organisieren wir ein Tribunal über die Vergangenheit des SED- und Stasi-Staates! Der Vorschlag ist nicht neu, er ist schon von anderen gemacht worden, aber er ist notwendig: Ein Tribunal als eine Form des konzentrierten öffentlichen Diskurses; als eine Form der gemeinschaftlichen Aufarbeitung unserer Vergangenheit durch uns selbst – an exemplarischen Beispielen des Unrechts der DDR in den vergangenen vierzig Jahren; als eine Form der Bildung unserer Maßstäbe des politischen und moralischen Urteilens, in dem die Menschenrechte und die allgemeinen Rechtsprinzipien, wie sie seit den Nürnberger Prozessen anerkannt sind, sowie die völkerrechtlichen Vereinbarungen (von der Uno-Charta bis zu den Helsinki-Verträgen), die die DDR-Regierung selbst akzeptiert hatte, als Grundlage der Verhandlungen genommen werden; als eine Form des gemeinsamen Lernens dessen, was aus vierzig Jahren DDR überhaupt zu lernen sei; als ein Forum schließlich der politisch-moralischen Selbsterziehung und Selbsterneuerung.

Gegen Rachegefühle und Entlastungsverlangen, gegen Mythisierung und Dämonisierung des SED-Stasi-Regimes könnte ein solches Tribunal eine selbstkritische Anlayse der Dialektik von Verhalten und Verhältnissen versuchen, die dieses System ermöglicht und stabilisiert hat, eine Untersuchung der DDR als ein System des alltäglichen, des leisen Terrors, das des Mittuns und des Mitschweigens vieler bedurfte; es könnte politische und moralische Schuld da benennen, wo da Strafrecht seine Grenzen hat: »Wer den Bürgern den selbstkritischen Umgang mit ihrer jüngeren Geschichte wegschwatzen will«, so hat der verstorbene Historiker Martin Broszat in einem analogen Zusammenhang festgestellt, »raubt ihnen eines der besten Elemente politischer Gesittung«. Die »durch die Not erworbene moralische Sensibilität gegenüber der eigenen Geschichte« kann nicht delegiert werden, sondern muß sich in deren Aufarbeitung bewähren.

Die Inkonsequenz der Herbstrevolution '89 (wenn es denn eine war) ist durch Strafrecht nicht auszugleichen; wir haben aus ihr die Konsequenz zu ziehen: Noch einmal sollten die Kräfte des Herbstes '89, Bürgerbewegung und Sozialdemokraten, ihre Gemeinsamkeit bewähren – die Gemeinsamkeit des Aufbegehrens gegen elementares Unrecht und der Sehnsucht nach selbstbestimmter Freiheit und in einer gemeinschaftlichen politisch-moralischen Anstrengung selbstkritisch und selbstbestimmt von der eigenen und fremden bösen Vergangenheit scheiden. Dies meint die Idee eines Tribunals. Wir sollten diese Aufgabe nicht unseren Kindern überlassen.

Die Zeit, 6.9.1991

Stasi-Erbe: »Die Sprachlosigkeit vergiftet die Gesellschaft«

Die Notwendigkeit miteinander über die Vergangenheit zu reden

Was soll mit Erich Honecker geschehen?

Ich habe zunächst etwas gegen ein vorauseilendes Mitleid mit dem alten Mann. Man soll ihn nicht schlechter, aber auch nicht besser behandeln als andere. Der Rechtsstaat hat keine andere Möglichkeit, als ein Verfahren gegen ihn anzustrengen. Wenn Honekker, Mielke, Stoph und andere straffrei davonkommen, würde dies das elementare Gerechtigkeitsverlangen der Menschen wirklich verletzen.

Ist es tatsächlich nur das Verlangen nach Gerechtigkeit?

Mein Eindruck ist, daß die Gefühlslage der Menschen in Ostdeutschland durchaus diffus ist. Einerseits Gerechtigkeitsverlangen, aber darin steckt auch immer ein nicht unerhebliches Quantum an Rachegefühl: für erlittenes Unrecht. Aber ich glaube, fast zu gleichen Teilen gibt es ein anderes Gefühl, nämlich irgendwie diese Vergangenheit loszuwerden, sich wirklich nicht auf sie einlassen zu müssen. Also steckt in der Lust, andere – zumal die da oben – verurteilt zu sehen, immer auch ein Stück Verdrängung der einfachen Tatsache, daß man, wenn nicht ein Täter, so doch ein Schweiger, ein Mitläufer war, einer, der alles über sich hat ergehen lassen.

Es genügt also nicht, wenn Honecker und die anderen vor Gericht kommen?

Wir brauchen eine strenge öffentliche Form, in der wir Ex-DDR-Bürger uns noch einmal zwingen, uns unserer Vergangenheit zu stellen. Eine Form, die sich deutlich von rechtsstaatlich-juristischen Verfahren unterscheiden muß. Bei dem Vorschlag, ein Tribunal zu veranstalten, geht es darum, nicht individuelle Schuld nachzuweisen, sondern eine öffentliche Analyse eines Systems vorzuführen unter der leitenden Frage: Wie haben Menschen in unterschiedlicher Verantwortung zum Funktionieren dieses Systems beigetragen, und wie hat wiederum dieses System das Verhalten der vielen bestimmt?

Sie können doch niemanden vor so ein Tribunal zwingen?

Solche praktischen Fragen beginnen wir gerade zu diskutieren. Erstens: Es muß das Freiwilligkeitsprinzip herrschen. Warum sollten nicht die Herren Schabowski und Modrow zum Beispiel freiwillig erscheinen? Warum sollten nicht Stasi-Mitarbeiter erscheinen? Wenn ich mir vorstelle, daß mit der Verabschiedung des Stasi-Unterlagen-Gesetzes Opfer massenhaft ihre Akten einsehen und plötzlich entdecken werden, wer sie denunziert hat, wird es einen unerhörten Bedarf an Gesprächen geben. Wenn wir es nicht fertigbringen, das Gespräch zwischen Tätern und Opfern in Gang zu setzen, dann wird diese Gesellschaft krank werden. Das kann eine Krankheit werden, mit der wir die Westdeutschen auch noch ein bißchen anstecken. Ich denke, es kann nicht sein, daß wir nur die Stasi als ein schlimmes Erbe mit einbringen, sondern auch den Mut und die Kultur, uns diesem Erbe zu stellen.

Ist es dafür nicht schon zu spät?

Ich sehe mit großer Beunruhigung, wie wenig Gespräche stattfinden – eine Sprachlosigkeit, die für mich etwas Alarmierendes hat, weil ihre Kehrseite Aggressivität ist. Bestimmte Phänomene von Ausländerfeindlichkeit und zunehmender Aggressivität haben damit zu tun, die eigene Biographie nicht verarbeitet zu haben.

Reicht hierfür ein großes zentrales Tribunal aus?

Es geht nicht so sehr darum, daß man mit irgendeiner zentralen Veranstaltung anfängt. Wir sollten es fertigbringen, daß sich an verschiedenen Stellen, in Leipzig, Magdeburg, Rostock und Erfurt, Gruppen bilden und einen Ausschnitt aus der Unrechtsgeschichte der DDR analysieren. Wir könnten in einem Ausschnitt exemplarisch ein solches Gespräch miteinander veranstalten. Inszenieren ist ein schon etwas zu böses Wort. Die Erfahrung kann auch schiefgehen. Deswegen ist die Idee auch so spannend.

Welchen Zeitrahmen haben Sie sich dafür gesteckt?

Das kann ich noch nicht beantworten. Meine Überlegung ist, daß man an verschiedenen Orten anfangen muß und mit unterschiedlichen Gremien. Man bräuchte natürlich einen organisatorischen und einen finanziellen Rahmen. Das kann man nicht dilettantisch mit Amateuren machen. Man braucht Leute, Historiker, Leute, die auch was organisieren können. Die muß man anstellen.

Wer könnte der Veranstalter sein?

Ich kann mir vorstellen, daß man einen neutralen Träger findet, vielleicht auch mehrere. Zum Beispiel die Deutsche Gesellschaft, das ist eine parteiübergreifende Vereinigung, die noch vor der Wende gegründet worden ist. Das wäre eine Möglichkeit. Man müßte noch ein paar andere unabhängige Gesellschaften, Vereine hinzunehmen. Als Träger könnte ich mir auch katholische und evangelische Akademien vorstellen.

Die Mitarbeiter sollten auch nicht nur aus dem Westen kommen?

Im Gegenteil. Wir dürfen uns in der Aufarbeitung unserer Geschichte durch niemanden vertreten lassen müssen. Wir bedürfen der Unterstützung; ich möchte schon hinhören, was mir nüchterne

Juristen, Historiker und Theologen aus dem Westen sagen. Aber es darf nicht über das Ziel hinausgehen oder moralischer Größenwahn werden.

Die Gesellschaft wird nach Ihrer Ansicht vergiftet, wenn die Geschichte nicht aufgearbeitet wird. Ist diese Vergiftung nicht schon eingetreten, wenn man die Ausschreitungen gegen die Ausländer ansieht?

Da ist etwas dran. Ich halte die Diskussion um eine Grundgesetzänderung im Asylrecht für eine Verfälschung des wirklichen Problems. Ich glaube, es gibt Ausländerfeindlichkeit als Reaktion auf tiefe soziale, psychische Verunsicherung, gerade bei den jungen Leuten. Das ist der uralte fatale Mechanismus des Antisemitismus, der hier wieder sichtbar wird. Die einfache Antwort in einer schwierigen Situation, der Buhmann, der Noch-Schwächere, der mir erlaubt, einen ersatzhaften Selbstwert dadurch zu erreichen, daß ich einen anderen erniedrige. Dem müssen sich Politiker, Wissenschaftler, auch die Öffentlichkeit stellen. Das hat auch damit zu tun, daß es eine Öffentlichkeit wie auch eine bestimmte, mich sehr irritierende und zornig machende Politikersprache gibt, die genau jene vereinfachenden Antworten ermöglichen. Wer von Asylantenströmen spricht, macht absichtslos oder absichtsvoll vergessen, daß es sich um Menschen mit Gesichtern und mit Schicksalen handelt.

Wie sollte die Politik auf die Ausländerfeindlichkeit reagieren?

Durch eine andere öffentliche Sprache: durch die Wiederherstellung eines Klimas, in dem Übergriffe auf Ausländer selbstverständlich das sind, was sie sind, nämlich Verbrechen; durch die strikte Verweigerung gegenüber jedweden Versuchen, Ausländerfeindlichkeit, Ängste parteipolitisch zu instrumentalisieren. Ich kann nicht anders, als die CDU genau dessen anzuklagen. Es kann sein, daß die CDU damit bei den nächsten Landtagswahlen gewinnen oder ihre Niederlage in Grenzen halten kann. Am

Schluß werden die CDU, die großen Parteien – ich behaupte nicht, daß die SPD eine Patentlösung hat –, die politische Klasse und Deutschland insgesamt beschädigt sein. Wenn der Preis der deutschen Einigung ist, daß Nationalismus entsteht, wir ein Klima der Ausgrenzung haben, dann ist der Preis mir zu hoch. Dann war die deutsche Einheit falsch. Ich sage das ausdrücklich als einer, der im Unterschied zu vielen anderen im Osten Deutschlands immer gehofft hat, daß wir diese Einheit Deutschlands noch machen können.

Frankfurter Allgemeine Sonntagszeitung, 27.10.1991. (Das Gespräch führten Cornelia von Wrangel und Hans Riebsamen.)

Die Anstrengung um die Wahrheit

Rede zum Stasi-Unterlagen-Gesetz in der Bundestagssitzung am 14. November 1991

Herr Präsident! Meine Damen und Herren! Wie gehen wir auf befreiende Weise mit einer Vergangenheit um, die uns noch immer gefangen hält? Das ist das Thema, von dem wir heute einen Ausschnitt – nur einen Ausschnitt – behandeln. Die moralische, juristische, menschliche *Aufarbeitung der Stasi- und SED-Vergangenheit in der Ex-DDR* ist bisher nicht so recht in Gang gekommen. Vielleicht wäre das auch zuviel verlangt nach zwei Jahren des deutschen Einigungsprozesses, in denen mit einer gewissen Unausweichlichkeit ökonomische, finanzielle, soziale Probleme im Vordergrund gestanden haben. Bisher jedenfalls ist es uns nur gelungen, den atavistsichen Akt eines Schauprozesses mundgerecht in seine medienwirksamen Bestandteile zu zerlegen und zu konsumieren: telegene Talkshows mit dem frischgebackenen Biedermann vom Tegernsee, tägliche Prozeßberichte über die Mauerschützen und das wöchentliche Interview mit Markus Wolf. Was hängen bleibt, ist der populäre und böse Verdacht, die Kleinen hängt man und die Großen läßt man laufen. Ich hoffe, dieser Verdacht bestätigt sich nicht. (Beifall bei der SPD, der CDU/CSU, der FDP und dem Bündnis 90/GRÜNE)

Aber dieser Verdacht wird ostzulande verstärkt, wenn man in Betrieben, auf Behörden, in Parteien, ja selbst in Regierungsämtern altvertrauten Vertretern wieder begegnet, die nicht den Umweg über die herbstlichen Straßen gemacht haben, sondern besonders wendig auf den Stühlen sitzen geblieben sind, auf denen sie vorher schon waren. Da machen sich Unzufriedenheit, Enttäuschung, Verbitterung breit. Der Versuch, wie Schlemihl schattenlos aus der Vergangenheit in die Gegenwart zu gelangen, ist vergeblich, wie es die wiederholten Übungen von mancherlei Parteigängern zeigen. Mit Schuldverschiebungen, mit *Abwendung von der eigenen Vergangenheit*, also ohne Schatten, ohne Erinnerung kann man sich nicht aus der Geschichte stehlen. »Und ist so gut, als wär's es nicht gewesen«, läßt Goethe Mephisto als teufliche Verführung formulieren. Man täusche sich nicht! Die Schatten werden je länger, je später die Stunde.

»Vergebung um der Gebrechlichkeit der menschlichen Einrichtungen willen«, wie es die Kleistsche Marquise von O. in schöner Anstrengung sich selber abverlangt, wäre zum gegenwärtigen Zeitpunkt eine allzu schnelle, allzu glatte Lösung, ein Akt individueller Größe, gewiß; aber als Maxime der Gesellschaft kommt der *Verzicht auf Strafe* dem *Verzicht auf Recht* gleich, so wie der Verzicht auf Erinnerung dem Verzicht auf Geschichte gleichkommt. Bleibt uns also die Strafjustiz, die mit ihren strengen und zugleich notwendigerweise beschränkten Methoden Herrschaftskriminalität, systemimmanente Menschenrechtsverletzungen und schlichte Verbrechen in die Balance der Gerechtigkeit zu bringen versuchen muß.

Das ist das eine und das Notwendige. Auch dafür schafft das Gesetz, das wir heute verhandeln, notwendige Voraussetzungen.

Andererseits aber ist es üblich geworden, *Pauschalurteile* zu fällen, ganz flott, von robuster Klarheit. So lese ich in der »taz« vom 11.11. – um nur ein Beispiel von vielen zu zitieren – wörtlich:

> Die Stasi war kein Ministerium, sie war die DDR-Gesellschaft sui generis. Ein Volk, das sich aus mindestens einer halben Million aktiven Spitzeln zusammensetzt, ein paar Millionen Mitläufer und einige hunderttausend Unzufriedene und Kritiker zählte, ist ein Spitzelvolk.

Recht so! Aber ich habe da gelebt, wir haben da gelebt mit unserer kleinen hilflosen Anständigkeit. Also wehre ich mich, verlange Differenzierung ohne Beschönigung, bestehe auf der Unterscheidung von Tätern und Opfern, so viele Grauzonen es dazwischen gab. Es gibt den Unterschied! (Beifall bei der SPD, der CDU/

CSU, der FDP und dem Bündnis 90/GRÜNE sowie des Abg. Dr. Ulrich Briefs [PDS/Linke Liste])

Ich wehre mich gleichermaßen gegen Dämonisierung und Mystifizierung und vor allem gegen diese barmherzig-erbarmungslosen Pauschalisierungen. Wo alle irgendwie schuldig sind, sind ja alle irgendwie unschuldig! (Beifall bei der SPD sowie bei Abgeordneten der CDU/CSU, der FDP und der Abg. Jutta Braband [PDS/Linke Liste])

Dabei weiß ich doch: Wir bringen ein schlimmes Erbe mit in die deutsche Einheit. Unfreiwillig gewiß, aber was hilft uns das schon? Es war ein *System der Angst*. Jürgen Fuchs hat es in einer sehr dramatischen Formulierung so genannt: Ein Auschwitz in unseren Seelen bereite sich da vor. Die Allmacht der Stasi, es war eine Realität. Sie hat nicht nur die ganze Gesellschaft durchdrungen, sie hat auch Besitz von Personen ergriffen und sie verwandelt, wie man an den Fällen Schnur, Böhme, Anderson sehen kann. Das Erschrecken verlangt uns Mut zur Anstrengung der Differenzierung ab und nicht vorauseilende Resignation, das zynische, sich weise gebende Sein-Lassen und auch nicht das allzu schnelle Wedeln mit dem Mantel der Nächstenliebe. *Aufarbeitung* tut not.

Ich will ausdrücklich sagen: Ich finde, die Leistung dieses Gesetzes liegt zunächst, von allen Einzelheiten abgesehen, in zwei Punkten. Erstmalig in der deutschen Geschichte, vielleicht in der Geschichte überhaupt, gelingt es, die Akten, die *Archive* eines Geheimdienstes zu *öffnen* und den Opfern zugänglich zu machen. In der deutschen Geschichte ist das schon einmal – nach 1945 – nicht passiert.

Zweitens sehe ich die Leistung darin, daß sich hier – das finde ich phantastisch – wirkliche Annäherung zwischen den Deutschen vollzogen hat in dem mühevollen schmerzlichen Prozeß der Annäherung von Gefühlen, von Einsichten, der Überwindung von Vorbehalten gegeneinander. Denn das wissen wir doch: Es gab eine ganz unterschiedliche Gefühlslage zwischen Ost und West, die Angst vor der Regelanfrage im Westen, die Angst vor dem gläsernen Menschen, die Sorge um die Pressefreiheit.

Auch so ein Satz, Herr Kollege Gerster, den Sie heute früh gesagt haben – »die Akten gehören dem Staat« –, und die Emphase, in der Sie es gesagt haben: Ich verstehe das formal durchaus. Aber können Sie verstehen, daß ich anders darüber rede? Meine Akte ist ein mir bisher unbekannter Teil meiner selbst, vielleicht gefährlich, vielleicht harmlos, wahrscheinlich lächerlich, finster oder grotesk, ein trüber Spiegel von mir, ein Zerrspiegel, aber ein Teil von mir selbst, nicht nur Eigentum des Staates. (Beifall bei der SPD, der FDP und dem Bündnis 90/GRÜNE – Johannes Gerster [Mainz] [CDU/CSU]: Ich habe gesagt, »zunächst«!) – Ich habe ja zugestanden, daß ich das formal durchaus verstehe. Ich wollte noch einmal die Unterschiede in der Ausgangslage beschreiben.

Ich denke, daß in einer mühevollen einjährigen Arbeit wirklich Annäherung passiert ist. Das ist – trotz aller Mängel im einzelnen – ein Beispeil dafür, wie Einigung erfolgen kann. Wir sind uns sicher einig: Dieses Gesetz bietet bestenfalls einen Rahmen für das, was passiert. § 19 z. B. verursacht bei mir keine jubelnde Zustimmung.

Was wird ab Januar 1992 passieren? Ich glaube nicht – ich wundere mich fast darüber –, daß es Rachefeldzüge geben wird, sondern es wird ein massenhaftes *Gesprächsbedürfnis* geben. Ich will verstehen, warum der, der ein Nachbar ist, ein Freund, ein Verwandter, der genauso ist wie ich, zum Denunzianten geworden ist, an einer ganz kleinen Stelle plötzlich anders gehandelt hat als ich selbst. Es wird ein massenhaftes Gesprächsbedürfnis geben, den Versuch, die anderen zu verstehen, sich selbst zu verstehen. Das ist die eigentliche Dimension, um die es bei der Aufarbeitung der Vergangenheit geht.

Hannah Arendt hat in einem Essay über Lessing mit dem Untertitel »Von der Menschlichkeit in finsteren Zeiten« geschrieben:

> Sofern es überhaupt ein Bewältigen der Vergangenheit gibt, besteht es in dem Nacherzählen dessen, was sich ereignet hat. Aber auch dieses Nacherzählen, das Geschichte formt, löst keine Probleme und beschwichtigt kein Leiden, es bewältigt nichts endgültig. Vielmehr regt es, solange der Sinn des Ge-

schehens lebendig bleibt – dies kann durch sehr lange Zeiträume der Fall sein –, zu immer wiederholendem Erzählen an.

Dies ist übrigens das Ziel des Vorschlags, der mit dem Stichwort »Tribunal« nur sehr verzerrt wiedergegeben ist: eine strenge, auch öffentliche Form zu finden, in der wir uns die bitteren Wahrheiten zumuten können.

Recht und Moral sind – leider – nicht unbedingt identische Dinge. Die schmerzliche Erfahrung dieser Differenz, so uralt sie ist, werden auch wir wieder machen müssen. Sie darf nicht zu moralischer Überheblichkeit oder zu Zynismus führen. Beides sind Gefährdungen, die vor uns liegen. Man muß sie nüchtern sehen und das Notwendige trotzdem tun.

Versöhnung ist nicht Resignation. Sie setzt die Anstrengung um die Wahrheit voraus. Dieser Anstrengung können wir nicht ausweichen. Ihr Ziel ist aber – zuletzt – Versöhnung. (Beifall im ganzen Hause)

Weder Rechthaberei noch Selbstmitleid

Ein Tribunal zur Aufarbeitung der DDR-Vergangenheit

Herr Thierse, die Idee zu einem Tribunal über die DDR-Vergangenheit ist von der Öffentlichkeit begierig aufgenommen und zugleich scharf kritisiert worden. Dabei stehen doch die Chancen, in der ehemaligen DDR einen Prozeß der selbstkritischen Erinnerung in Gang zu setzen, ohnehin eher schlecht. Nimmt man die vergangenen zwei Jahre, dann scheint kollektive Verdrängung das Bedürfnis nach Aufarbeitung deutlich zu dominieren.

Mit Sicherheit wird es diese Intention nicht leicht haben, aber man muß die realistischen Alternativen sehen, um dennoch an der Idee festzuhalten. Erstens, es wird eine paar Strafprozesse gegen einige exponierte Täter mit unbefriedigendem Ausgang geben, weil rechtsstaatliche Strafjustiz nur individuell zurechenbare und bewiesene Schuld verurteilen kann. Die Reaktion auf solche Prozesse wird eine doppelt zwiespältige sein: Unzufriedenheit und Entlastung zugleich. Das zweite ist die Vermarktung der DDR-Geschichte zu Skandalgeschichten, bei denen man auf so angenehm gruselige Weise vergessen kann, daß man auf höchst unterschiedliche Weise selbst einen Beitrag zur Funktion dieses Systems geleistet hat. Das ist das Angebot zur massiven Verdrängung. Die dritte Alternative ist auch realistisch. Ab Januar, nach Inkrafttreten des Stasi-Unterlagen-Gesetzes, werden viele aus ihren Akten erfahren, daß diejenigen, die am Scheitern ihrer Biographien, an Mißerfolgen und an Niederlagen Schuld sind, nicht irgendwelche fernen dämonischen Bösewichter sind, sondern Nachbarn, Freunde und Verwandte. Dieses Erschrecken wird hoffentlich nicht nur Rachegefühle und Verzweiflung auslösen, sondern vor allem ein Bedürfnis, zu verstehen, warum Leute, die so sind, wie ich selbst, Denunzianten geworden sind. Die Art von Fragen, die da entstehen, ist die eigentliche Basis dafür, daß wir vielleicht doch eine Chance haben, selbstkritisch fragend mit unserer Vergangenheit umzugehen.

Bislang gibt es zwar noch nicht den Zugang zu den Akten, aber doch genügend Informationen, damit dieser Prozeß hätte in Gang kommen können. Außer bei Bürgerrechtlern jedoch scheint das Interesse am öffentlichen Gespräch über die eigenen Verstrickungen nicht sehr ausgeprägt.

Die Gesprächsfähigkeit gehört in der Tat nicht zu den herausragenden Tugenden der ehemaligen DDR-Bürger. Das System hat die Menschen ja gesprächsunfähig gemacht. Das Schweigen, das kryptische Reden, das verstümmelte Reden, das Reden in der Sklavensprache war das Übliche. Auch darin liegt ja etwas Gefährliches, daß unglückliche Tradition jetzt im Beschweigen der Vergangenheit fortgesetzt wird. Ich glaube aber, daß es nach dem 1. Januar ein massenhaft individuelles Bedürfnis sein wird und daß wir schon jetzt über Formen nachdenken müssen, wie überhaupt darüber geredet werden kann. Noch der spektakuläre Vorgang zwischen Wolf Biermann und Sascha Anderson ist ja ein verquerer Versuch, ein Gespräch über etwas bisher Verdrängtes zu erzwingen. Wir sollten das nicht nur den Zufälligkeiten einzelner Individuen überlassen, die einen Stein ins allzu stille Wasser werfen.

Das klingt alles sehr abwägend, eher nach kollektiver Selbsterfahrung als nach einem Prozeß, an dessen Ende Urteile gefällt werden. Der Begriff Tribunal jedoch, den Sie, Herr Ullmann oder Herr Schorlemmer, ins Spiel gebracht haben, weckt da ganz andere Assoziationen.

Man darf sich unter diesem Terminus Tribunal, den man mal aus dem Verkehr ziehen muß, wenn man ein passenderes Wort gefunden hat, keine Aburteilungsvorgänge vorstellen, das wäre gespenstisch. Das darf keine Show-Veranstaltung werden, auch keine Orgie der Rechthaberei, so wenig wie eine Orgie des Selbstmitleides. Das Stichwort Tribunal meint den Versuch, öffentliche, strenge Formen des Gesprächs zu finden über den elementaren Zusammenhang zwischen einem System und dem Verhalten der Menschen, die in unterschiedlichen Rollen und Verantwortlichkeiten zum Funktionieren dieses Systems beigetragen haben. Ich denke, in dem Vorgang des strengen öffentlichen Gesprächs ist auch ein Angebot enthalten, allzu forsche, moralische Beurteilungen vom hohen Roß – sei es das hohe Roß des Opfers, sei es das ganz billige Urteil des westlichen Beobachters – zu relativieren und zu begreifen, daß es nur ganz wenige große Täter und nur ganz wenige Heilige gegeben hat. Die DDR war ein Geflecht von Verhaltensweisen, das in dem Zwischenraum der beiden Extreme existierte. Dennoch gibt es die Unterscheidung zwischen Tätern und Opfern.

Die Idee ist formuliert aus der Perspektive der Opposition, zugeschnitten auf die Bedürfnislage der Opfer. Was soll denn die Täter motivieren, sich an diesem Prozeß zu beteiligen?

Ich glaube nicht, daß es ganz viele ehemalige SED- und Stasi-Machthabende gibt, die sich auf so einen Prozeß einlassen. Denn die Bereitschaft setzt voraus, sich auf einen selbstkritischen Prozeß einzulassen und ein Verlangen, weiterleben zu wollen unter den Menschen, die man bisher beherrscht hat. Dieses zweite Motiv könnte vielleicht doch tragend werden. Ob ehemalige Stasi-Offiziere nicht nur anonym hier weiterleben wollen, so daß sie ertragen können, daß Menschen ihnen ins Gesicht sehen, das hängt auch davon ab, ob sie sich irgendwann einmal Gesprächen stellen, in denen sie die Chance haben, sich selbst zu erklären und zu verteidigen. Solche Gespräche können natürlich nicht so organisiert werden, daß man einem den Befehl gibt, zu kommen. Die Idee lebt von der Freiwilligkeit der Beteiligten.

Verschiedene westliche Kritiker haben darauf verwiesen, daß die Intention einer außerstaatlichen Urteilsinstanz auf eine Aushöhlung des Rechtsstaates hinauslaufe.

Also ich finde es scheußlich, wenn uns jetzt unterstellt wird, wir wollten den Rechtsstaat untergraben und SED-Methoden wiedereinführen. Die Idee des Tribunals zielt darauf ab, da, wo die strafrechtliche Bewältigung ihre Grenzen hat, zumindest moralische Bewertungen zu ermöglichen. Unsere Überzeugung ist es ja, daß zur Beurteilung der DDR nicht nur das positive Recht dieses Staates gehört, sondern daß wir auch zurückgreifen müssen auf die Menschenrechtskonvention, auf das vom Nürnberger Tribunal konstituierte internationale Menschenrecht, das die DDR ja immer deklamatorisch anerkannt hat. Die zweite Erinnerung war natürlich die an die Russell-Tribunale, also der Versuch, mit Prozessen fertigzuwerden, die strafrechtlich nicht faßbar sind und von der Gesellschaft abgewehrt, ignoriert oder einseitig behandelt werden. Ich weiß natürlich auch, daß die Erinnerung an diese Tribunale gerade in Westdeutschland sehr gemischte Gefühle hervorruft, weil es da einen moralischen Eifer gab, der Restgesellschaft den moralischen Zerrspiegel vorzuhalten.

Die vehementeste Kritik der Tribunalidee kommt aus dem Westen. Sehen Sie darin auch einen Ausdruck der generellen Verständigungsschwierigkeiten zwischen den beiden Gesellschaften?

Die mehrheitliche Ablehnung kommt aus dem Westen. Sie spiegelt die Schwierigkeit, unsere Motive zu verstehen und sich auf sie einzulassen. Aber in der Ablehnung steckt auch ein Motiv, das ich für höchst respektabel halte, nämlich die skeptische Wahrnehmung der Schwierigkeiten und Fährnisse eines solchen Unterfangens. Das Irritierende ist, daß plötzlich nach '89 viele Leute, die bislang die Nachkriegsgeschichte der Bundesrepublik sehr skeptisch beurteilt haben, heute sagen, daß nach '45 Großzügigkeit gewaltet habe, daß man den Verdrängungsmechanismen freien Lauf gelassen hat, das hätte seine menschliche Vernunft nicht nur für die Individuen gehabt, sondern sei auch ein notwendiges Moment des Aufbaus einer demokratischen Gesellschaft gewesen. Das ist schwer zu widerlegen.

Sie schlagen uns vor, macht's so wie wir, das ist ein Erfolgsrezept. Und noch in diesem wirklich gut gemeinten Vorschlag liegt etwas, was ich ein bißchen anstößig finde: Wir machen das für euch.

Steckt in Ihrem Anspruch auf eigenständige Aufarbeitung der eigenen Vergangenheit auch die Angst vor fremden Maßstäben? Könnte nicht umgekehrt gerade die relative westliche Distanz diesen Prozeß unterstützen?

In der Bewertung des Mauerschützenprozesses kann man viel lernen über die Maßstäbe. Mich ärgern die leichten flotten Urteile westdeutscher Liberaler, die sagen, das sind doch Täter und Opfer zugleich, wie soll man da urteilen. Ich finde das hoch respektabel, wenn es dazu führt, daß sich die Westdeutschen in ihrem Urteil etwas zurückhalten. Aber ihr Westdeutschen seid nicht die Vergleichsgröße zu den Mauerschützen. Es gibt nur eine Vergleichsgröße, und das ist der Wehrdienstverweigerer-Ost, derjenige, der sich geweigert hat, zu den Grenztruppen zu gehen und auf Flüchtige zu schießen. An diesem Fall wird deutlich, daß es bestimmte Bewertungsmaßstäbe nur geben kann im Gespräch unter uns, weil wir aus der gleichen Realität kommen und die Bedingtheiten unserer Entscheidungen genau kennen. Auch das ist ein Grund, zu sagen, wir müssen das unter uns ausmachen, auch wenn wir der Hilfe von außen bedürfen, damit wir nicht zu borniert, zu rachebedürftig, zu emotional werden.

Das Tribunal fordert eine moralische Perspektive auf die DDR-Vergangenheit, während der Rechtsstaat lediglich die strafrechtliche Abarbeitung anbieten kann. Im Westen löst der Anspruch einer moralischen Aufarbeitung eher Verlegenheit aus.

Positiv oder negativ, man kann das zwiespältig bewerten, ist die Geschichte der Oppostion in der DDR eine Geschichte vielfältiger, alltäglicher moralischer Entscheidungen. Gegen den politisch-ideologischen Überdruck hat sich der einzelne gewehrt durch eine Übermoralisierung seines eigenen Verhaltens. Man konnte sich in der Waage halten gegen diesen Staat nur durch eine Folge moralischer Entscheidungen. Ich mache die Erfahrung, daß westdeutsche Theoretiker, Psychologen, Politiker oder Theologen Gewissensentscheidungen ausschließlich für Ausnahmesituationen reservieren. In der ehemaligen DDR mußte man fast täglich Gewissensentscheidungen treffen. Wer aus der Position des Schwächeren argumentiert, kann niemals nur realpolitisch argumentieren. Er ist unausweichlich auf moralische Voraussetzungen von Politik verwiesen, von denen aus er dann argumentieren muß. Auch diese unterschiedliche Erfahrung spielt jetzt mit, daß wir sagen, es kann nicht sein, es muß schiefgehen, es verletzt auch unsere Realität, wenn man sie reduziert auf die strafrechtliche Abarbeitung.

Zu den derzeit beklemmendsten westlichen Befürchtungen gehört ein Tribunal, bei dem mit moralischem Rigorismus über die ehemaligen Täter geurteilt wird. Wie läßt sich Ihr Projekt vor solchen Tendenzen bewahren?

Das Tribunal ist auf keinen Fall gegen moralischen Rigorismus gefeit, und wenn man das will, oder verlangt, daß Emotionen keine Rolle spielen, daß die Anklage nicht vorkommen darf, dann will man das Ganze nicht. Es gibt nicht die Möglichkeit, Unrechtsgeschichte emotionslos, ohne moralische Aufwallung aufzuarbeiten, das würde eine Eiseskälte verlangen, die auch noch einmal den Opfern Unrecht tut. Also davor hätte ich keine Angst. Ich hätte Angst davor, wenn die Jury, auch das ein unbefriedigender Betriff, majorisiert würde von Eiferern, von Profis der Vergangenheitsbewältigung oder von Fanatikern. Es müssen Betroffene sein, aber auch Leute, die die Fähigkeit haben zu ruhiger Distanz. Aber emotionslos kann man so etwas nicht machen. Die Idee ist unablässig mit der Gefahr des Scheiterns verbunden, der Gefahr der Rechthaberei, der ungerechten Urteile, der Gefahr, daß es zum Ort von Rachefeldzügen wird, daß die Ostdeutschen da etwas machen und die Westdeutschen die überheblichen Zuschauer sind, es ist verbunden mit der Gefahr, daß wir uns zerfleischen und die in sich ruhenden Westdeutschen zusehen und sagen, das kann doch nichts bringen. Also, die realpolitische Weisheit auf der einen und die Hypermoralisierung auf der anderen, das sind Gefahren, die man nüchtern sehen muß. Dennoch, der Prozeß läuft, und deshalb denke ich, man soll das nicht aufhalten, sondern soll im vollen Bewußtsein seines möglichen Scheiterns die bescheidenen Versuche unternehmen und sich auch nicht durch allzu große Einwände aus dem Westen irritieren lassen.

Das Risiko einer weiteren Ost-West-Entfremdung ist also einkalkuliert?

Die Gefahr ist jetzt, durch die Veröffentlichung der Skandalgeschichte und durch die gängige Verkürzung der DDR-Vergangenheit auf Stasi-Geschichte, viel größer. Vielleicht gelingt es uns aber doch noch einmal, die einseitigen Maßstäbe in Frage zu stellen, die jetzt vorherrschen, nämlich die Maßstäbe des Erfolgreichen, das ist der Westdeutsche, und des Gescheiterten, das ist der Ostdeutsche.

Wie kann der Westen diesen Prozeß unterstützen?

Ich bitte um Verständnis für die Motive und die Lauterkeit unseres Anliegens. Ich wünsche mir von den Medien eine Leidenschaft der Differenzierung gegenüber dem, was bei uns passiert, die Anstrengung, gegen Schwarz-Weiß anzugehen. Ich wünsche mir die Lust, die DDR-Geschichte als einen, wenn auch verzerrten Spiegel der eigenen Geschichte zu begreifen. Die Frage ist, ob wir verurteilt sind, bundesdeutsche Geschichte im Zeitraffer zu wiederholen, oder ob in der Art, wie wir uns dieser Geschichte stellen, auch den Westdeutschen ermöglicht wird, einen Schritt in der eigenen Geschichtsverarbeitung zu gehen. Indem wir es anders machen, als die Westdeutschen nach '45, unbeholfen, streitig, ist darin auch ein Impuls für die Westdeutschen, sich mit dem Alltag von Opportunismus, Unterwerfung, Entmoralisierung von Politik noch einmal auseinanderzusetzen. Das könnte dann wirklich noch einmal zu einer gesamtdeutschen Sache werden.

die tageszeitung, 26. 11. 1991. (Das Gespräch führte Matthias Geis.)

Die alten Seilschaften in der neuen Freiheit

Es gibt die »objektive Kompromittierung«

Kaum ein anderes Thema – neben dem Stasi-Erbe – regt die Menschen im Osten Deutschlands so auf wie das mit dem Reizwort »alte Seilschaften« gekennzeichnete Problem. Wie oft werden mit Wut und Verzweiflung die gleichen Beobachtungen und Erfahrungen ausgetauscht: »Unser früherer Kaderleiter ist jetzt der Personalchef des Treuhandunternehmens – und diese alte rote Socke hat jetzt die Macht, uns zu entlassen. Das ist doch ein Skandal!« Ja, das ist ein Skandal.

Es handelt sich, glaube ich, nicht um Rachsucht, sondern um wahrhaftig verständliche Empörung und Bitterkeit über ehemalige SED-Leitungskader, die sich noch immer in Führungspositionen insbesondere der Wirtschaft der neuen Länder befinden. Es geht um moralisch zweifelhafte, als schreiend empfundene Ungerechtigkeit. Und es geht nicht um einige wenige Ausnahmen, sondern (noch immer) eher um die Regel: Nach Schätzungen und vorsichtigen Auskünften aus der Treuhandanstalt waren im Sommer dieses Jahres noch etwa 75 Prozent aller amtierenden ostdeutschen Geschäftsführer und Vorstände alte »Leitungskader«. Die massenhafte Beobachtung stimmt also, volkstümlich ausgedrückt: »Fettaugen schwimmen eben oben«; feiner formuliert: »Wenn die Karten neu gemischt werden, hat die frühere Nomenklatura überdurchschnittliche Startchancen.«

Die alten Seilschaften, die sich die neuen Freiheiten rücksichtslos zunutze machen, sind nicht bloß ein Problem unter vielen, die die ostdeutsche Katastrophe ausmachen. Wir müssen uns dieses Problems um so mehr annehmen, da wir den unbedingten Willen, den Umsturz friedlich zu gestalten, in unsere heutige Wirklichkeit mitgebracht haben. Ihre vorgebliche Unentbehrlichkeit im Übergang zu Marktwirtschaft und Demokratie ist eine interessengeleitete Fiktion, denn alte Nomenklaturkader stören – meistens – den Betriebsfrieden und sind oft Anlaß zu fundamentalen Zweifeln an der neuen Demokratie.

Der frühere SED-Kaderleiter als heutiger Personalchef kann sich noch so sehr um Sachlichkeit bei den seltenen Einstellungen und häufigen Entlassungen bemühen, er wird den Verdacht der Protektion ehemaliger SED-Genossen nicht loswerden. Die Ursache dafür ist eine Belastung, die der sozialdemokratische »Kronjurist« Adolf Arndt, bezogen auf die nationalsozialistische Vergangenheit, vor vielen Jahren »objektive Kompromittierung« genannt hat: Es muß nicht die individuelle Schandtat sein, es ist die Stellung in einem Unrechtssystem, die die Belastung erzeugt. Ein gewichtiges Kriterium auch für Bewertungen heute!

Ein »praktisches« Problem kommt hinzu: Die ehemaligen DDR-Leitungskader haben nur besondere Kenntnisse aus dem alten System und für das alte System. (Die sind allerdings verwertbar als Kenntnisse über Beziehungen, Personen, Hintergründe und Kontexte – also als brauchbares Herrschaftswissen aus dem vergangenen Unrechtsregime.) Für die neue Freiheit aber sind sie genauso gut oder schlecht vorbereitet wie jeder andere aus den neuen Ländern. Schlimmer noch: Die Kompromittierung macht sie tendenziell erpreßbar und zu idealen Partnern für unseriöse Geschäftemacher. Die Skandalgeschichten der Treuhand belegen dies immer wieder neu. Ein neuer seriöser Manager aus dem Westen dagegen, vor allem aber ein Ostdeutscher aus der bisherigen »zweiten Reihe«, wird seine persönliche Zukunft mit der seines Betriebes verbinden. Sein Engagement meint nicht nur sich selbst. Die alten Leiter versuchen, sich selbst in Sicherheit zu bringen, auch wenn ihre Sicherheit das Ende des Betriebes bedeutet. Sie können nur schwerlich Glaubwürdigkeit gewinnen und werden immer wieder Ursache von Mißtrauen und Konflikten sein. Es mag Ausnahmen geben, zum Beispiel solche, die von den Belegschaften gewählt wurden, als das in der Umbruchphase möglich war. Ohne Differenzierung, ohne genaue Prüfung des Einzelfalls sind also Urteile nicht möglich.

Mein Angebot sind einige Kriterien:

1. Die persönliche Haltung vor und nach dem Herbst 1989,
2. die persönliche Glaubwürdigkeit,
3. die fachliche Qualifikation und
4. die Handlungsfähigkeit.

Es liegt auf der Hand, daß ein Manager nur handlungsfähig sein kann, wenn er die anderen drei Bedingungen erfüllt. Entscheiden darüber kann die Treuhandanstalt nur, wenn sie mit den örtlichen Gewerkschaften und Betriebsräten eng zusammenarbeitet. Dort findet sie die Kenntnisse, die sie braucht, um ihre noch vorhandene Macht konstruktiv auszuüben, die richtigen Leute zu »feuern« und jüngeren Ostdeutschen, die unter der SED nicht zum Zuge kamen oder gegen sie opponierten, eine Chance zu geben. Genau das ist die entschiedene Forderung, die an den Vorstand der Treuhandanstalt gestellt werden muß.

Nicht Pauschalverurteilungen, sondern Einzelprüfungen sind – selbstverständlich – das rechtsstaatlich einzig Angemessene. Und auch daran sei erinnert: Politiker haben – die Zeiten eines Günter Mittag sind gottlob vorbei – in die Wirtschaft nicht hineinzubefehligen! Aber der Gesichtspunkt der »objektiven Kompromittierung« sollte nicht vergessen werden: Wer durch seine Stellung im vergangenen System belastet ist, der kann jetzt nicht Führungsfunktionen behalten, nur weil er sie schon immer hatte! Die Beweislast kehrt sich um, die Unschuldsvermutung wird zweifelhaft. Der Kaderleiter hat Macht über Menschen ausgeübt, hat über die Zuteilung von Informationen, Reisen, über Westkontakte entschieden. Die sogenannten Kadergespräche waren Macht- und Unterdrückungsrituale. Wer kann, darf das vergessen! Welcher Kaderleiter dürfte deshalb Personalchef werden und bleiben? Keiner! Es wäre unerträglich, träfen wir die Mächtigen von gestern als die Mächtigen von heute oder gar morgen wieder.

Frankfurter Allgemeine Zeitung, 27. 11. 1991

Die DDR ist gescheitert – unser Leben ist es nicht

Kleine Aufforderung, zwischen dem Urteil über das System und den in ihm gelebten Biographien zu unterscheiden

Herr Thierse, in den vergangenen Wochen ist viel darüber diskutiert worden, daß nicht zuletzt das Wie der Vergangenheitsaufarbeitung darüber entscheidet, ob sie gelingt. Sie selbst sprachen vor kurzem von der Weggabelung, an der die Gesellschaft bezüglich der Aufarbeitung ihrer Geschichte angelangt sei. Haben wir mittlerweile nicht – der »Fall« Stolpe ist doch ein trauriger wie jämmerlicher Höhepunkt – den falschen Weg eingeschlagen? Wie erleben Sie die gegenwärtigen Auseinandersetzungen?

Wir sind an einem wirklich schwierigen Punkt der Begegnung mit unserer Vergangenheit angekommen. Es wird sich im Zusammenhang mit Manfred Stolpe zeigen, ob es eine Chance gibt zu einem kritischen und selbstkritischen Umgang mit der eigenen Geschichte, der folgende Gesichtspunkte miteinander verbindet: Differenzierung ohne Beschönigung und Kritik ohne Vernichtungsabsicht.

Am Beispiel von Stolpe kann man sehen, wie verheerend es ist, wenn man die notwendigerweise verschiedenen Gesichtspunkte der Vergangenheitsbewertung durcheinanderbringt. Einmal geht es darum, das Handeln eines Menschen mit einer extrem schwierigen Aufgabe unter äußerst komplizierten Verhältnissen einzuschätzen. Das war politisches Handeln, das habe ich also politisch zu bewerten und darüber habe ich auch politisch zu streiten. Manfred Stolpe war Beauftragter der Evangelischen Kirche. Er konnte sich, um etwas zu erreichen, bei Verhandlungen mit dem Staat nicht hinstellen und in großer Heldenpose schreien: Dies ist ein

Unrechtsregime und ihr seid Verbrecher. Das wäre absurd gewesen. Er mußte diplomatisch vorgehen, taktieren, freundlich sein, immer auch um den Austausch von Informationen bemüht.

Es geht bei dem Streit um Stolpe auch um eine Bewertung einer Politik, die man in einem anderen Zusammenhang sinnvollerweise die Politik der kleinen Schritte genannt hat. Nämlich unter den obwaltenden Umständen eines Unrechtsregimens trotzdem konkrete Erleichterungen zu erreichen – in der Überzeugung, die wir doch wohl alle hatten, auch die scharfen Kritiker von heute, daß das System der DDR, das System der Sowjetunion noch längere Zeit bestehen wird. Und weil das so war, ging es nicht um die Aufhebung des Systems, sondern um konkrete Möglichkeiten in diesem: Erleichterungen, Lösung von menschlichen Konfliktfällen, Aufrechterhaltung eines gerade noch erträglichen modus vivendi zwischen Staat und Kirche, also der Versuch, die sich immer wieder verschärfenden Konflikte so zu regeln, daß es für die Gemeinden und unter dem Dach der Kirche auch für die kritischen, oppositionellen Gruppen immer Lebensmöglichkeiten gab.

Davon deutlich unterscheiden muß ich jedoch die ganz stark moralisch geprägte Frage, ob Menschen Denunzianten oder Spitzel waren, ob sie mit der Staatssicherheit in einem wirklichen Sinne kollaboriert haben, ob sie anderen Menschen geschadet oder sie jedenfalls potentiell in Gefahr gebracht haben.

Wenn dieser Unterschied nicht mehr wahrgenommen wird, wenn gar nicht mehr versucht wird, sich auf eine politische Diskussion einzulassen, sondern nur noch das moralisch vernichtende Urteil gebraucht wird, dann ist es wirklich gefährlich.

Dahinter steckt doch aber mehr als nur mangelndes Differenzierungsvermögen. Ist es nicht das arrogante Vorurteil vieler Westdeutscher gegenüber der DDR, das wohl nur selten so exemplarisch wie in dieser Debatte sichtbar geworden ist? Ist das nicht so etwas wie eine geistige Nichtanerkennung des wirklichen Lebens in der DDR?

Ich denke schon, und diese Pauschalurteile über die DDR und ihre Menschen, die vor allem von westdeutschen Politikern, Journalisten, Managern kommen, machen mir angst. Ich zitiere aus den letzten Wochen: »Die DDR-Bevölkerung war ein Volk von Spitzeln. Was die DDR hinterläßt, ist eine menschliche Wüste. Noch die friedliche Revolution im Herbst 1989 war eine Inszenierung des DDR-Staatssicherheitsdienstes. Die evangelische Kirche war durchsetzt von Stasi-Spitzeln und hat mit dem Staat kollaboriert. Alle Oppositionsgruppen in der DDR, die Friedensdekaden, die Umweltgruppen, die Menschenrechtsgruppen, die literarischen Szene im Prenzlauer Berg – all das war irgendwie Werk der Staatssicherheit. Die Kultur der DDR war durch und durch SED-Kultur und apologetisch ...«

In solcherart Urteilen passiert Vernichtung, und zwar in der Weise, daß wir Ostdeutschen des einzigen beraubt werden, von dem ich hoffte, daß wir es mit einem kleinen Stolz – ich bin bescheiden – in die deutsche Einigung mitbringen könnten, nämlich das Moment der Selbstbefreiung im Herbst 1989 und seine Vorgeschichte: Daß es in einem aus guten und vor allem vielen schlechten Gründen gescheiterten politischen und ökonomischen System doch richtiges Leben gab; Leben, das versuchte, den eigenen Maßstäben von Anstand und Vernunft zu folgen. Diese Biographien sind mit dem Scheitern des Systems nicht gescheitert. Was jetzt aber passiert, ist, daß das Urteil, das über ein gesellschaftliches System gesprochen wird, auf die Menschen und ihre Lebensgeschichten übertragen wird.

In dieser Pauschalisierung – es war alles korrupt und ein Werk der Stasi – erfolgt eine Vernichtung, die von uns Ostdeutschen verlangt, gedemütigt, gebückt ohne jedes Selbstbewußtsein, ohne jede Geschichte, ohne jede Erfahrung in diese deutsche Einheit zu kommen.

Die Diskussionen um Manfred Stolpe sind, Sie haben es selbst gesagt, ein, wenn nicht gar der *Gradmesser für ein Gelingen dieser ganzen Aufarbeitung. Sie sind es wohl auch deswegen, weil Stolpe im Gegensatz zu anderen, die in ähnlicher Art und Weise in diese*

Mühle geraten sind – ich denke da nur an de Maizière oder an Gysi – von breiten Kreisen in der Bevölkerung getragen, wenn nicht gar als Symbol angesehen wird. Würden Sie so weit gehen zu sagen, wenn Stolpe stürzt, kippt dieser ganze Prozeß, dann scheitert diese Aufarbeitung wirklich und endgültig?

Ich sehe ernsthaft eine solche Gefahr und möchte, um deutlich zu machen, worin diese besteht, den Unterschied zwischen den drei genannten Personen aufzeigen.

Im Fall Lothar de Maizière war es so, daß ein Verdacht geäußert und ein IM-Name genannt wurde, eine Karteikarte wurde gefunden, später auch Akten. Diese Akten wurden von der Gauck-Behörde geprüft, das Ergebnis dessen dem Innenminister vorgelegt. Dieser hat das Ergebnis der Einsichtnahme öffentlich sibyllinisch interpretiert, worauf de Maizière nicht wirklich entlastet war, sondern in der Öffentlichkeit nur subjektiv sagen konnte, er sei entlastet. Das Wissen aber, das der Innenminister und damit seine Parteikollegen hatten, wirkte offensichtlich weiter, und zwar so lange, bis de Maizière den Rückzug antrat. Einen Rückzug, den ich deshalb bedaure, weil de Maizière – ich denke, da waren wir uns ähnlich – die DDR-Erfahrungen nicht einfach niederbügeln lassen wollte. Das Problem aber ist, daß Lothar de Maizière schweigt, und zwar so unüberhörbar, daß einem fast die Ohren dröhnen.

Bei Gregor Gysi ist es insofern ähnlich, als ein Stasi-Verdacht geäußert wird und ein IM-Name auftaucht. Gysi verteidigt sich, und wir sind heute auf dem Stand, daß er es wohl nicht gewesen ist, aber noch ist offen, wer der IM war.

Bei Manfred Stolpe liegt der Fall ganz anders. Er geht von sich aus in die Öffentlichkeit und schreibt seine Geschichte schwierigen Handelns, ein bißchen erklärend, ein bißchen verteidigend, aber natürlich auch selbstkritisch. Und da wird plötzlich der Erklärungsversuch differenzierten Lebens in der DDR zu einem bloßen Verdacht umgedreht: Das war ein Kollaborateur. Das Handeln in diesem unausweichlichen Zwielicht namens DDR wird zum allgemeinen Vorwurf der Unterwürfigkeit, der Systemstabilisierung gemacht. Und diese Attacke richtet sich – im Gegensatz zu den IM-Verdächtigungen bei Gysi und de Maizière – gegen fast alle »einfachen« Menschen der DDR, die weder aktive Träger des Systems noch dessen erbitterte Gegner waren. Deshalb ist auch die Identifikation mit Stolpe so viel größer, weil er stellvertretend für die vielen in den Nischen gehandelt hat. Aus den Gründen hat dieser »Fall« eine Schlüsselstellung. Wenn Stolpe gestürzt wird, dann ist das für alle ein ganz klares Signal, daß es keinen Zweck hat, in diesem Deutschland aufrichtig, wahrhaftig und mutig zu sein. Es wäre die neuerliche Bestätigung von Anpassung, von Feigheit und von Lüge.

Es gibt meiner Ansicht nach zwei scheinbar unauflösbare Grundkonstellationen, die die Aufarbeitung der Geschichte in diesem Land so kompliziert machen. Zum einen ist es die hier schon hinreichend beschriebene Ost-West-Konfrontation, zum anderen die absolute Beziehungslosigkeit im Osten zwischen den wenigen wirklichen Opfern, den wirklichen Tätern und den vielen, vielen einfachen Mitläufern. Auf der einen Seite trifft man auf verständliche Unnachgiebigkeit und moralischen Rigorismus, auf der anderen Seite gibt es eine Unfähigkeit zur Trauer, die wirkliches Nachdenken und Aufarbeiten oft blockiert. Und dazwischen ist viel, viel Ohnmacht, auch schon neuer Opportunismus. Nun ziehen ja daraus nicht wenige den Schluß, wir sollten die Aufarbeitung sein und die Stasi-Akten zu lassen, das werde vom Westen sowieso nur politisch instrumentalisiert. Ich denke, das kann die Alternative nicht sein. Wie aber sind die oben beschriebenen Konstellationen zu lösen, wie kann den Schwierigkeiten begegnet werden? Wie können wir Ostdeutschen die Maßstäbe für die Bewertung unserer Vergangenheit selbst finden wollen, wo wir doch wissen, daß wir nicht unter uns sind, sondern in Machtstrukturen leben, die das eher verhindern?

Die Situation ist richtig beschrieben, wir sind nicht allein. Die Westdeutschen – Journalisten, Historiker, Theologen, Juristen, das breite Publikum –, sie alle reden mit oder sind zumindest voyeuristisch dabei. Die Frage ist, welche Konsequenzen wir daraus ziehen. Lassen wir uns, in schlechter DDR-Tradition, dadurch beirren?

Ich erinnere daran, daß in der DDR wirklich kritische Diskussionen schon deshalb nicht zugelassen wurden, weil der Gegner, wie es hieß, das ausnutzen würde. Das hat bis in die Reihen der eher kritischen Intelligenz gewirkt. Auch sie hat sich dem Diktat gebeugt: Bloß nicht öffentlich reden. Das erneut zu tun wäre fatal und hieße, in diese alten Zeiten zurückzufallen.

Ich bestehe ganz entschieden darauf, daß es in erster Linie wir selber sein müssen, die kritisch mit unserer Vergangenheit umgehen. Wir dürfen uns darin von den Westdeutschen nicht vertreten lassen. Es gibt nun mal Dinge, die nur wir selber uns ins Gesicht sagen können, weil wir – bei aller Unterschiedlichkeit – die gleichen Erfahrungen gemacht haben. Das heißt aber nicht, daß wir dabei auf einen Ausschließlichkeitsanspruch pochen dürfen. Ich wünsche mir schon die kritische Assistenz von Leuten, die nicht Betroffene oder Akteure dieser Prozesse waren. Eine kritische, sensible Assistenz, der es nicht um die Vermarktung oder Instrumentalisierung dieser Dinge geht, sondern die uns vor unserem Fanatismus, unserem Selbstmitleid, unserer Larmoyanz und Borniertheit warnt. Das ist wichtig.

Diesen kollektiven Erfahrungsprozeß wollen Sie und andere nicht dem Selbstlauf überlassen, sondern mit einem Tribunal, einem Forum der Aufklärung, begleiten und unterstützen. Das ist nicht unumstritten. Was soll, was kann ein solches Tribunal bewirken?

Es soll als ein gesellschaftlicher Prozeß beginnen und zielt auf die kritische Begegnung mit unserer Vergangenheit in den vielfältigsten Formen. Ganz konkret sollen bestimmte Ausschnitte aus der Geschichte der DDR rekonstruiert werden, soll Material aufbereitet, sollen Zeitzeugen – Opfer, Täter, Akteure, Funktionäre und viele andere – miteinander ins Gespräch gebracht werden, um zu klären, was wann wirklich passiert ist, welche Alternativen es gab, was politisch vernünftiges Handeln und was moralisch vertretbar war. Es soll nicht über Allgemeinplätze geredet werden. Daß die DDR ein Unrechtssystem war, das wissen wir nun. Aber was heißt das konkret? Wie ist das bei bestimmten historischen Ereignissen durch menschliches Handeln ermöglicht oder relativiert worden? Darum geht es.

Dieser Prozeß soll nicht von oben gesteuert werden, dafür sind wir genug DDR-geschädigt. (Er ist auch gar nicht steuerbar, er ist ein Abenteuer.) Vieles muß sich in kleinen Gruppen vor Ort abspielen. Aber in einer ersten Phase, in der wir uns jetzt befinden, soll es zentrale öffentliche Veranstaltungen geben. Wir brauchen eine Reihe gewissermaßen exemplarischer Diskussions- und Reflexionsvorgänge zu wichtigen Fragen: Was ist am deutschen Faschismus und am DDR-Sozialismus vergleichbar und was absolut nicht? Wie wurde nach 1945 die Vergangenheit in den beiden deutschen Staaten »bewältigt«, wie das damals hieß, was daran ist für heute lehrreich? (Lassen wir Hermann Lübbe mit Ralph Giordano darüber diskutieren. Der eine sagt, das kommunikative Beschweigen der Vergangenheit war die eigentliche Leistung, daß aus ehemaligen Nazis Demokraten wurden. Der andere sagt, genau dies ist die zweite Schuld der Deutschen. Und für beides gibt es eine Reihe von Argumenten.) Was ist eigentlich Geschichte der DDR? Welche Entwicklungsphasen gibt es, wo waren historische Alternativen möglich, wie hängt sie mit der Geschichte der BRD zusammen?

Kann dieses Tribunal die oben beschriebenen Schwierigkeiten überwinden? Oder ist es nicht vielleicht doch eine typisch intellektuelle Idee, die deswegen nicht realisierbar ist, weil sie die gesellschaftlichen Rahmenbedingungen und die Menschen in ihrer Harmoniesucht unterschätzt?

Ich teile alle skeptischen Einwände, und ich weiß auch nicht, ob das, was ich mir wünsche, gelingt. Nur, ich sehe einfach keine wirklich ehrliche Alternative. Das nicht zu tun bedeutet Resignation, und die ist in diesem Fall ganz nah dem Zynismus, der von vielen Seiten empfohlen wird: Vorhang zu, alles vergessen, nach vorne schauen. Wir als Deutsche haben jedoch bereits eine kollektive Erfahrung, die uns das zu wiederholen nicht erlaubt. Und auch das Moment der Selbstbefreiung im Herbst 1989 erlaubt dies nicht. Es bietet im Gegenteil die historisch einmalige Chance, den Opfern und Benachteiligten ihr Recht wiederzugeben, auch dadurch, daß sie ihre Akten einsehen können.

Die nicht hinnehmbaren Alternativen dieses gefährdeten Versuchs der Aufklärung sind doch im übrigen auch schon Realität. Zum einen die Vermarktung der DDR-Geschichte als Skandalgeschichte. Das Publikum kann so auf eine gruselige Art und Weise vergessen, daß es ein Teil davon war. Aus diesem Umgang mit der Geschichte kann man nichts lernen, gar nichts. Zum anderen kann das Herrschaftswissen der SED und der Stasi ohnehin mißbraucht werden. Es existiert in den Köpfen der ehemaligen Mitarbeiter, viele Akten sind kopiert oder verschachert worden. Medien sind in deren Besitz. Hier kann in beliebiger Art und Weise privaten, geschäftlichen oder politischen Interessen folgend, Vergangenheit mißbraucht werden. Dem können wir nur begegnen, indem wir versuchen, uns zu Subjekten der Aneignung unserer Geschichte zu machen. Das kann schiefgehen, aber wenn wir diese Chance nicht ergreifen, sind wir von vornherein verloren.

Zu dieser Aneignung der Geschichte gehört für Sie, wenn auch nicht bei dem Tribunal, deren strafrechtliche Aufarbeitung. Sehen Sie gegenwärtig die Gefahr, daß das Rechtsempfinden vieler Menschen verletzt und so der Rechtsstaat ausgehöhlt wird, wenn Mauerschützen vor Gericht stehen, SED-Größen sich jedoch bestenfalls wegen unerlaubten Waffenbesitzes verantworten müssen?

Das ist eine grundsätzliche Schwierigkeit des Rechtsstaates, vor der ich Respekt habe und die mich nicht dazu verführt, ihn nicht zu akzeptieren. Im Gegenteil, der Rechtsstaat muß, wenn er denn einer bleiben soll, sinnvolle Grenzen haben. Und eine davon ist: Nur individuell bewiesene Schuld kann verurteilt werden.

Zugleich gilt aber auch, daß der Rechtsstaat seine eigene Logik haben muß. Er kann also nicht die Kleinen verurteilen, nur weil die Beweislage dafür vermeintlich einfach ist, und die Großen laufenlassen, weil sie dort schwierig ist. Gegen diese Art vorauseilender Resignation habe ich etwas, weil sie das Rechtsempfinden vieler Menschen verletzt. Aus diesem Grund bin ich auch für einen Prozeß gegen Honecker, weil vielleicht nur wirklich in einem Prozeß gegen den, der in der Hierarchie ganz oben stand, von diesem politischen Herrschaftssystem wirklich etwas sichtbar gemacht werden kann. Zugleich kann sich der Rechtsstaat in einem unüberbietbaren fairen Prozeß gegen Honecker selber in der Weise darstellen, daß er nicht dazu da ist, die noch so verständlichen Rachegefühle der vielen zu befriedigen. Wir müssen zwischen unterschiedlichen Arten von Schuld unterscheiden, zwischen strafrechtlicher, politischer, moralischer und metaphysischer Schuld. Dieser wahrscheinlich furchtbare Lernprozeß ist wichtig, weil er mit Enttäuschungen und der Ernüchterung verbunden ist, daß Recht und Gerechtigkeit nicht identische Dinge sind.

Junge Welt, 14.2.1992. (Das Gespräch führte Jens König.)

»Differenzierung tut not«

Die Chance der Deutschen zu selbstbestimmt-selbstkritischem Umgang mit der eigenen Geschichte ist bereits hochgradig gefährdet

Sind wir an eine Wegscheide gelangt, an der wir zu entscheiden haben, welchen Weg wir Ost-West-Deutschen künftig gehen wollen, um der bitteren DDR-Geschichte zu begegnen – oder ihr auszuweichen?

Die Indizien dafür häufen sich. Überraschende, befremdliche Koalitionen sind entstanden zwischen moralischen Eiferern und kühlen Strategen, zwischen Wahrheitssuchenden und journalistischen Geschäftemachern. Die Ziele, die Motive sind durchaus verschieden, aber die Wirkungen könnten fatal einheitlich und für einen selbstbestimmten, kritisch-differenzierten Umgang mit der Geschichte zerstörerisch sein. Der Chance für ein solch befreiendes, weil wahrhaftiges Verhältnis zur eigenen Geschichte und Biographie beraubt zu werden, diese Gefahr nimmt zu – durch das gegenwärtige Klima der Verdächtigungen, Vorverurteilungen, Pauschalurteile. Ein Klima, das medial erzeugt, mindestens verstärkt wird – vielleicht nicht einmal in jedem Fall absichtsvoll. (Ich weiß, Medienschelte ist mißlich, aber warum eigentlich ist nichts so tabuisiert wie Kritik an Journalisten? Ängste vor ihrer »Rache«?)

Insistierende, peinigende Fragen an die Vergangenheit und ihre Akteure – ja und ja! Sie ängstigen mich nicht. Aber die allzu forschen, kräftigen, »klaren« Antworten, die »klarer«, eindeutiger und einfacher sind als die damalige Wirklichkeit – die ängstigen mich schon. Denn was erleben wir? Die Vermarktung der DDR-Geschichte zu Skandalgeschichten, die Konkurrenz von Enthüllungsjournalismus, der sich »der Akten« bedient. Aber natürlich auch wirkliche journalistische Aufklärungsbemühung, die es sich nicht leicht und billig machen will. So ganz widerspruchslos ist auch die journalistische Welt nicht, zum Glück. Wir verdanken ihr manche notwendige hilfreich-schmerzliche Entdeckung. Trotzdem: Die Tendenz zur Vergröberung, zum Grellen und Bunten, zum Schwarzweißurteil (das die langweiligen Grautöne übertüncht), zum undifferenzierten Pauschalurteil überwiegt. Hinzu kommt die politische Instrumentierung der Vergangenheit zu sehr gegenwärtigen Zwecken: im Versuch, Personen des Übergangs und des Neuanfangs moralisch zu diskreditieren, in einer Strategie der generellen Verdächtigung einer Politik der Anerkennung von Realitäten, um diese zu ändern; einer Politik der kleinen Schritte, der Entspannung, die auf der Einsicht beruhte – die wir doch mehr oder minder alle, in Ost und West, Politiker und Nicht-Politiker, geteilt haben –, daß der revolutionäre Umsturz nicht bevorstand, daß also vielmehr in einem mühseligen Prozeß den Mächtigen mähliche Veränderungen, Erleichterungen, Vermenschlichungen, Freiheitsräume abgetrotzt, abgehandelt werden mußten.

Selbstverständlich ist, daß auch diese Politik kritische historisch-politische Analyse und Bewertung ertragen muß. Es geht unübersehbar um die Restaurierung eines – längst für obsolet gehaltenen – dummen Antikommunismus, der von einem intelligenten, erfahrungsbestätigten Antikommunismus z. B. eines Manès Sperber oder Václav Havel wohl zu unterscheiden ist; es geht um die Herstellung eines ideologischen Klimas, in dem die Brüche und das Scheitern eines Konservatismus verschwinden und der Eindruck eines ungebrochenen Siegeszuges und Rechthabens konservativer Politik entsteht. Wer alles – wissentlich oder absichtslos – daran mitzuwirken bereit ist, läßt mich erschrecken.

Vor allem aber: Die Wirkungen von Vermarktung und Instrumentierung sind verheerend. Die Pauschalurteile nehmen vernichtende Qualität an. Der Eindruck wird erzeugt, daß dieses »DDR-Volk« ein Spitzel-Volk gewesen sei, daß unser aller Leben ins Zwielicht der Kollaboration getaucht ist. Nicht mehr zählt der mühselige, brüchige, sicherlich ganz und gar nicht strahlende Versuch, den eigenen Maßstäben von Anstand und Vernunft zu folgen, sie noch im fatalen Lebenskompromiß, in der Suche nach einem überlebensfähigen Modus vivendi nicht ganz zu verraten. Wir haben uns wahrhaftig viel zu fragen. Daß wir – vielleicht, hoffentlich – zur Scham fähig sind, könnte ein Moment unserer durchgehaltenen und wiedergewonnenen Würde sein. Aber muß ich mich dafür entschuldigen, daß ich – biographischer Zufall – bis zum Ende der DDR ihr Bürger war, ohne Ausreiseantrag oder Gefängnisaufenthalt, also ohne Held oder Märtyrer gewesen zu sein?

Ich befürchte, der Rigorismus der Anklagen, die Pauschalität der Urteile, die Massivität der Vorwürfe, die mediale Allgegenwart des Themas erzeugen Überdruß und Abwehr, verstärken den Verdrängungswillen – zusätzlich bestärkt durch politische Interessen, die empfehlen, wir sollten die DDR-Vergangenheit ebenso »kommunikativ beschweigen« (Hermann Lübbe), wie es die (West-)Deutschen nach 1945 taten. Die Chance zum selbstbestimmt-selbstkritischen Umgang mit der eigenen Geschichte ist bereits hochgradig gefährdet. Der CDU-Politiker Heiner Geißler hat schon die Schließung der Gauck-Behörde gefordert.

Der traurige Tod des Bundestagsabgeordneten Gerhard Riege ist ein furchtbares Indiz für eine Atmosphäre, in der einer wie er – doppelt stigmatisiert als IM und als PDS-Mitglied – nicht mehr meinte sich erklären und verständlich machen und damit den Rest seiner Würde verteidigen zu können. Darin – und nur darin, aber darin gewiß – ist sein Selbstmord ein Menetekel. Ihn zum Anlaß zu nehmen, die Akten schließen zu wollen, diese ganze, so wenig steuerbare Begegnung mit der eigenen erbärmlichen DDR- und Stasi-Geschichte abbrechen zu wollen, die Betroffenheit zu einem Entlastungsversuch zu benutzen, dazu – bitte Herr Gysi! – sollte niemand den Tod von Gerhard Riege mißbrauchen!

Nein, wir sollten der Versuchung, der Überredung, die Stasi-Akten wieder zu schließen, nicht nachgeben – aus immer noch demselben Grund: um der Opfer und um der Chance einer Gerechtigkeit für sie willen, die ihnen keine Strafjustiz gewähren kann. Der Chance zur (Wieder-)Aneignung der eigenen Biographie.

Ich teile nicht die Ansicht von Andrzej Szczypiorski, dem großen polnischen Autor, daß die deutsche Art der Vergangenheitsbewältigung ein großer Fehler sei und daß wir eine riesige Dummheit begingen. Aber ist es ganz falsch, wenn er sagt: »Die Stasi entwickelt sich jetzt zur höchsten politischen und moralischen Instanz für die deutsche Gesellschaft. Was die Stasi sagt, ist wahr«? Also versuchen wir genauere Maßstäbe der Bewertung zu gewinnen – es ist an der Zeit, nach zwei Jahren und zwei Monate der Enthüllungen, Entdeckungen, Erschütterungen. Differenzierung tut not.

die tageszeitung, 22. 2. 1992

»Stasi-Schnipsel sind kein Wahrheitsbeweis«

Dem Gift der Verdächtigungen widerstehen

Ist es die aus westdeutscher Unkenntnis herrührende Sorglosigkeit, ist es der Mangel an Sensibilität oder letztlich doch der kaltschnäuzige Drang zur hemmungslosen kommerziellen Ausschlachtung »entdeckter« DDR-Lebensläufe, die seriöse und unseriöse Vertreter der journalistischen »Vierten Gewalt« selbst gewalttätig werden läßt? Denn gewalttätig nenne ich ein Vorgehen, das unterschiedslos aus »aktenkundig« gewordenen Biographien zitiert und vorgaukelt, die Authenzität eines einzelnen dergestalt wiedergegeben zu haben. Gewalttätig nenne ich ein solches Vorgehen, weil es sich um einen Akt der biographischen Enteignung handelt, um einen Akt der persönlichen Beschädigung.

Die ohnehin um sich greifende Neigung zur Verallgemeinerung, Pauschalisierung, zur In-Haftnahme von 16 Millionen einzelnen als ein einig Volk von Spitzeln wird dadurch verstärkt. Erkenntnisgewinne, unverzichtbar für die wahrhaftige Aufarbeitung der Geschichte, resultieren dagegen ausschließlich aus Differenzierung und kritischem Umgang mit dem Quellenmaterial. Jeder Student der historischen Wissenschaft lernt das im ersten Semester.

Die Akten ernst zu nehmen verlangt, sie als das zu verstehen, was sie waren: Instrumente im Dienst der SED-Diktatur. Die Akten bringen immer die Sicht des Auftraggebers. Darin lügen sie nicht, aber nur darin! Sie sind also nicht als solche wahr, sondern müssen auf die Situation bezogen werden, die sie auf verzerrte und verzerrende Weise widerspiegeln. Dazu muß man mit den Betroffenen, also auch mit den Verdächtigten, sprechen. Man muß sich die konkreten, die wirklichen (nicht die eingebildeten) Handlungs- und Entscheidungsmöglichkeiten vergegenwärtigen, um überhaupt angemessen, menschenverträglich urteilen zu können.

Für eine gerechte Beurteilung – wie bei der Diskussion um den brandenburgischen Ministerpräsidenten Manfred Stolpe – müssen sich Spürsinn und Feinsinn die Waage halten. Und wieso will man uns im Widerspruch zwischen Akten und Verdächtigtem glauben machen, daß immer die Akte recht habe, daß ihr die unbezweifelbare Autorität zukomme? Wir sollten den Widerspruch einige Zeit aushalten können, um den Verdächtigten eine faire Chance zu geben, und sie nicht im Schnellverfahren öffentlich hinrichten. Was gibt denn Unbeteiligten das Recht, die dokumentierten Stasi-Schnipsel schon für Wahrheitsbeweise zu halten!

Die alleinige Heranziehung der Stasi-Akten zur Begutachtung eines Lebenslaufes ist eine perfide Art von »Kronzeugenregelung«, eine unheimliche Begegnung des Betroffenen mit dem Blickwinkel derer, die ihn für ihr finsteres Handwerk gebrauchten und mißbrauchten – oder die es vielleicht nur erfolglos versuchten.

Erst wenn wir das einfache Opfer-Täter-Schema zum Einfangen von DDR-Wirklichkeit überwunden haben, wenn die Eindeutigkeiten und schnörkellosen Zuordnungen nichts mehr erklären – so sie es denn jemals taten –, haben wir die Möglichkeit zur Erhellung tieferer Schichten der alltäglichen DDR, der Funktions- und Wirkweise eines komplexen Unterdrückungssystems, in das viele – aber wahrhaftig nicht alle! – verwoben waren. Wahrheitssucher, die Strukturen und Funktionalität dieses Systems ignorieren, tragen gewollt oder ungewollt zu neuerlicher Verdunkelung bei.

Ich plädiere leidenschaftlich für den Dialog über die DDR- und Stasi-Vergangenheit, für den Austausch von Erinnerungen und Motiven, für einen wahrhaft »herrschaftsfreien« Diskurs. In diesem Zusammenhang werden bohrende, verletzende, vor allem aber relevante Fragen und Antworten formuliert werden müssen. Fragen und Antworten mithin, die von einem elementaren Lebensinteresse angeleitet sind und keinem billigen Voyeurismus.

Schließlich bedarf es einer genügend deutlichen Trennschärfe zwischen rechtlicher, politischer und moralischer Bewertung. Selbst einem eingefleischten Westdeutschen fällt es aus eigener Anschauung nicht schwer, zu erkennen, daß sich zwischen juristischer Korrektheit und moralischer Lauterkeit bisweilen Klüfte auftun. Insbesondere unter Hinzunahme des Politischen erscheint es unmöglich, zwischen den vorgenannten Kategorien Übereinstimmung herzustellen. Politisch zu handeln schließt zum einen stets die Möglichkeit des Irrens ein, und zum anderen setzt sie die Einlassung auf die bestehenden Verhältnisse voraus – und sei es zum Zweck ihrer Überwindung. Die Alternative dazu ist apathische Schicksalsergebenheit, das Ausschlagen von Handlungsoptionen, auch wenn sie noch so gering zu sein scheinen.

Woran es uns gegenwärtig noch mangelt, sind klare Beurteilungskriterien. Maßstäbe, mit deren Hilfe die Unrechtsgeschichte der DDR als Bestandteil der deutschen Geschichte begriffen werden kann. Wir brauchen menschengemäße Maßstäbe, die dem einzelnen Gerechtigkeit widerfahren lassen und dem schleichenden Gift der Verdächtigungen Einhalt gebieten. Die Pressefreiheit darf nicht zur Verleumdungsfreiheit verkommen, hat der Bundespräsident gemahnt. Gerade wer den Opfern der Stasi Gerechtigkeit widerfahren lassen will, wird ein leidenschaftliches Interesse daran haben, daß nicht neue Opfer entstehen!

stern, 27.2.1992

IV.

Sprache und Politik

Ein auf der Jahrestagung des Instituts für deutsche Sprache in Mannheim im März 1992 gehaltener Vortrag, der das Ergebnis einer langen Freundschaft darstellt, die mit dem Thema des Vortrages engstens verknüpft ist: Mit Ewald Lang, dem Linguisten, habe ich über lange Jahre in der DDR über das Verhältnis von Sprache und Politik reflektiert und diskutiert, von der LTI bis zum politischen DDR-Witz. Auf eine seiner einschlägigen Arbeiten sei deshalb ausdrücklich und dankend verwiesen: Wendehals und Stasi-Laus. Demo-Sprüche aus der DDR. Herausgegeben und zusammengestellt von Ewald Lang, München (Heyne Verlag) 1990.

»Sprich, damit ich dich sehe«

Beobachtungen zum Verhältnis von Sprache und Politik in der DDR-Vergangenheit

»Sprich, damit ich dich sehe«. Diese Gedichtzeile gibt ein Existenzmotiv meiner, vieler Leute DDR-Existenz an, nämlich: Erkennbarkeit durch Sprache.

Wie oft schon bin ich gefragt worden, was wir mitbrächten aus der DDR in die deutsche Einheit, was Momente unserer Identität seien, woran ich mich mit Sympathie, gar mit nostalgischem Sentiment erinnere. – Viel ist's nicht mehr, leider, leider.

Aber zu den Tugenden der Notgemeinschaft, die die DDR auch war – eine Gemeinschaft ihrer Bürger, wahrhaftig nicht aller, gegen den Staat –, zu diesen Tugenden meinte und meine ich unser besonderes Verhältnis zur Sprache zählen zu sollen, zu können.

Es war eine politische Lebensnotwendigkeit, einen neuen, nicht bekannten, nicht vertrauten Gesprächspartner möglichst schnell zu identifizieren, eine neue Gesprächssituation möglichst schnell einschätzen zu können: Darf ich offen, aufrichtig, frech reden – oder doch lieber vorsichtig, mich bedeckt halten, der offiziellen Sprache mich befleißigen? Jemanden schnell erkennen an seinem Sprechen, seiner Sprache... Sprich, damit ich dich sehe.

Um romantisch-nostalgischer Verklärung zu widerstehen – ich werd's wohl nicht ganz schaffen –, will ich versuchen, dies eigenartige, eben doch heftig politisch vermittelte und bestimmte Verhältnis zur Sprache ernüchternd aufzuklären.

Jahrzehntelang geisterte die Rede von einer deutsch-deutschen Sprachspaltung durch die Medien. Als Beweis mußten ein paar exotisch wirkende Wörter und Wendungen aus dem Sprachgebrauch des DDR-Wortschatzes herhalten. Das Thema hatte in den zurückliegenden Jahrzehnten in wechselvollen Phasen seinen politischen Stellenwert (bei den Verfechtern der Einheit anders als bei den Befürwortern der Zweistaatlichkeit), es hatte seinen kulturellen Reizwert (als Annex zum Literatenstreit um eine oder zwei deutsche Literaturen) und eben auch seinen Marktwert in vielen Facetten. Aber auch seriöse Unternehmen, nicht zuletzt das Institut für deutsche Sprache, haben sich philogisch-akribisch, kulturkritisch oder sprachpflegerisch mit dem »zweigeteilten Duden« beschäftigt: Es gab Dutzende von Konferenzen, zahlreiche Projekte und jede Menge Dissertationen zum Thema, und auch die 20. Auflage des DUDENs von 1991, die als der »gemeinsame DUDEN für Ost und West« mit »über 5000 neu aufgenommenen Wörtern« firmiert, zehrt noch von diesem Boom, der – so meine These – auf einem *Mißverständnis* beruht, das auch jetzt noch nicht vollends ausgeräumt ist.

Eine tatsächliche Sprachspaltung hat in den 40 Jahren der deutschen Zweistaatlichkeit nie stattgefunden – entgegen den besorgten bis süffisanten Stimmen aus der westdeutschen Kulturszene und entgegen der zeitweilig – vor allem während der in den 70er

Jahren angestrengten Abgrenzungskampagne – offiziell verkündeten Sprachpolitik der DDR, die ihre Eigenstaatlichkeit gerne auch durch eine Eigensprachlichkeit untermauert gesehen hätte.

Die Sprachpolitik der DDR hatte viel Kurioses: Mitte der 70er Jahre war die DDR-Regierung entschlossen, eine eigene Orthographie-Reform auf ihrem Staatsgebiet durchzusetzen. Verhindert hat diesen einschneidenden Abgrenzungsschritt ironischerweise – die Sowjetunion! Die Rechtschreibkommission der DDR wurde – kurz vor ihrem Presseauftritt anläßlich einer Tagung der Orthographie-Kommissionen der deutschsprachigen Länder in Wien – zurückgepfiffen mit dem Hinweis, daß es doch wichtig sei, Fragen der Rechtschreibung im Rahmen der KSZE-Verhandlungen einvernehmlich zu lösen, kurzum: Rechtschreibreform als Verhandlungsmasse zu benutzen, und vor allem und eigentlich, daß die UdSSR kein Interesse daran hätte, ihre Studenten zwei deutsche Rechtschreibungen lernen zu lassen. Von der Sowjetunion lernen hieß eben nicht immer siegen lernen, sondern diesmal: die eine deutsche Sprache zu bewahren!

Die eigene »Sprache der DDR« hätte allerdings ohnehin kaum eine Chance gehabt. Erstens vollziehen sich Sprachveränderungen nur in weitaus längeren Zeiträumen, und zweitens verhinderte der permanente Einfluß der westdeutschen Medien auf die Sprachsituation in der DDR, daß sich dort auch nur im Ansatz eine Sprachinsel oder eine eigenständige Sprachgemeinschaft hätte bilden können. Schließlich wanderte die DDR-Bevölkerung jeden Abend via Fernsehen aus ihrem »Arbeiter- und Bauern-Staat« aus: ein spektakulärer, allen bewußter, höchst folgenreicher, nicht nur die Sprachgemeinschaft stabilisierender kollektiver Ausflug!

Aber, höre ich oft sagen, es gab und gibt doch spürbare Unterschiede, und im Umgang mit den ehemaligen DDR-Bewohnern kommt es oft zu Irritationen, die in sprachlichen Mißverständnissen gründen. *Man erkennt doch*, sagen viele, *die Ossis an ihrer Sprache* (womit nicht der Dialekt gemeint ist, sondern Stil und Wortwahl). Also spricht oder sprach man dort doch ein anderes Deutsch?!

Meine Antwort ist: Ein anderes Deutsch ja, aber nicht eine andere Sprache. Dies so festzustellen ist keine philogische oder politische Spitzfindigkeit, sondern der Hinweis auf einen oft fehlgedeuteten, also aufklärungsbedürftigen, und darüber hinaus aufschlußreichen Tatbestand der deutschen Nachkriegsgeschichte.

Die einfachste Form von Mißverständnissen findet sich in der *Verwechslung von Sprache und Lexik*. Gewiß, es gibt im Wortschatz der DDR einige Hundert oder vielleicht sogar einige Tausend Einheiten, die spezifisch sind für die 40 Jahre SED-Herrschaft. Ein Dutzend davon ist ins gesamtdeutsche Süffisanz-Vokabular eingegangen: die Plaste und Elaste (aus Schkopau) kennt jeder Stammtischwitzbold, über das Verb Abkindern haben sich zahllose Kolumnisten amüsiert, die erst durch die Medien berühmte, aber nie wirklich populäre Jahresendflügelfigur hat längst ihre Runde gemacht und der Trabbi ist zu einem multi-medialen Symbol und zum Souvenir-Träger avanciert. »Belege« solcherart für das »doch so andere Deutsch der Ossis« erinnern mich in ihrer Unbedarftheit sehr an das Verfahren, wie in mittelmäßigen DEFA-Filmen durch HB, Johnnie Walker (aus'm Intershop) und einen auffällig oft wiederkehrenden Mercedes (etwas älteren Baujahrs) zwielichtige »Westatmosphäre« erzeugt werden sollte. Nein, der streitbare Befund, daß die ehemaligen DDR-Bewohner – sprechend, schreibend und miteinander kommunizierend – durch ein »anderes Deutsch« zu identifizieren sind, hat andere Gründe als bloß lexikalische, er beruht auf einem anderen Verhältnis zur Sprache, das politisch bedingt war. Das will ich in vier Aspekten zu erläutern versuchen.

1. *Neuwörter*. Am auffälligsten sind zunächst die Neuwörter, die – oft mit bombastisch klingenden Attributhäufungen – vorher nicht oder nicht so vorhandene bzw. verstandene gesellschaftliche Institutionen, Einrichtungen, Organisationsformen, Symbole und Wertvorstellungen bezeichnen. Bis auf wenige Fälle sind diese Wörter an sich nicht neu, sondern nur neu in ihrer Zusammensetzung zu einem Komplexwort oder Wortkomplex. Auffällig sind auch Bezeichnungen für einige Dinge des Alltags, die aus nicht

recht einsehbaren, jedenfalls kaum ideologieverdächtigen, Gründen anders heißen als im übrigen deutschen Sprachraum: Vergaserkraftstoff für Benzin, Haftschale für Kontaktlinse, Faserschreiber für Filzstift, Goldbroiler für Brathähnchen. Das Vokabular für Nahrungsmittel und Gerichte hat naturgemäß viele regionale Varianten, aber in der DDR gibt es eine Handvoll Bezeichnungsdubletten, die aus ideologischen Motiven entstanden sind, nämlich aus dem Bestreben der DDR-Führung, entweder die sprachlichen Erinnerungsmerkmale an die feudalen Zeiten zu beseitigen (statt Bismarck-Hering – Deli[katesse]-Hering, statt Fürst Pückler-Eis – Halbgefrorenes) oder westliche Bezeichnungen gar nicht erst reinzulassen (statt Hot dog – Ketwurst, staat Pizza – Krusta, statt Hamburger – Grilleta). Ein Blick auf die Quellen ist hierbei aufschlußreich für die sich darin manifestierenden politischen Verhältnisse. Stimmt die Beobachtung einer angeblichen Russifizierung? Das Russische hat, anders als man in platter Analogie zum Einfluß des Amerikanischen im Westen vielleicht vermuten könnte, auf die Bildung von Neuwörtern wie auch auf den Sprachgebrauch in der DDR eine relativ geringe Auswirkung gezeigt. Direkte Entlehnungen sind ganz selten (»Datsche«, »Apparatschik«), häufiger sind Fremdwortimporte aus anderen Sprachen via Moskau, d. h. Quasi-Internationalismen in russifizierter Form (»Exponat«, »Estrade«, »Dispatcher«, »Kombine«, »Meeting«) oder die Übernahme russischer Bildungsmuster und Wendungen ins Deutsche (»Haus der Kultur«, »Banner der Arbeit«, »mit an der Spitze«, »unverbrüchlicher Bund«, »am Vorabend der Revolution«). Jedenfalls kann von einer Russifizierung der Sprache in der DDR auch nicht annähernd so berechtigt die Rede sein wie von einer Amerikanisierung der deutschen Umgangssprache in West *und* Ost. Die Gründe für diese Resistenz liegen auf der Hand: obwohl offiziell erste Fremdsprache und mindestens vier, meistens sechs Jahre mit drei Wochenstunden gelehrt, war Russisch unbeliebt (als die Sprache der Besatzungsmacht, die in ihrer Zone den Sozialismus auf dem Verwaltungswege eingeführt hat und weiterhin dessen alleiniger »Garant« ist), es erschien unattraktiv (gegenüber dem verwandter klingenden Englisch, das mit dem Glanz westlicher Weltläufigkeit und Medienwirksamkeit umstrahlt ist), und die tatsächlichen Russischkenntnisse bei Schulabgängern waren beschämend dürftig (auch weil der Unterricht auf Lehrbüchern beruhte, die wie DDR-Wandzeitungen wirken – bloß auf Kyrillisch). Erst als mit Glasnost und Perestroika sowjetische Zeitungen und Broschüren spannend geworden waren, erfreute sich das Russischlernen in der DDR kurzfristig eines gewissen Aufschwungs, während umgekehrt – auch das gehört zum Bild – Deutsch als Fremdsprache in der UdSSR so verbreitet ist wie nirgends sonst auf der Welt.

2. *Stilistik.* Es sind wohl drei, nach Quelle und Umfang verschiedene, aber durchaus miteinander vorkommende Ingredienzen, die den Stil (nicht-literarischer) öffentlich verlautbarter Texte in der DDR charakterisieren und die daher den Ursprung der Texte – jenseits ihres Bezugs auf Raum, Zeit und Sozialsystem – leicht erkennbar machen. Signalwert in diesem Sinne hat zunächst ein bestimmtes *Inventar an erstarrten Metaphern.* Ein Teil stammt aus dem Vokabular der sozialkritischen Schriften des 19. Jahrhunderts (z. B. altertümlich klingende Schmähwörter wie Lakai, Marionette, Steigbügelhalter, Speichellecker, Handlanger, Büttel etc. des Imperialismus) und ihren Auslegungen im frühen 20. Jahrhundert (mit analogen Bildungen wie Kettenhund [des Imperialismus], Wallstreethyänen, Bankhaie, Börsenjobber etc.). Ein anderer Teil, das ideologische Kontrastprogramm anzeigend, stammt aus dem Poesiealbum sozialistischer Idyllik (so die lichten Höhen der Kultur, der sozialistische Völkerfrühling, das zutiefst humanistische Grundanliegen, die unverbrüchlichen Bande der Freundschaft, die wie den eigenen Augapfel gehütete Einheit der Arbeiterklasse, das Fest der Lebensfreude etc.). Es ist nicht unbedingt die Qualität der Metaphern an sich, die den Eindruck von knirschendem Kämpfertum oder kitschiger Gefühligkeit erweckt und so die Ausdrücke ridiculisiert, sondern es ist die reglementierte Schablonenhaftigkeit ihrer Wiederholung, die Überdruß erzeugt und damit diesen Sprachgebrauch suspekt macht.

Ein zweites auffälliges Ingredienz ist der Aküfi, der *Abkür-*

zungsfimmel, der Alltagstexte in der DDR (aber nicht nur das) mit zahlreichen Abkürzungen durchsetzte. Jeder weiß das, und erwähnenswert ist lediglich der Umstand, daß die Abbreviaturen hier fast durchweg dem Muster »Anfangsbuchstaben der Vollbezeichnung« folgen oder dem – von Egon Erwin Kisch schon 1924 beklagten – sowjetischen Muster der Silbenanhäufung (Kolchos, Sovnarchos, Grusnefprom etc.); solcherart gebildete Kunstwörter (wie »Malimo«, »Deutrans«) waren Ausnahmen im DDR-Wortschatz.

Das dritte Ingredienz des DDR-Stils ist etwas, was man *repressive Redundanz* nennen könnte, d. h. die an Wortmagie grenzende Gewohnheit der Prägung von und des Umgangs mit Bezeichnungen für offizielle Institutionen, Amtstitel, Lokalitäten oder Insignien. Da mag es einerseits, was Ausführlichkeit und Pedanterie betrifft, eine preußische Tradition geben, aber andererseits hat die Penetranz, mit der in Pressemitteilungen ein Spitzenpolitiker stets unter Aufzählung einer gesamten Titelliste (z. B.: »der erste Generalsekretär der Sozialistischen Einheitspartei Deutschlands, Vorsitzender des Staatsrates der DDR und Vorsitzender des Nationalen Verteidigungsrates, Genosse Erich Honecker, hat...«) genannt wird, durchaus real-sozialistische (oder soll ich sagen: sozialistisch-realistische) Züge. Was an Motiven hinter dieser Redundanz steckte, ist wohl ein Gemisch aus *administrativer Unsicherheit* (hier wiederholt sich ein auch außerhalb der DDR geläufiges Muster: als je weniger etabliert sich ein junger Staat betrachtet, desto bombastischer nennt er sich, man denke an die Koreanische Volksdemokratische Republik oder die Sozialistische Libysche Arabische Volksjamarhiya), ganz und gar unmaterialistischer *Wortgläubigkeit* (nämlich der fatalen Auffassung, daß man mit der Verfügung über den Namen einer Sache auch schon über die Sache selbst verfügte – dies ist der wortmagische Aspekt am offiziellen Sprachgebrauch in der DDR) und eben daraus erwachsender repressiver *Belehrungssucht.*

Die Striktheit dieses Vorgehens zeigt sich gerade auch im Wandel von Bezeichnungen. Paris war, ist und bleibt Paris, aber kaum eine Stadt hat soviele programmatische Kostümproben ihres Namens erlebt wie Berlin: Was landläufig (und in naheliegender Analogie zu West-Berlin) Ost-Berlin genannt wird, hieß offiziell erst Sowjetischer Sektor von Groß-Berlin, dann Demokratischer Sektor von Groß-Berlin, dann das Demokratische Berlin, dann Berlin – Hauptstadt der DDR, was bis zur Wende galt, aber dann gelegentlich auch zu Berlin/DDR verkürzt werden durfte. Noch bunter fast war die Reihe der DDR-amtlichen Bezeichnungsvarianten für den westlichen Teil der Stadt: nach Westsektoren von Groß-Berlin heißt es – über verschiedene Zwischenformen wie Selbständige politische Einheit Westberlin oder Besondere politische Einheit Berlin (West) – dann meist nur noch Berlin (West), mit der suggestiven Angleichungsmöglichkeit für Berlin/DDR. Wer glaubt, Namen seien Schall und Rauch, übersieht die politische Funktion solcher Sprachregelung: hier wurden Namen ausgegeben wie eine Währung. Nur wer die jeweils gültigen Stücke gebrauchte, machte sich ehrlich; wer Falschgeld in Umlauf brachte, wurde bestraft; der außenpolitische Wechselkurs gehörte zur Verhandlungsmasse für die zwischenstaatlichen vertraglichen Vereinbarungen. Mit den Aspekten Neuwörter, Abkürzungen und Stilistik habe ich bereits auf den wichtigsten Unterschied zwischen Deutsch und DDR-Deutsch hingeführt, er heißt:

3. *Anderer Sprachgebrauch!* Was das »DDR-Deutsch« ausmacht, das Andersartige in publizierten Texten oder auch in der Alltagskommunikation, sind nicht so sehr Unterschiede in der Sprache, d. h. in den durch Grammatik und Wortschatz über Jahrhunderte hinweg bereitgestellten Ausdrucksmöglichkeiten, als vielmehr Unterschiede im Sprachgebrauch, d. h. in den durch Stil, Wortwahl, Frequenz sichtbar werdenden Ausdrucksfestlegungen.

Die These vom »gespaltenen Duden« ist ebenso unzutreffend in der Sache, wie sie entlarvend ist für die Beschränktheit ihrer Verfechter: sie verwechseln – wie J. P. Satre in »Lets mots« sagt – die Dinge mit ihren Namen, indem sie anderslautende Etiketten als ausreichende Indizien für einen anderen Inhalt (sprich: Bewußtsein, Mentalität, Haltung etc.) hinstellen. Damit verstellen sie den Blick auf die Gründe und Bedingungen des vom westdeutschen abweichenden Sprachgebrauchs und ignorieren einen daraus zu erklärenden kulturellen Tatbestand: *die DDR-Deutschen haben ein anderes Verhältnis zur Sprache ausgebildet*, eher zwangsläufig als freiwillig, aber nichtsdestoweniger faktisch. Sie haben sich lange Zeit eine (im Westen längst verlorene, im Osten nun rapide schwindende) *Wertschätzung für die gedruckte Literatur bewahrt und sie haben für das gesprochene Wort eine besondere Sensibilität ausgebildet.* Auch das ist ein Ergebnis der im Osten Deutschlands für Jahrzehnte anders geregelten Bedingungen für den Gebrauch der Sprache zur Herstellung und zur Interpretation von Öffentlichkeit.

Halten wir fest: sprachlich verankerte Differenzen zwischen Ostdeutschen und Westdeutschen ergeben sich nicht aus unterschiedlichen Sprachkenntnissen, sondern aus unterschiedlichen Kenntnissen über den Gebrauch der Sprache. Daß dabei die Bewohner der früheren DDR gewissermaßen über gesamt- oder doppeldeutsche Sprachgebrauchskenntnisse verfügen, ist nur eine weitere Facette des beklagenswert asymmetrischen Interesses, das die Deutschen hüben und drüben für die jeweils erfahrene Alltagsgeschichte der anderen aufbrachten und auch heute noch aufbringen.

Daraus erklärt sich auch die subjektive Basis für die These von der »geteilten Sprache« und die Überschätzung der Signifikanz der »anderen Wörter und Ausdrücke«, an denen man die Ossis erkennt. Aber die Ausdrücke verweisen auf die Bedingungen ihres Gebrauchs und über diese wiederum den Blick und das Ohr auf die gewesenen Lebensverhältnisse »drüben«. Hinter jedem Wort stekken Geschichten. Ihnen muß man nachspüren, denn der Wortschatz einer Sprachgemeinschaft ist immer gleichzeitig Museum und Werkstatt ihrer Geschichte.

Das eigentlich Interessante am DDR-Wortschatz ist das, was er uns anzeigt über die geschichtlichen und gesellschaftlichen Bedingungen seiner Entstehung als einer Ausprägung geregelten Sprachgebrauchs mitsamt dem darin enthaltenen Konfliktpotential. Was bedingte den *andersartigen Sprachgebrauch* in der DDR?

4. *Sprachregelung.* Als erstes und ausschlaggebendes natürlich die von oben nach unten über alle Leitungskanäle verordnete

und weitgehend eingehaltene *Reglementierung des öffentlichen Sprachgebrauchs*. Diese Sprachregelung war eine keineswegs nur in einer Zensurbehörde lokalisierbare Einrichtung, sondern eine auf viele Träger und Weiterträger verteilte Institution, deren gesellschaftliche Existenz und Durchschlagskraft sich aus dem Zusammenwirken von behördlicher Weisung und persönlicher Anpassung, von strikt zentralistisch gelenkter Publikationskontrolle und resignativer Selbstbeschränkung ergibt. Die Sprachregelung hatte natürlich ihre administrativen Vehikel – so etwa die wöchentlich mehrmals an alle Redaktionen versandten »Mitteilungen des Presseamts des Ministerrats der DDR« (kurz: Presseanweisungen = PA). Sie enthielten konkrete Weisungen für die Aufmachung und Einteilung der Zeitungsseiten, für herauszustellende bzw. zu unterdrückende Meldungen, Themen und Berichte; sie lieferten bindende Vorgaben für Kommentare und Interpretationen, gaben sogar »Empfehlungen« für die jeweilige Gestaltung von Rätselecke und Gartenseite oder für die Auswahl von Kochrezepten – und sie enthielten wöchentlich aktualisierte Listen für sprachliche Bezeichnungen, die zu gebrauchen, und solche, die zu vermeiden sind.

Die wissenschaftliche Aufarbeitung solcher PA (Presseanweisungen) und anderer Redaktionsakten mag im Vergleich zur Sichtung der Stasi-Akten zweitrangig erscheinen, ihre Lektüre mag unterhaltsamer sein, dennoch ist sie keineswegs weniger aufschlußreich. Ich gebe einige Kostproben aus dem Nachlaß der Redaktion der wichtigsten Blockpartei-Zeitung »Neue Zeit« (wörtliche Zitate, man beachte das vom Presseamt gegenüber den Reaktionen gepflogene inklusive »Wir«):

PA 12.6.1986
»Wir veröffentlichen nichts mehr über die Tschernobyler Ereignisse, es sei denn, ADN verbreitet neues Material. In diesem Zusammenhang wird darauf hingewiesen, daß eine Diskussion über alternative Energien, über den Wert und Unwert von Kernkraft nichts bringt und deshalb unterbleiben sollte.«

PA 6.12.1984
»Bei Formulierungen wie ›Wir danken der Partei und Erich Honecker‹ ist generell das Wort ›persönlich‹ zu vermeiden.«

PA 23.2.1984
»Es wird darauf hingewiesen, daß offene und versteckte Meckereien in den Zeitungen nichts zu suchen haben. Dabei ist es egal, ob sie in Artikeln, Liedern oder Gedichten enthalten sind.«

PA 28.2.1985
»Nicht vom ›Staatszirkus der DDR‹ sprechen, den Namen umschreiben«.

Natürlich kann man jetzt über derlei nur lachen, aber ich bin nicht auf billige rhetorische Effekte aus. Die Sprachregelung war ein alles überwölbender Gessler-Hut, den nicht nur die Zeitungsredakteure zu grüßen hatten, sondern eigentlich jedermann zu jeder Zeit. Erkennbar also war die gewünschte »staatsbürgerliche Einstellung« eines DDR-Bewohners an der Einhaltung dieser Sprachregelung. So absurd wie sie war, so produktiv war sie auch. Denn: *Sprachregelung erzeugt Sprachverweigerung*. Und diese stellt einen weiteren und wichtigeren Aspekt von Erkennbarkeit der Sprache dar.

Die Sprachverweigerung konnte man subtil differenzieren; wer »hier« sagte, statt »bei uns in der DDR«, signalisierte schon eine deutliche Reserve, wer im Vorwort zu einem – sagen wir – Sachbuch über Getreidemilben den Hinweis auf »die Errungenschaften der sozialistischen Landwirtschaft im Lichte der Beschlüsse des n-ten Parteitages der SED« unterließ, der mußte sich schon auf Zensur-Prädikate wie »objektivistischer« oder »bürgerlicher« Wissenschaftlicher gefaßt machen.

Weglassen war schon fast Widerstand, Um*schreiben* und *Um*schreiben waren täglich gebrauchte Stilübung.

Hier haben die nicht-staatstragenden Autoren (literarische und wissenschaftliche) eine besondere Sensitivität entwickelt, die man durchaus zu den spezifischen Zügen ihres Verhältnisses zur

Sprache rechnen muß. Diese Art von Geschmack (vielleicht sogar: Geschmäcklertum) war denn auch ein gruppenbildendes, Identifizierung stiftendes Erkennungszeichen unter den nicht angepaßten Intellektuellen. Dazu eine Geschichte: Zu meinem Freund, dem Sprachwissenschaftler Ewald Lang, mit dem zusammen ich jenes Geschmäcklertum getrieben und reflektiert habe – wie oft haben wir über Sprache und Politik diskutiert! – und dem ich auch für diesen Vortrag viele Gedanken, Vorschläge und Beispiele verdanke, zu meinem Freund kam Anfang der 70er Jahre ein westdeutscher Germanist, gab glaubhaft an, er sei von einem uns vertrauten Studentenpfarrer geschickt und empfohlen worden und suche nun Rat und Hilfe für seine Dissertation. Er habe schon seit Jahren die Presse der DDR aufmerksam verfolgt, Belege gesammelt, Material gebündelt, Manipulationstechniken herauskristallisiert, Informationspolitik analysiert. Er fühle sich nun bereit und in der Lage, eine handfeste Arbeit über »Das Leserbild« des »Neuen Deutschland« vorzulegen. Nun möchte er das gerne bestätigen oder ergänzen lassen. »Das könnte doch für Sie interessant sein, wo Sie ja hier in der DDR leben und das ›Neue Deutschland‹ auch täglich lesen.« Der angesprochene Ost-Sprachwissenschaftler war beeindruckt vom Engagement, von der Gründlichkeit und soviel gutem Willen, antwortete aber drastisch: »Ich kann es nicht leiden, wenn die einen mit dem Leidwesen der andern ihren Doktor machen wollen.«

Muß ich das erklären? Für den Ostdeutschen war die subtil ausgebildete, als Teil der Überlebungsstrategie sorgsam gehütete und mitunter gestreichelte Fähigkeit zur interpretatorischen Lektüre offizieller Texte so sehr ein Identitätsmerkmal, daß er dies nicht mit einem Wessi teilen wollte. Ein frühes Einzelbeispiel für die jetzt millionenfach zu machende Erfahrung mit den Schwierigkeiten des Zusammenwachsens. (Im übrigen habe ich mich dann zur Verfügung gestellt und praktische Leseübungen zum »Neuen Deutschland« mit dem westdeutschen Kollegen gemacht, woraus eine bis heute anhaltende Freundschaft entstanden ist.)

Die Sprachregelung produzierte Sprachverweigerung auch noch in einer weitaus öffentlicheren Form: im *Volkswitz*. In der

DDR blühte, in der Sprache wie im Gespräch, der Volkswitz. Als parodierende Begleiterscheinung staatlicher Sprachregelung war er deren Produkt und zugleich auch das ständige Indiz ihrer Außerkraftsetzung. Wo man mit der Regelung des Sprachgebrauchs die Sprecher reglementiert, äußert sich auch Protest zunächst und vor allem in regelwidrigem Sprachgebrauch: verordnete Schlagwörter wurden maliziös abgewandelt, um sie als Etikettenschwindel an die Sprachverwalter zurückzugeben (»Das Sein *ver*stimmt das Bewußtsein«, »Bitterer Feldweg« statt »Bitterfelder Weg«); schönfärbende Schmückwörter (»sozialistisches Einkaufszentrum« für eine normale Kaufhalle) werden durch Fehlanwendung ihrer Funktion beraubt (indem man die Warteschlange vor der Halle hämisch »sozialistische Einkaufsreihe« nennt); offiziell geprägte Hüllwörter (»Abteilung Spezielle Forschungsliteratur«, »freiwilliger Spendenbeitrag«) zeigten drastische Gegenwörter (»Giftschrank«, »Dummensteuer«).

Der solchermaßen in der Alltagssprache eingebundene Volkswitz beruht, wenn man genauer hinsieht und hinhört, auf weitergeführten historischen Vorbildern (etwa dem Flüsterwitz im Dritten Reich), auf trickreichen Fügungstechniken für Spitznamen und auf ironisierenden Kontextverschiebungen.

Ich wähle einige Beispiele von – so denke ich – bleibender Schönheit aus der Schlußphase der DDR: die Demo-Sprüche vom Herbst 1989. »Sieger der Geschichte – ausgesiegt« und »Ruinen schaffen ohne Waffen – 40 Jahre DDR« sind nach Form und Inhalt Epoche-Sätze, die man immer wieder auskosten und ausdeuten kann.

Überhaupt: die Demonstrationen von Aufbruch und Wende waren wohl die einzige Massenexplosion von politischem Volkswitz, den es in der deutschen Geschichte gegeben hat. Was mit diesen Sprüchen politisch auf den Punkt gebracht wurde, das ist original DDR und da vom Besten (und wäre als »Einzubringendes« fraglos einschlägiger als die Olympiamedaillen), und jedenfalls des Hinsehens und Nachforschens wohl wert – über das »Wörterbuch zur Wende« hinaus. Was mir hier machbar und lohnend scheint, ist ein Unternehmen: *Geschichte als Textdeutung*. Zu lesen wäre da das Psychogramm der DDR-Bevölkerung, zu entdecken ein soziokulturelles Scharnier zwischen Ost- und West-Europa. In der Substanz verweist z. B. der zu Sprüchen geronnene Volkswitz auf eine Erfahrung, die die Ost-Deutschen mit ihren östlichen Nachbarn (den Polen, Tschechen, Russen) teilen, die den West-Deutschen indes fehlt, weil sie ihnen erspart geblieben ist. In ihren Artikulationsformen hingegen hat sich diese vox populi spezifisch deutscher Quellen bedient: tradierte Reinschemata werden neu besetzt mit den besonders neuralgischen Stellen aus dem Schlagwortkatalog der real existierenden DDR und umgestylt in den mediengeprägten Tonfall der (lange schon vereint in der ersten Reihe sitzenden) neudeutschen Fernseh-Nation.

Stilistisch sind die Demo-Sprüche also eine Mischung aus Erbe- und Werbe-, Spray- und Sponti-Sprüchen – und dennoch etwas ganz Eigenes. Da werden vormals festgelegte Bekenntnisformeln abgewandelt, um sie als Etikettenschwindel an die Sprachverwalter zurückzugeben (»Je stärker die SED [vormals: die DDR] desto sicherer die Massenflucht« [vormals: der Friede], oder: »So wie wir heute demonstrieren [vormals: arbeiten], werden wir morgen leben«), da wird die geläufige Sponti-Spruchformel »(lieber) X (als) Y« – ihr Pfiff beruht auf dem Kontrast zwischen lautlicher Angleichung und inhaltlicher Unvergleichbarkeit von X und Y – mit treffsicheren Varianten aktualisiert (»Glasnost statt Süssmost«, oder: »Lieber häufig übermüdet als ständig überwacht«); da werden gängige Abkürzungen sarkastisch ausbuchstabiert (»ZK = Zirkus Krenz«, oder »SED PDS = Schnelles Ende Der Partei Des Stalinismus«) und bekannte Zitate parodiert (»Wir werden dir zur Jungfer, Krenz«).

Ich finde, künftige Schulbücher sollten davon eine Kollektion bringen. Die Sprüche sind Gebrauchsanweisungen in ein Stück verschwundener Wirklichkeit: sie liefern Anlässe nachzufragen, was alles hinter »Stasi an die Stanze!« steckt, was »Statt Volvos schwedische Gardinen!« besagt oder worauf »Krüppel zu Blockflöten« anspielt, kurzum: Gelegenheiten, die sonst nur am Bildschirm vorbeiflimmernde Geschichte in ihren konkreten Details zu inspizieren und – vielleicht – zu begreifen.

Über Sätze wie »Leben heißt Aussuchen« oder: »Die DDR ist die Summe dessen, was vermeidbar gewesen wäre« kann man ohnehin immer aufs neue ins Sinnieren kommen. Und die Sprüche sind Stichwortgeber für Geschichten von vor und nach der Wende.

Die Techniken werden weiter benutzt werden, mit anderen Inhalten, wahrscheinlich geht dabei der Reiz verloren. Was in der DDR hieß: »Meine Biographie: Mama – Marx – Marienfelde« (unübertrefflich!) könnte nun in der Variante wiederkehren: »Meine Karriere: Marlboro – Mallorca – Mercedes«, aber... vergleichen Sie selbst. Zwar: Wanderwitze hat es immer gegeben und der politische Witz in der DDR hat – kein Zufall – viele Schablonen vom Flüsterwitz des Dritten Reiches übernehmen können, aber es ist sehr fraglich, ob der jetztige Formenvorrat ins vereinte Deutschland weiterwandern wird.

Der in der DDR so blühende Volkswitz war Resultat einer Zwangslage, war Produkt jahrzehntelangen Mangels an Mündigkeit, Freizügigkeit, Wohlstand, und hatte daher viele Funktionen zugleich: er löste die Wut, leistete verbale Gegenwehr angesichts abschnürender Reglementierung, bot Trost bei lähmender Aussichtslosigkeit, brachte Farbtupfer ins monotone Grau des Alltagslebens, schaffte spontanen Konsens, fand und verband Gleichgesinnte unter Verhältnissen, die viel Realsatire enthielten. Dieses Funktionsspektrum dürfte sich nun überholt haben; nicht daß der Alltag nun weniger absurde Momente enthielte, das nicht, es sind nur andere, auf die man sich erst einschießen muß.

Hier also, in diesem Aspekt ihres Verhältnisses zur Sprache, sind die Deutschen Ost und West aus historischen Ursachen sehr verschieden. Im Witz, den sie machen, zeigt sich der Unterschied im Witz, den sie haben. Die Differenz in der Sprache ist minimal, erheblich ist die Differenz im gesellschaftlichen Intimbereich, in der Wahrnehmung und Verarbeitung von Leben als Alltag. Hier wird die Anpassung am längsten dauern, und ich wünsche uns allen, daß vom politischen Witz der Wende etwas bleibt: ausgeprägter Sensus fürs Absurde und Sophistication im Umgang mit der Sprache. Wenigstens das.

Zweites Fazit: Trotz der stolz angekündigten »5000 neu aufgenommenen Wörter« im »gemeinsamen DUDEN« von 1991 wird vom DDR-Wortschatz auf Dauer im gemeinsamen Deutsch kaum mehr bleiben als von der LTI, aber was uns das so verstandene DDR-Deutsch zu sagen hat, ist Geschichte, die auch weiterhin der Aufarbeitung harrt. Das Forum für Aufklärung der DDR-Geschichte müßte sich eigentlich auch dessen annehmen.

Vortrag auf der Jahrestagung des »Instituts für deutsche Sprache«, Mannheim, 25. März 1992

Hildegard Hamm-Brücher

Wider die Selbstgerechtigkeit

Nachdenken über Sein und Schein der Westdeutschen
140 Seiten. Serie Piper 845

Mit dieser Denkschrift plädiert Hildegard Hamm-Brücher für einen politischen Neuanfang aller Deutschen und – in aller gebotenen Schärfe – gegen die Selbstgerechtigkeit der Westdeutschen, zu der es angesichts der Defizite unserer Demokratie keinen Grund gibt.

Der freie Volksvertreter – eine Legende?

Erfahrungen mit parlamentarischer Macht und Ohnmacht
Unter Mitarbeit von Marion Mayer. 361 Seiten. Serie Piper 1031

Seit vielen Jahren kämpft die streitbare Politikerin Hildegard Hamm-Brücher um eine Reform des Deutschen Bundestags. Dieses Buch – ursprünglich geplant als Bericht über die sich verschlechternde Verfassung unserer parlamentarischen Demokratie – hat durch die politischen Ereignisse des Herbstes 1989 zusätzliche Aktualität erhalten. Die Autorin warnt nachdrücklich davor, auf dem Weg zur deutschen Einheit die Schwächen, Erstarrungen und Glaubwürdigkeitsdefizite unseres Systems unbesehen auf einen gesamtdeutschen Staat zu übertragen. Sie fordert eine kritische Bestandsaufnahme und bietet mit diesem Buch eine Fülle von Material an.

Gerechtigkeit erhöht ein Volk

Theodor Heuss und die deutsche Demokratie
127 Seiten mit 17 Abbildungen auf Tafeln.
Serie Piper 346

Kämpfen für eine demokratische Kultur

Texte aus vier Jahrhunderten. Vorwort von Helmut Schmidt.
310 Seiten. Serie Piper 624

Der Politiker und sein Gewissen

Eine Streitschrift für mehr parlamentarische Demokratie
Erweiterte Neuausgabe. 174 Seiten. Serie Piper 437

PIPER

»Was ist des Deutschen Vaterland?«

Dokumente zur Frage der deutschen Einheit 1800 bis 1990
Herausgegeben von Peter Longerich.
303 Seiten. Serie Piper 1269

Plötzlich steht die Einheit Deutschlands wieder auf der Tagesordnung, und die unterschiedlichsten Konzepte für die Vereinigung Deutschlands werden diskutiert. Das ist nichts Neues: Seit dem Beginn des Zeitalters der Nationalstaaten wird über Deutschland gestritten: Was (und wie) ist des Deutschen Vaterland?
Die vorliegende Dokumentation spiegelt die Auseinandersetzung um die deutsche Einheit der letzten 200 Jahre und beleuchtet die wichtigsten historischen Aspekte. Gerade in der aktuellen politischen Situation wird deutlich, daß über die deutsche Einheit nicht gesprochen werden kann, ohne die historischen Voraussetzungen zu bedenken. In diesem Sinne kann dieses historische Lesebuch Anstöße geben für die deutschlandpolitische Diskussion.